GUIDE DU TRAVAILLEUR NOMADE

Avec la pandémie sans précédent qui a touché la planète entière, le monde du travail a été obligé de repenser tout son fonctionnement. Au départ, il s'agissait avant tout de protéger les salariés du virus en les éloignant les uns des autres pour éviter la contagion, ce qui a eu pour conséquence de provoquer un *boom* du télétravail dans toutes les entreprises, signant en quelque sorte la fin du règne de l'*open space*... Ces millions d'employés reclus à domicile ont rapidement pris conscience de la nouvelle qualité de vie qui s'offrait à eux : moins de stress, des horaires aménagés, plus de facilité pour organiser ses loisirs, pas de transports en commun à l'heure de pointe, pas d'embouteillages... Ainsi, le télétravail s'est doucement mis à rimer avec bien-être, et des salariés ou employés *free-lance* qui hésitaient jusqu'alors, ont choisi de faire de cet état temporaire un mode de vie permanent en devenant des travailleurs nomades à part entière. Et du fait de ce bouleversement sociétal, de ce phénomène nouveau, aucun guide n'existait pour les aider. Le Petit Futé conscient de la nécessité d'orienter ces millions de nouveaux télétravailleurs a donc choisi de créer le premier guide destiné aux travailleurs nomades pour les aider dans ce « monde d'après ». Vous trouverez dans ce guide une sélection de 29 destinations, en France et dans le monde, qui sont particulièrement plaisantes pour un travailleur nomade. A vous de choisir en refermant ce livre la ou les destinations qui vous tentent pour travailler loin du stress des bureaux tout en ayant une meilleure qualité de vie !

Saliha Hadj-Djilani

SOMMAIRE

© GAUDILAB - SHUTTERSTOCK.COM

Tramway typique de Lisbonne, place du Commerce. © ANDREVIEGAS - ISTOCKPHOTO

17 LES DESTINATIONS DANS LE MONDE

Espresso avec vue sur le Vésuve. © ENCRIER - ISTOCKPHOTO.COM

© TDWAY - SHUTTERSTOCK.COM

Plage des Dames, Noirmoutier-en-l'île. © LINDA CASTAGNIE

AVEZ-VOUS LE PROFIL DU TRAVAILLEUR NOMADE ?

Cette question semble anodine mais elle est essentielle ! En raison du télétravail qui a connu un développement exponentiel à la suite de la crise du Covid-19, les mesures exceptionnelles mises en place pour protéger les employés de cette épidémie inattendue ont finalement séduit bon nombre de travailleurs… à tel point que beaucoup refusent de retourner travailler au bureau. Les avantages du télétravail sont nombreux : un cadre de vie plus agréable que le bureau, moins de stress, de transports, des pauses à votre rythme, des loisirs plus faciles à organiser… Le statut de travailleur nomade semble être devenu la panacée pour toute personne active. Cependant, la réalité n'est pas si simple et il faut vraiment se poser les bonnes questions avant d'embarquer dans cette aventure du travail à distance, en France ou dans le monde. Pour vous aider à faire le bon choix, voici nos recommandations et nos conseils avisés.

Attention aux clichés

Si vous n'avez pas d'expérience dans le monde du travail nomade, vous devez prendre garde à la désillusion. En raisons des images qui circulent sur les réseaux sociaux, et surtout sur Instagram, ce mode de vie est souvent idéalisé, voire déformé par rapport à la réalité. Les photos de voyage et de paysages de rêve semblent prendre toute la place sur les pages et les profils des travailleurs nomades et il serait tentant de croire que le télétravailleur a la « vie facile » et se la coule douce au soleil en travaillant finalement assez peu. Attention aux erreurs de jugement ! En réalité, si les travailleurs nomades sont généralement dépaysés et profitent de destinations magiques et de loisirs de plein air, comme le diffuse leur compte Instagram, ils ne vous montrent que très rarement des photos d'eux devant leur ordinateur en train de travailler pendant des heures… Et surtout, sans compter leurs heures. Bien souvent, les travailleurs nomades ont même beaucoup plus de tâches à accomplir que les employés salariés dans leur bureau. En effet, ils ont souvent le statut de free-lance et travaillent pour plusieurs employeurs, ce qui demande beaucoup plus de temps que s'ils n'avaient qu'un seul employeur. Et puis, quand bien même ne travailleraient-ils à distance que pour un seul employeur, ils doivent dans le même temps gérer en permanence leur nomadisme (logement, transports, lieux de travail en coworking ou non, etc.), une tâche très chronophage. Alors oui, vous verrez les selfies des travailleurs nomades au bord de la piscine sur les réseaux sociaux… Mais cette partie loisirs représente finalement seulement 30 % de leur temps ; ce sont en réalité la plupart du temps des machines de travail, avec pour adage : « travailler dur pour pouvoir se détendre enfin ! » Enfin, si vous n'êtes pas une personne habituée à l'auto-discipline, avec un sens de l'organisation développé, ne vous lancez pas dans le travail à distance… Les résultats seront peut-être au rendez-vous au début, mais vous risquez très vite de complètement lâcher prise et devenir nomade tout court, et non plus travailleur nomade ! Cela pourrait vous attirer de gros ennuis et risquer de vous faire perdre votre travail. Donc, si pour avancer vous avez besoin que votre supérieur hiérarchique soit constamment derrière vous, ne vous lancez pas dans le travail nomade, c'est voué à l'échec.

Ne devient pas travailleur nomade qui veut

Pouvoir s'expatrier quelques mois et travailler en totale indépendance n'est pas si simple. Plusieurs cas de figure :

- **Vous travaillez pour un seul employeur**. Si vous travaillez pour un seul employeur, et habituellement dans un bureau, la bonne nouvelle c'est que vos revenus sont assez réguliers et que vous n'aurez donc certainement pas de difficulté financière pour subvenir à vos besoins pendant votre séjour de travailleur nomade. Dans ce cas précis, l'ombre au tableau provient en réalité le plus souvent des réticences de votre employeur. En effet, même si la pandémie liée à la Covid-19, a largement débloqué les esprits des dirigeants vis-à-vis du télétravail, que beaucoup rejetaient jusqu'à présent, un grand nombre d'entre eux gardent toujours des réserves vis-à-vis de ce mode de fonctionnement. Beaucoup d'employeurs préfèrent avoir leur employé au bureau car ils ont le sentiment que le travail est moins efficace quand il est effectué à distance…

© OLESYA KUZNETSOVA - SHUTTERSTOCK.COM

Si tel est le profil de votre employeur, vous allez avoir un mal fou à le convaincre de partir vous exiler en Thaïlande quelques mois pour télétravailler. Il pensera immédiatement que vous allez passer tout votre temps de travail en vacances et risque de refuser votre demande d'exil temporaire. Il va falloir trouver les arguments pour le convaincre des bienfaits de votre projet sur votre efficacité au travail.

Vous travaillez pour plusieurs employeurs. Si vous êtes free-lance, la bonne nouvelle c'est que vos employeurs ont l'habitude de travailler avec vous à distance. Et pour eux, cela ne pose aucun problème de vous savoir travailler en France ou à l'autre bout du monde ! La difficulté dans ce cas est plutôt à chercher du côté des ressources financières. Avant de vous lancer dans un séjour de travailleur nomade, il faut vraiment vous assurer que vous avez suffisamment d'argent pour subvenir à vos besoins pendant la durée de séjour que vous envisagez loin de chez vous. On vous encourage à faire le point avec tous vos employeurs afin de voir avec eux quelle durée de mission ils vous proposent exactement pour vous organiser en conséquence. Cela vous évitera de devoir rentrer plus tôt que prévu dans le cas où l'une de vos missions devait tomber soudainement à l'eau.

Cependant, il peut arriver malgré tout qu'un employeur décide d'arrêter précipitamment sa collaboration avec vous… Alors que faire ? Il faut tout simplement anticiper et partir avec les économies suffisantes qui pourront combler les gros imprévus de ce type. Par ailleurs, on ne saurait trop vous conseiller de louer, ou sous-louer, votre maison ou votre appartement pendant votre absence pour limiter les frais, ce qui demande une réelle organisation en amont. Il faudra veiller à bien choisir les locataires qui resteront plusieurs mois dans votre logement en votre absence pour éviter les mauvaises surprises au retour… Sachez que les plateformes de location comme Airbnb ou Hostnfly acceptent que vous louiez votre appartement si vous êtes simplement locataire, mais il faudra idéalement aviser votre propriétaire au préalable… Si vous choisissez de ne pas le faire, ces plateformes ne vérifieront pas à votre place, et vous vous exposerez à de gros problèmes avec votre propriétaire si jamais il découvre les faits en votre absence à cause d'un incident dans votre domicile (inondation, cambriolage, incendie,…). A méditer donc.

Tout dépend aussi de votre métier

Certains métiers se prêtent évidemment plus que d'autres à la vie de travailleur nomade. De façon générale, tous les métiers en rapport avec la création dans le domaine du digital sont adaptés au mode de vie nomade. Si vous êtes graphiste, créateur de contenu web, codeur, développeur de site web, professeur en ligne, etc., il sera bien plus facile de vous expatrier que pour bon nombre d'autres professions où le travail en présentiel est obligatoire au moins de temps en temps, ou qui nécessitent plus d'équipement et de logistique qu'un simple ordinateur portable. Si votre rêve est vraiment de devenir travailleur nomade, il faudra alors sans doute envisager une reconversion professionnelle au préalable…

COMMENT CHOISIR SA DESTINATION ?

Petite ville ou grande ville ? France ou Europe ? Amérique, Moyen-Orient ou Asie ? Comment bien choisir sa destination de travailleur nomade ? Voici une autre question cruciale qu'il faut absolument se poser avant de quitter son cocon douillet. Ce saut dans l'inconnu peut cependant se passer à merveille si vous prenez le temps de vous renseigner au préalable sur la destination dont vous rêvez. Le premier critère à prendre en compte est bien entendu le budget et il est vraiment très variable d'une destination à l'autre ; il faudra vraiment scruter les dépenses potentielles à la loupe, à commencer par l'hébergement. L'autre critère majeur à prendre en compte, si vous souhaitez télétravailler à l'étranger, c'est celui des formalités afin de vous éviter des ennuis avec les autorités locales. Enfin, la couverture numérique et la bonne connectivité internet de votre destination sont des éléments essentiels à vérifier avant de faire le grand saut !

Le budget

C'est bien évidemment un des critères fondamentaux à prendre en compte pour choisir la destination de son séjour de travailleur nomade. Il s'agit surtout de ne pas empiéter sur ses finances et d'améliorer sa qualité de vie à l'occasion de ce séjour de travailleur à distance. Sinon quel intérêt ? Il faut donc choisir sa destination en conséquence, et celles que nous avons sélectionnées dans ce guide prennent vraiment en compte le budget dans les détails puisque nous vous donnons pour chacune d'elles (surtout pour les destination étrangères) des exemples très concrets de tarifs dans le domaine de l'hébergement, des courses alimentaires, des restaurants, du shopping, de la téléphonie mobile, de l'Internet… Il s'agit en effet d'éviter les mauvaises surprises et tout coût qui déséquilibrerait votre budget de travailleur nomade. A l'étranger, le prix de l'hébergement est l'un des premiers critères à prendre en compte pour bien choisir sa destination, et vous pouvez vraiment y gagner au change ! A Chiang Mai en Thaïlande, à Tbilissi en Géorgie ou encore à Riga en Lettonie, les prix des hébergements sont beaucoup plus bas qu'en France. À l'inverse, si vous avez choisi de vous exiler à Dubaï ou à Miami, il va falloir mettre la main à la poche car les loyers sont la plupart du temps plus chers qu'en France, un surcoût néanmoins souvent contrebalancé par des dépenses identiques au niveau des frais de la vie quotidienne (courses, Internet, téléphonie mobile, etc.). Sachez enfin qu'en matière de fiscalité, un travailleur nomade continue à payer ses impôts en France, à l'inverse d'un expatrié qui travaille à l'étranger et paye donc ses impôts dans le pays qui l'accueille.

Les formalités

Si vous souhaitez effectuer un séjour de télétravailleur sans avoir à vous tracasser avec les formalités administratives, le plus simple est sans doute de rester dans l'Union Européenne. La plupart des pays européens vous accueillent pendant 3 mois sans que vous n'ayez aucune démarche à faire, ni papier à remplir. Cependant, si vous souhaitez rester plus de trois mois, il vous faudra demander une carte de résident auprès des autorités locales, ce qui est un peu plus fastidieux car il faudra fournir toute une série de documents, des attestations d'hébergement, de revenus, etc. Si vous choisissez de partir travailleur en dehors de l'Union européenne, deux cas de figure se présentent.

- **Le pays en question a mis en place un dispositif pour les travailleurs nomades**. Avec la pandémie, bon nombre de destinations touristiques ont dû adapter leur stratégie touristique faute de visiteurs… Et les seules personnes qui ont vraiment continué à voyager durant cette période sont finalement les travailleurs nomades.

© KATIAFONTI - ISTOCKPHOTO.COM

Dubaï a lancé un visa de travailleur nomade en 2021.

© PEKIC - ISTOCKPHOTO.COM

Espace de coworking.

L'avantage c'est que ces voyageurs s'installent durablement dans le pays et donc consomment longtemps sur place, ce qui représente une manne financière pour nombre de ces destinations qui ont vu leurs touristes s'évaporer en 2019 et 2020. L'exemple le plus intéressant est celui de Dubaï, qui a lancé un visa spécial travailleur nomade en 2021. Ce visa répond vraiment aux besoins précis des télétravailleurs et c'est tout naturellement que nous avons sélectionné Dubaï parmi les destinations de ce guide. On vous explique ! En tant que citoyen européen, vous avec le droit de résider 90 jours en qualité de touriste à Dubaï, et vous pouvez parfaitement vous installer 3 mois à Dubaï en tant que travailleur nomade avec ce visa touriste qui vous est automatiquement délivré à l'entrée du pays. Cependant, jusqu'au lancement de ce visa spécial travailleur nomade, si vous souhaitiez prolonger votre séjour en tant que touriste au-delà des 90 jours, et donc rester à Dubaï plus de 3 mois en toute légalité, il fallait demander un visa de résident aux Emirats arabes unis… Mais cela ne correspondait pas aux besoins des travailleurs nomades, qui souhaitent généralement s'installer 6 mois ou un an maximum, et non pas s'expatrier définitivement. Pour résoudre le problème, les autorités de Dubaï ont donc lancé un visa d'un an spécial travailleur nomade en 2021. D'un montant de 287 US$, il vous permet de vous installer à Dubaï pendant 1 an. Seul hic : pour y prétendre, vous devez justifier de revenus mensuels équivalents à 5 000 US$. Le niveau de vie à Dubaï est en effet supérieur à celui de la France, d'où ce minimum salarial exigé assez élevé… Cependant certaines destinations comme la Géorgie ne demandent aucune démarche particulière pour une durée de séjour d'un an. Si vous choisissez la capitale de la Géorgie, Tbilissi, une des destinations sélectionnées dans ce guide, sachez que vous n'aurez aucune formalité à remplir si vous souhaitez télétravailler jusqu'à un an sur place.

- **Le pays n'a rien mis en place pour les travailleurs nomades**. Si tel est le cas, à la fin de la durée de votre séjour autorisé en tant que touriste (en général 3 mois), il faudra faire la demande d'un visa de résident et c'est souvent lent et fastidieux … La plupart des télétravailleurs choisissent alors de rentrer chez eux.

La connectivité et les espaces de travail

L'un des critères fondamentaux pour tout séjour de travailleur nomade est la bonne connexion Internet. Partir télétravailler dans les steppes mongoles, où Internet ne passe pas, n'aurait aucun sens. Vérifiez donc bien la couverture numérique de la destination que vous convoitez avant de vous lancer. Il est cependant avéré que même les zones reculées de certains pays disposent d'Internet aujourd'hui, mais ne laissez pas cette question au hasard. Il est surtout fondamental de vous assurer que la connectivité est bonne au moins dans votre logement, sinon vous ne pourrez purement et simplement pas travailler. Autre critère à prendre en compte : le lieu où vous souhaitez travailler. Si vous souhaitez travailler de chez vous, vous serez bien partout (à condition d'avoir internet bien sûr). Mais si, plutôt que l'ambiance des cafés avec wifi, vous cherchez des espaces de coworking, sachez que certaines destinations comme les Etats-Unis, Dubaï, Tel Aviv, la Thaïlande, la plupart des villes de France en proposent beaucoup, tandis que des zones plus rurales, comme le Lubéron, n'en ont presque pas.

LES DÉMARCHES

Avec le développement du télétravail et du mode de vie de travailleur nomade, de nombreux sites et podcasts consacrés au sujet ont vu le jour. Souvent élaborés par des spécialistes du nomadisme, car ils sont eux-mêmes nomades digitaux, ces contenus numériques sont très utiles, d'autant plus que vous pourrez les consulter ou les reconsulter n'importe où. Parmi les démarches à effectuer, il y a bien sûr la préparation plus concrète du départ et la question essentielle de ce qu'il faut emporter avec soi, pour faire en sorte que vos bagages soient à la fois le plus léger possible tout en contenant l'essentiel. Et quand on part 6 mois ou un an ce n'est pas forcément évident… Rassurez-vous, vous trouverez ici des conseils pour faire votre valise comme il se doit. Enfin, vous trouverez également ici toutes les informations utiles concernant les assurances santé et la réservation de votre logement de travailleur nomade.

S'informer

Blogs et sites sur les travailleurs nomades. La meilleure façon de bien préparer son séjour de travailleur nomade, c'est de lire ce guide bien entendu, mais aussi de se renseigner auprès des premiers concernés à savoir la grande communauté des travailleurs nomades à travers le monde ! La bonne nouvelle, c'est que comme ce sont des utilisateurs aguerris du web et du digital, ils ont mis en place une multitude d'outils et d'informations entièrement gratuits sur Internet. Le site www.famille-nomade-digitale.com a été créé par des nomades digitaux au début des années 2010 et donne une multitude de conseils utiles pour tous ceux qui veulent devenir travailleurs nomades. Le site https://digitalnomads.world est en anglais, mais c'est vraiment une référence dans le domaine. Il donne toutes les informations que doit connaître un travailleur nomade avant de s'installer dans un pays.

Podcasts utiles pour les travailleurs nomades. Rien de tel qu'un podcast pour vous accompagner avant votre séjour de travailleur nomade, mais aussi pendant ! L'avantage du podcast c'est qu'il vous suffit d'une bonne connexion internet pour l'écouter ou le télécharger à l'avance et que c'est généralement du contenu entièrement gratuit et créé par des spécialistes du nomadisme. Ce serait donc dommage de s'en priver !

Le podcast « Devenir digital nomad » est celui de Claire et Marius, un couple de nomades digitaux qui parcourt le monde tout en travaillant à distance pour le compte d'entreprises françaises. Ils ont décidé de changer de vie en 2019 et ont décidé de travailler tout en séjournant dans plusieurs pays du monde (Maroc, Indonésie, Malaisie, Chine, Allemagne, Turquie, Jordanie ou encore Philippines). Ils ont alors décidé de créer ce podcast pour donner des renseignements sur le travail nomade à travers la planète. Le but est également de donner tous les outils nécessaires aux auditeurs pour qu'ils puissent devenir à leur tour des travailleurs nomades. Toutes les questions essentielles sont soulevées : type de contrat, de statut professionnel, la manière de voyager, de gérer son emploi du temps, le décalage horaire, le relationnel, les astuces,... Le format est simple ; chaque épisode est un entretien entre Claire et Marius, ou bien entre eux et d'autres travailleurs nomades ! Et c'est toujours très instructif. Ce podcast est disponible à l'écoute gratuitement sur Spotify, Apple Podcasts, Deezer, Google Podcasts et aussi tout simplement sur Google. Isaure, l'auteure du podcast « Paroles de digital Nomads », rencontre des femmes et des hommes qui ont choisi de prendre le risque de devenir des travailleurs nomades et témoignent des avantages et des difficultés de ce mode de vie. Mais surtout, ils apportent des conseils concrets aux auditeurs ! Ce podcast est disponible à l'écoute gratuitement sur Spotify et Anchor. Le podcast « Le travailleur nomade », dont les épisodes ont été enregistrés entre 2018 et 2019, s'est malheureusement arrêté. Mais il propose une dizaine d'épisodes au contenu très intéressant car il est basé sur l'expérience. Dans chaque podcast d'une quinzaine de minutes, vous pouvez en effet écouter des travailleurs nomades, de tout domaines professionnels confondus, qui partagent leurs expériences et leur vécu au micro de Walid et Camille. Ce podcast est disponible à l'écoute gratuitement sur Spotify, Apple Podcasts, Deezer, Google Podcasts et aussi tout simplement sur Google. Le podcast « Nomade digital : vivre et travailler n'importe où dans le monde » est destiné à tous ceux qui « veulent prendre le contrôle de leur temps et de leurs revenus, pour pouvoir vivre et travailler n'importe où dans le monde. Chaque semaine, venez discuter entrepreneuriat, productivité et voyage avec deux gars qui le vivent au quotidien » explique l'auteur du podcast, Stan Leloup. L'émission compte une cinquantaine d'épisodes très bien faits, qui devraient vraiment vous aider à bien mettre en place votre séjour de travailleur nomade avant, mais aussi pendant, votre séjour.

© PEKIC - ISTOCKPHOTO.COM

Il faudra songer à prendre le minimum essentiel.

Réserver son hébergement. Pour réserver votre logement de travailleur nomade, l'idéal est bien sûr de vous y prendre à l'avance car c'est la meilleure façon de trouver les tarifs les plus compétitifs et surtout d'avoir le plus de choix. Vous pourrez ainsi choisir de loger dans le quartier d'une ville qui stimule votre créativité ou choisir un appartement en bord de mer si vous avez opté pour le télétravail sur une île des Canaries par exemple.

Pour trouver votre logement, le plus simple est de se rendre sur les plateformes les plus connues comme Airbnb, Expedia, Booking… Elles comptent beaucoup d'offres, mais soyez sélectif et prenez le temps de bien lire les annonces et d'échanger avec les propriétaires pour éviter les mauvais plans et les arnaques. Par ailleurs, il existe désormais des plateformes d'hébergement qui s'adresse spécialement aux travailleurs nomades en France et dans le monde. Le site WeAreRemoters.co a ainsi été créé par un Français, Damien Corchia, qui a justement pris conscience de ce besoin pour les travailleurs nomades de trouver un logement sur le court terme tout en étant conseillé par des locaux. De façon simplifiée, il propose sur son site des hébergements adaptés au télétravail, où il est possible de payer à la semaine, et qui se trouvent dans plus de 200 destinations. L'avantage par rapport aux plateformes classiques comme Airbnb est que ce site propose par ailleurs des correspondants locaux dans chaque destination qui répondront à toutes les questions des travailleurs nomades qui veulent s'y installer. Sachez aussi que la plupart des grandes villes en France et à l'étranger ont des plateformes de location dédiées qui proposent des appartements à la journée, à la semaine ou au mois. Nous en avons référencé plusieurs dans ce guide. D'autre part, de plus en plus de villes et de pays ont des structures qui font du « *coliving* ». Ce concept d'hébergement assez récent est vraiment adapté aux travailleurs nomades, mais encore embryonnaire. Il s'agit d'immeubles qui proposent des appartements à louer sur le court terme (à la semaine ou au mois) et qui sont équipés d'un espace *coworking* commun avec connexion Internet. Tbilissi, la capitale de la Géorgie, et Gran Canaria, font partie des destinations qui ont développé ces structures de coliving et vous trouverez des adresses de coliving dans notre partie carnet d'adresses.

Cependant, il peut être fastidieux de travailler dans l'immeuble où l'on vit donc cette solution ne conviendra pas à tout le monde… Et certainement pas aux travailleurs épicuriens qui s'attachent à vivre pleinement la destination. Par ailleurs, si vous êtes adepte de la colocation, c'est une solution qui peut-être très pratique pour faire des économies mais aussi pour vous faire de nouveaux amis dès votre arrivée dans la destination choisie. A Montréal, c'est par exemple assez facile de trouver une colocation qui inclut tous les frais. Enfin, pour trouver un hébergement de télétravailleurs, il est aussi possible de passer une annonce sur les groupes Facebook des expatriés dans la destination étrangère que vous convoitez. C'est assez efficace !

A emporter avant de partir

Si vous avez envie de vous lancer dans le nomadisme, il va falloir apprendre à être minimaliste et ne pas emporter toute votre maison avec vous ! Il ne s'agit pas d'un déménagement mais d'un exil temporaire. Rappelez-vous que si vous voyagez en avion, votre bagage en soute ne doit peser que 23 kilos et votre bagage cabine ne doit pas excéder 12 kilos. Si vous voyagez en train ou en voiture, ne vous chargez pas plus car pendant votre long séjour, les déplacements seront fréquents et vos bagages pourraient devenir de véritables fardeaux… Pour bien faire vos bagages, emportez vraiment l'essentiel avec vous. Prenez votre ordinateur portable, les écouteurs, votre tablette éventuellement, et surtout des adaptateurs électriques si vous allez à l'étranger. Pour la partie loisirs, n'oubliez pas les chaussures de randonnée, la tenue de sport, le maillot, les lunettes de soleil. Enfin, une trousse médicale avec les médicaments d'usage s'impose. Si vous prenez un traitement médical, pensez à emporter vos médicaments et l'ordonnance qui les prescrit. Faites-la traduire en anglais et certifier conforme ; vous pourrez ainsi facilement renouveler le traitement sur place ou justifier de la présence de ces médicaments en quantité lors d'un contrôle douanier éventuel. Mais dans tous les cas, il est important de garder à l'esprit que vous ne partez pas faire un trek dans le désert… En somme, s'il vous manque quelque chose une fois arrivé à destination, vous pourrez toujours le trouver sur place, et parfois même à moindres coûts. Si vous n'avez pas l'habitude de faire de séjour de travailleur nomade, cela peut susciter une certaine anxiété de partir loin, longtemps, avec si peu de bagages finalement. Mais vous vous habituerez vite et vous verrez finalement que vous n'utiliserez pas tout ce que vous avez emporté avec vous. Il se peut même qu'au retour, vous vous décidiez à faire un grand ménage de printemps chez vous car tout vous semblera superflu après avoir passé autant de temps aussi loin de chez vous, et finalement avec si peu !

Les assurances

Si d'habitude vous ne cochez jamais la case assurance pour un voyage de loisirs, il va falloir procéder autrement dans le cadre de votre séjour de travailleur nomade… Nous vous conseillons fortement de prendre une assurance santé couvrant les frais médicaux à l'étranger car en cas de problème de santé grave, comme un accident par exemple, vous risquez d'avoir à débourser des sommes énormes et cela vous conduirait tout droit à la ruine… Certes, dans les pays de l'Union Européenne, vous pouvez utiliser la carte européenne d'assurance maladie (CEAM), soit la carte vitale version européenne disponible sur simple demande auprès de la sécurité sociale (www.ameli.fr). Sur présentation de cette carte, vous n'aurez que le ticket modérateur de la consultation médicale à régler dans certains centres de soins affiliés. Mais il faudra cependant conserver toutes les factures et les ordonnances pour les envoyer à votre caisse d'assurances maladie en rentrant. Mais cela vaut pour les consultations médicales simples et les soins de la vie courante. Mais dès qu'il s'agit d'interventions plus lourdes, voire de rapatriement, votre carte vitale européenne ne vous sera d'aucun secours. Seule une assurance santé en bonne et due forme vous sortira de l'impasse financière, à condition d'en avoir souscrit une au préalable. Aujourd'hui beaucoup d'assurances proposent des packs spécialement dédiés aux travailleurs nomades à des tarifs intéressants. Comptez cependant un minimum de 49 euros par mois pour cette couverture médicale à l'étranger.

Pour s'informer, de nombreux podcasts sont disponibles.

ADRESSES FUTÉES POUR NOMADES

Pour votre séjour de travailleur nomade, en France ou dans le monde, il est important d'avoir des adresses utiles à tous les niveaux. Mais il nous a semblé qu'en tant que télétravailleur, vous allez surtout avoir besoin de pouvoir vous appuyer sur des réseaux solides en matière d'hébergement et de travail. Ce sont finalement deux points clés pour tout séjour de travailleur nomade. C'est pourquoi nous avons choisi de référencer dans cette partie du guide des centrales de réservation d'hébergement sérieuses qui s'occupent aussi bien d'appart-hôtels, que d'échanges de maisons, ou de locations entre particuliers. Par ailleurs,nous avons aussi pensé à intégrer des adresses qui vous aideront à vous former ou à trouver du travail si vous êtes free-lance, sans oublier bien entendu d'y ajouter des réseaux de coworking. Vous devriez trouver votre bonheur dans plusieurs de ces établissements qui sont des adresses futées pour nomades !

ABRITEL ℹ

2, rue Grignan
MARSEILLE (1er)
www.abritel.fr

Abritel est le groupe numéro un des locations de vacances sur Internet. De nombreux propriétaires donnent accès à leur résidence principale ou secondaire dans le monde entier pour satisfaire une clientèle nombreuse et exigeante. Le mode de sélection en locations disponibles à la montagne vous donnera un aperçu de l'offre proposée avec un descriptif précis du produit mais également un système d'appréciation bien utile pour s'aider dans son choix.

LE WAGON ℹ

PARIS (1er)
www.lewagon.com/fr

Le Wagon est une école qui forme à différents métiers de la tech, en présentiel ou à distance. Ils sont établis dans plusieurs villes en France (Paris, Marseille, Rennes...) et à l'étranger (Dubaï, Tel-Aviv, Montréal, Casablanca...). Ils sont connus pour leurs campus grâce auxquels la formation est très efficace. C'est l'idéal si vous souhaitez vous reconvertir professionnellement afin de pouvoir devenir un travailleur nomade free-lance.

Depuis son lancement en 2013, le Wagon a permis de former des développeurs Web, des codeurs, des designers, etc.

APPART'CITY (SIEGE) €€

MONTPELLIER
www.appartcity.com
A partir de 40 € la nuit. Tarifs variables selon les appartements.

Cette chaîne d'appart-hôtels, dont le siège est à Montpellier, propose 2 gammes d'appart-hôtels en France, du 2 au 4 étoiles, pour une nuit, une semaine ou plusieurs mois.

Implantés au cœur des grandes villes françaises, à proximité des transports en commun et des commerces, les appart-hôtels proposés sont très pratiques. Du studio à l'appartement 3 pièces, ils offrent un équipement de standing avec une salle de bain indépendante, un coin cuisine aménagé et équipé ainsi qu'un espace bureau avec toute la connectique nécessaire et internet gratuit.

COZYCOZY €€

PARIS (1er)
www.cozycozy.com
A partir de 60 € la nuit.

Cozycozy est un moteur de recherche qui permet aux voyageurs de comparer l'intégralité des solutions d'hébergement et leur garantit de trouver le logement qui correspond le mieux à leurs attentes. Différentes solutions d'hébergement sont disponibles et certaines intéresseront vraiment les travailleurs nomades (appartements, maisons, gîtes, bateaux, cabanes dans les arbres, agritourisme, etc.). Cozycozy propose même des solutions gratuites comme l'échange de maisons. Le site propose des hébergements en France, en Italie et en Espagne.

FÉDÉRATION NATIONALE DES GÎTES DE FRANCE €€

56, rue Saint-Lazare
PARIS (9e)
✆ 01 49 70 75 75
www.gites-de-france.fr

Les hébergements labellisés « Gîtes de France » peuvent être aussi bien gîtes ruraux, gîtes de neige, campings, chambres d'hôtes ou gîtes d'étape et de séjour. Avec une sélection de près de 60 000 adresses classées par régions ou départements, voici une façon innovante de profiter des vacances d'hiver ou d'été, qui conviendra tout particulièrement aux familles. N'hésitez donc pas à demander le guide de ces différents gîtes pour de nouvelles idées séjour.

CHAMBRES-HOTES.FR €

www.chambres-hotes.fr
A partir de 50 € la nuit.

Ce site recense 21 015 chambres d'hôtes en France. Sur le site chacun a la possibilité de trouver la chambre d'hôte des ses rêves : avec piscine, bain à remous, insolite, écologique, charme et exception, châteaux et manoirs, domaine viticole, massage, site équestre, accueil vélo ou moto, etc. Si vous avez choisi de télétravailler en France, c'est vraiment un site à garder en tête pour réserver un hébergement, même à la dernière minute. Pour les longs séjours, les propriétaires sont généralement assez conciliants et vous feront un bon prix.

FÉDÉRATION INTERNATIONALE DES LOGIS €€

83, avenue d'Italie - **PARIS** (13e)
✆ 01 45 84 70 00 - www.logishotels.com

La Fédération Internationale des Hôtels Restaurants Logis est présente en France, en Italie, en Allemagne, au Luxembourg, en Belgique, en Espagne et aux Pays-Bas. D'une étape à l'autre, chaque Logis est différent mais tous partagent un même esprit et des valeurs identiques : un accueil personnalisé, un hébergement de qualité, une restauration d'inspiration régionale, une ambiance conviviale et une invitation à la découverte. Les logis ont lancé Maison by Logis qui propose des villas, des appartements, des gîtes etc. pour des séjours plus longs, et Insolite by Logis qui propose des cabanes, des bulles, des roulottes etc.

WWW.CAMPINGFRANCE.COM

www.campingfrance.com
A partir de 40 € la nuit.

Une envie de télétravailler à la campagne ? À la découverte de sites classés ? De balades nature ? Camping France vous propose des campings dans toute la France. La plupart ont des restaurants et des cafés équipés de bon wifi pour travailler. Cependant ; quelques campings isolés n'offrent pas une très bonne connexion donc on vous conseille d'appeler la réception du camping avant pour vous renseigner. Le site permet de faire une sélection précise des équipements, de la localisation…, afin de trouver LE camping qui correspondra au mieux à vos attentes.

LA CLEF VERTE €€

www.laclefverte.org

La Clef Verte est le premier label environnemental international qui permet la gestion environnementale pour l'hébergement touristique mené par la Fondation pour l'Éducation à l'Environnement (FEE) depuis 1998. Il est délivré par un jury indépendant de professionnels du tourisme et de l'environnement. Le label Clef Verte distingue les établissements de tourisme qui mènent une démarche écologique et s'engagent à réduire l'impact de leur activité sur l'environnement : gestion des déchets, de l'eau, de l'énergie, achats responsable et politique environnementale générale, tout en mettant l'accent sur la sensibilisation à l'environnement. Alors n'attendez plus pour les vacances, parmi près de 800 établissements français porteurs du label, il y en a un pour vous ! Pour préparer vos vacances, rendez-vous sur www.laclefverte.org !

ACCUEIL PAYSAN €€

9, avenue Paul Verlaine
GRENOBLE
✆ 04 76 43 44 83
www.accueil-paysan.com
A partir de 40 € la nuit.

Créée en 2000 sur les bases de l'association éponyme née en 1987, la Fédération Nationale d'Accueil Paysan a pour objectif de soutenir et de promouvoir l'activité paysane par le biais notamment de structures d'accueil touristique. Elle regroupe ainsi un certain nombre de producteurs, de gîtes, de chambres et de tables d'hôtes à la ferme pour vous donner l'opportunité d'un séjour différent. Vous trouverez donc des solutions d'hébergement pour télétravailler partout en France et en pleine nature. Vérifiez cependant la qualité de la connexion wifi avant de réserver.

HOME EXCHANGE €€

www.homeexchange.fr

Abonnement annuel 130 €.

Et si vous échangiez votre maison avec d'autres pour partir en vacances ? HomeExchange est une plateforme d'échange de maisons et d'appartements entre particuliers. L'idée : un site Internet pour échanger son logement (studio, appartement, villa...) moyennant un abonnement annuel à l'agence en ligne, qui se charge de la présentation du bien et de la mise en contact des intéressés. Un excellent moyen de faire des économies pour partir en vacances et économiser ainsi les frais d'hébergement sur place. Le choix est large avec plus de 400 000 offres dans 159 pays.

KOSY APPART HOTELS €€

149, Rue Marcel Demonque

AVIGNON

✆ 04 90 80 02 60

www.kosy-apparthotels.com

Fort de l'exploitation de ses 15 résidences en France, Kosy Appart'Hôtels a su réaliser des appartements tout confort qui sont parfaits pour un séjour de travailleur nomade. En effet, l'ensemble des logements possède une cuisine équipée (four micro-ondes, plaques cuisson...), une télévision, un accès internet wifi offrant à chaque locataire une complète autonomie. En complément de ces prestations, chaque résidence propose de nombreux services à la carte comme la fourniture de draps et serviettes de toilette, l'entretien, une laverie, des espaces de loisirs, un service petit-déjeuner et bien d'autres.

INTERHOME €€

✆ 0 805 650 350

www.interhome.fr

A partir de 50 € la nuit.

Interhome propose 40 000 appartements et maisons de vacances dans 27 pays. Pour votre séjour de travailleur nomade, vous souhaitez louer un chalet à la montagne, une villa avec piscine, un appartement en ville, ou une maison de campagne ? Vous devriez trouver la location qui vous convient. Avec Interhome, vous réservez votre location directement depuis le site internet. Puis, Interhome s'occupe de tout : remise des clés, nettoyage de fin de séjour. Grâce à des standards européens très stricts, la qualité des logements est certifiée selon un système d'étoiles.

HOUSETRIP.COM €€

✆ 01 82 88 93 07

www.housetrip.fr

A partir de 100 € la nuit.

Arnaud Bertrand a fondé ce site de location d'appartements et de maisons de vacances dans le monde pour offrir des séjours de luxe à des prix très intéressants, partout dans le monde et principalement en Europe. On recense, à titre d'exemple, plus de 4 600 adresses à Paris allant du studio aux appartements avec vue sur la « dame de fer » en passant par les péniches amarrées le long de la Seine. C'est un site où vous pouvez trouver votre bonheur si vous cherchez un logement chic et tout confort pour votre séjour de travailleur nomade.

LOC'APPART €€

✆ 01 45 27 56 41

www.locappart.com

Accueil téléphonique du lundi au vendredi de 9h30 à 13h et de 14h à 18h. Réception sur rendez-vous.

Loc'Appart propose de la location d'appartements et de maisons en Italie pour un minimum de trois nuits à partir du jour d'arrivée de votre choix. L'accueil téléphonique est assuré par des responsables de destinations à Paris ayant une bonne connaissance des villes et des hébergements proposés puis, sur place, par des correspondantes bilingues franco-italiennes qui interviennent en cas de problème. Des offres « pour vivre ailleurs comme chez soi » sont déclinées dans toute l'Italie. Si l'Italie vous tente pour un séjour de travailleur nomade, n'hésitez pas à jeter un œil sur le site.

MEDIAVACANCES.COM €€

133, rue Simon Vollant

LAMBERSART

✆ 01 83 62 02 46

www.mediavacances.com

MédiaVacances propose des locations de vacances de particulier à particulier en France et partout dans le monde. Des offres de dernière minute sont disponibles sur le site Internet où vous pourrez également choisir votre location (montagne, mer, campagne, station thermale, ville) et d'hébergements recherchés (studio, appartement, villa, bungalow, mobile-homes...). En tant que travailleur nomade, vous pourrez peut-être louer votre maison ou votre appartement en échange d'un autre sur le site ! Au total, ce sont 19 000 offres d'hébergement répertoriées dans 83 pays.

WARMSHOWERS €

www.warmshowers.org

La communauté « Warmshowers » (douches chaudes en anglais) met en relation les cyclotouristes selon un principe simple : se faire héberger pendant un voyage à vélo tout en rendant la pareille à d'autres dès que vous en aurez l'occasion. Une carte interactive référence les personnes qui peuvent vous recevoir pour une nuit ou plus avec tous les détails (une parcelle de camping dans leur jardin, une chambre, repas offert ou non...). Si vous êtes un travailleur nomade cycliste cela peut être un bon plan pour un séjour ponctuel ou sur la durée !

HUBL

15, rue des Halles

PARIS (1er)

hubl.world/fr/

S'inscrire sur le site pour accéder à tous les évènements.

Hubl est un outil communautaire professionnel à destination des travailleurs nomades freelances, créé par les entrepreneurs Cyril Thiriet et Alex Bourlier. Il réunit une large communauté de freelances dans le monde entier. L'idée est que ces freelances puissent valoriser leur réseau en s'échangeant des missions contre un apport d'affaires mutuel. Toutes les missions sont sur le site et l'application Hubl.world. C'est le tiers de confiance et créateur de lien entre freelances. Participez aux rencontres pour en savoir plus en France et ailleurs.

ADAGIO (SIÈGE) €€

11, rue de Cambrai

PARIS (19e)

✆ +33 1 58 21 60 92

www.adagio-city.com

A partir de 60 € la nuit.

La chaîne Adagio propose des appart'hôtels en France et partout dans le monde. Et plus vous restez, moins vous payez. Les appartements sont modernes, tout confort, avec wifi et généralement situés en pleine ville. Parmi les services inclus : le ménage hebdomadaire et un buffet petit déjeuner. La plupart des établissements Adagio ont aussi un espace commun où vous pourrez travailler tranquillement ou échanger avec des travailleurs nomades comme vous en toute convivialité. Enfin, pour des séjours de 4 mois ou plus, vous pouvez demander un devis en ligne.

REMOTERS

PARIS (1er)

www.weareremoters.co

Tarifs variables selon les hébergements.

Le site WeAreRemoters.co a été créé par un Français, Damien Corchia, qui a pris conscience du besoin des travailleurs nomades de trouver un logement sur le court terme tout en étant conseillé par des locaux. De façon simplifiée, ce site propose des hébergements adaptés au télétravail, où il est possible de payer à la semaine, et qui se trouvent dans plus de 200 destinations. L'avantage c'est que ce site a par ailleurs des correspondants locaux dans chaque destination et ils répondent à toutes les questions des travailleurs nomades qui veulent s'y installer.

HOSTNFLY €€

42, rue Marguerite de Rochechouart

PARIS (9e)

✆ 01 86 76 12 82

hostnfly.com

Tarifs variables selon le logement loué et la durée.

Hostnfly qui signifie mot à mot « Hébergez puis envolez-vous » est un service de conciergerie en partenariat avec Airbnb et Abritel qui s'occupe de louer votre logement pendant votre absence. Ils sélectionnent le voyageur, s'occupent du nettoyage, remettent les clés au voyageur, répondent à toutes ses questions... En somme, c'est vraiment la solution idéale pour louer votre appartement si vous partez faire un long séjour de travailleur nomade. Vous n'aurez à vous occuper de rien et percevrez tranquillement l'argent de votre location !

WOJO

PARIS (1er)

www.wojo.com

Tarifs variables selon le temps d'utilisation.

Wojo dispose d'une dizaine de sites officiels en France et en Espagne, ils donnent accès à plus de 300 espaces de travail à travers l'Europe. Et Wojo a pour projet de monter jusqu'à 900 espaces d'ici quelques années. Ils y parviennent via des « spots Wojo », qui sont des espaces de coworking, des salles de réunion et des bureaux privés répartis en France et dans une partie des hôtels Accor. On peut facilement les réserver pour une heure, la journée ou la semaine via l'application Wojo. Voilà un bon plan coworking pour les travailleurs nomades !

DANS LE MONDE

Pour votre séjour de travailleur nomade, les possibilités sont nombreuses dans le monde. Afin de vous orienter, nous avons sélectionné pour vous 20 destinations internationales dans ce guide. De Barcelone à Hanoï, de Montréal à Dakar, le monde est à vous ! Vous trouverez toutes les informations qu'il vous faut dans nos différents dossiers pour préparer et organiser votre séjour de travailleur nomade, destination par destination : formalités, quartiers à privilégier, solutions d'hébergement, espaces coworking, couverture wifi... Nous avons aussi pensé à vous donner des détails pratiques pour que vous sachiez où faire vos courses à l'étranger au meilleur prix mais aussi où faire laver votre linge afin que vous vous concentriez sur l'essentiel. Pour vous détendre, vous trouverez aussi des escapades et des loisirs dans chaque dossier afin que vous puissiez vous changer les idées entre deux séances de travail.

BARCELONE ET SA PROVINCE

Barcelone est l'occasion de s'immerger dans la plus méditerranéenne des destinations européennes. Plage, soleil, gastronomie, architecture ou fiesta, chacun trouvera une bonne raison d'y séjourner... Mais Barcelone est aussi une ville cosmopolite, créative et audacieuse, *high tech* et verdoyante à la fois avec une province aux villages pittoresques... C'est l'endroit parfait pour travailler tout en s'oxygénant en bord de mer ou à la montagne. Conscients de ces atouts, Barcelone et sa province ont mis en place le dispositif Barcelona Workation pour faciliter la vie des travailleurs nomades. C'est donc tout naturellement que nous avons sélectionné cette destination dans ce guide. Un superbe séjour de travailleur nomade s'offre à vous sur place. Et c'est la bonne occasion de découvrir l'essence de Barcelone avec notre sélection de visites incontournables dans la ville et sa province ... pour vivre Barcelone comme un Barcelonais !

Formalités

En tant que citoyen européen, vous pouvez rester au maximum 90 jours en Espagne. Au-delà de cette période, vous devrez demander une carte de résidence auprès des autorités locales. Cependant, une nouvelle loi est à l'étude pour faciliter la résidence des travailleurs nomades au-delà de ces 3 mois en Espagne. Renseignez-vous auprès de l'office de tourisme de Barcelone directement sur place à ce sujet si vous avez l'intention de rester plus de 3 mois sur place.

Bon à savoir

- **Langue**. A Barcelone et dans sa province, on parle catalan et espagnol (ou castillan, soit l'espagnol classique).
- **Décalage horaire**. Il n'y a pas de décalage horaire entre la France et l'Espagne.
- **Monnaie**. En Espagne, on paie partout en euros, y compris à Barcelone et dans sa province.
- **Transports publics**. Avec ses ruelles médiévales, sa belle façade maritime et son climat doux été comme hiver, Barcelone est une ville qui invite à la balade. Dans votre valise de travailleur nomade, pensez donc à prendre vos chaussures de marche les plus confortables, car ici, on enchaîne les kilomètres sans s'en rendre compte ! Vous n'aurez aucun mal à vous repérer dans les rues quadrillées de l'Eixample. En revanche, les venelles du Barri Gòtic et du Born sont un vrai labyrinthe mais c'est aussi ce qui fait tout leur charme... Si vos pieds commencent à chauffer, c'est qu'il est temps de vous rabattre sur les autres modes de transport disponibles. Le duo métro-bus est l'option la plus pratique pour passer d'un quartier à l'autre.

Propre, pratique, climatisé et rénové à l'occasion des Jeux olympiques, le métro barcelonais vous permet de découvrir facilement la ville grâce à ses huit lignes. Elles fonctionnent en semaine de 5h à minuit, le vendredi de 5h à 2h, et toute la nuit le samedi. Contrairement au métro parisien, ici on composte à gauche. Vous utiliserez essentiellement la ligne verte (L3) pour visiter la ville : elle dessert les Ramblas, le Raval, la Plaça Catalunya, le Passeig de Gràcia... La ligne jaune (L4) permet de rejoindre les plages et le quartier du Born !

Ecologique, rapide et confortable, le Tram circule sur une trentaine de kilomètres et effectue un total de 56 arrêts à Barcelone. Il existe deux lignes de tramway à Barcelone : le Trambaix (T1, T2, T3), qui relie la place Francesc Macià et les villes résidentielles de Sant Just Desvern, Sant Joan Despí, Sant Feliu de Llobregat et Cornellà ; et le Trambesòs (T4, T5, T6), qui effectue le trajet entre la Vila Olímpica et le port de Badalona, en passant par Glòries et le quartier du Fòrum. Un projet municipal prévoit de relier ces deux lignes par l'avenue Diagonal.

Une centaine de lignes de bus desservent Barcelone. Le système tarifaire en vigueur permet d'accéder à différents moyens de transport avec le même billet pendant 1 heure et 15 minutes. La nuit, une vingtaine de lignes nocturnes urbaines (Nitbus) et quelques lignes interurbaines desservent les principaux quartiers de la ville. La plupart de ces bus partent de la plaça Catalunya. Ils ont une fréquence moyenne de 20 minutes les week-ends, et 30 minutes en semaine.

Plus écolo, le vélo est une excellente option pour explorer le littoral car Barcelone dispose d'un réseau étendu de pistes cyclables ... mais attention pour rejoindre les hauteurs de la ville : ça grimpe ! Dans ce cas, les nombreux scooters électriques et trottinettes en libre-service peuvent s'avérer très pratiques !

Pour sillonner la province de Barcelone, il y a des bus bien sûr mais aussi le train qui peut être très pratique dans certains cas (Renfe, lignes régionales). FGC exploite un réseau de plus de 300 km de lignes de chemin de fer dans toute la Catalogne. Lors d'un séjour à Barcelone, vous utiliserez le FGC pour rejoindre Sant Cugat, Montserrat ou encore Manresa. Le FGC possède aussi 3 lignes urbaines (L6, L7 et L8) qui complètent le réseau de métro de Barcelone. Ces lignes sont très pratiques pour rejoindre les hauteurs de Barcelone (Gràcia, Sarria, Tibidabo) depuis Plaça Catalunya, avec un simple ticket de métro.

Coût de la vie

Le coût de la vie à Barcelone et dans sa province est environ 20 % moins cher qu'en France.

▶ **Quelques idées de prix à Barcelone et sa province** : un repas simple dans une cafeteria ou un snack : 10 € environ ; un repas dans un bon restaurant : environ 25 € ; une nuit dans un hôtel 3 à 4 étoiles : de 70 à 150 € ; loyer moyen d'un studio à Barcelone : à partir de 700 € dans le centre-ville ; prix d'un forfait prépayé d'un mois avec appels illimités dans le pays et forfait 4G : à partir de 15 €, puis il faut recharger le forfait au fur et à mesure ; bureau partagé dans un espace coworking : à partir de 150 € par mois ; tarif pass coworking à la journée : 25 à 30 € la journée.

Les quartiers de Barcelone

▶ **Le centre de Barcelone**. Le centre de Barcelone se distingue par son identité très marquée : d'un côté, le charme intemporel des rues médiévales étroites du Barri Gòtic bordées de bars et petits restaurants, et de l'autre, le caractère cosmopolite et branché symbolisé par le Raval. Au milieu se dresse l'incontournable Rambla, lieu de rendez-vous de tous les styles, tous les âges et toutes les nationalités. C'est la zone idéale de Barcelone pour être inspiré en travaillant car le dépaysement est total et vous serez en immersion dans la culture locale.

▶ **Born**. Les quartiers de Sant Pere, Santa Caterina et la Ribera, communément connus sous le nom de Born, maintiennent aujourd'hui encore leur structure médiévale. A partir des années 1990, des artistes indépendants s'installent dans le quartier. L'ouverture de galeries d'art, de bars nocturnes et de petits antiquaires transforment progressivement l'image du quartier. Aujourd'hui, le Born a définitivement gagné son statut de quartier branché. Ses vieilles tavernes et ses vieux hangars ont été transformés en boutiques de jeunes créateurs, en restos de cuisine fusion et en bars fréquentés par une clientèle cool et à la pointe des tendances. Proche de la mer, plein de charme avec ses petites ruelles, et vivant à toute heure de la journée, le Born est aujourd'hui l'un des quartiers phares de Barcelone. Ce quartier plaira particulièrement aux travailleurs nomades épicuriens qui aiment travailler en terrasse et faire la fête.

▶ **Gracia**. Le quartier de Gràcia est divisé en quatre zones bien distinctes : la Vila de Gràcia, le cœur du quartier, prisé pour ses petites places et ses bars animés ; La Salut, où se trouve le parc Güell ; El Coll, situé au nord de Gràcia et beaucoup plus résidentiel ; et Camp d'En Grassot, qui englobe une partie du Passeig de Sant Joan, lieu de promenade qui conduit jusqu'au parc de la Ciutadella. Mais Gràcia est surtout devenu le quartier fétiche des bobos pour le charme légendaire de ses places. Loin des grands monuments et des hordes de touristes, Gràcia séduit par son authenticité, sa douceur de vivre et son esprit village. C'est également le quartier de prédilection (avec Sarrià) des Français expatriés à Barcelone. Les nombreux commerces et bars tenus par des Français témoignent de cette présence qui a participé à la dynamisation du quartier... En résumé, ce quartier plaira aux travailleurs nomades qui aiment travailler dans le calme tout en étant près des commodités de la ville. Bonne nouvelle : Gracia compte beaucoup d'espaces coworking.

▶ **Vila Olimpica et Poblenou**. Ancienne zone industrielle du Poblenou, la Vila Olímpica est un ancien quartier industriel et ouvrier qui a été entièrement transformé à l'occasion des Jeux olympiques, avec la création du Port Olímpic, de la Nova Icària et de la plage du même nom. Les deux tours du littoral et le célèbre poisson doré de Frank Gehry sont devenus le symbole de cette Barcelone très « californienne », avec ses restaurants branchés en bord de mer, ses discothèques et ses joggeurs bronzés.

Un peu plus loin, se trouve le Poblenou, surnommé le « Manchester catalan » en raison de son passé industriel. A partir des années 1960, la progressive désindustrialisation du quartier a entraîné l'apparition de nombreux ateliers et entreprises de transport, qui se sont installés dans les anciennes usines du quartier. En 2001, la mairie de Barcelone lance le projet 22@, un plan urbanistique qui a pour objectif de transformer le Poblenou en quartier des nouvelles technologies. De nombreux édifices ont été construits au cours de ces dernières années, et accueillent aujourd'hui le siège des grandes entreprises des médias, de la communication et des nouvelles technologies. Dans ses longues avenues quadrillées, showrooms, studios de création et start-up occupent les anciennes usines du quartier mais aussi désormais de nombreux espaces de coworking. Les travailleurs nomades, qui ont besoin de côtoyer toute la foule de la tech à Barcelone, seront très adeptes de district 22@.

Se loger

Dans le cadre de son dispositif Barcelona Workation, Barcelone a sélectionné plus de 130 hébergements adaptés aux travailleurs nomades en ville et dans sa province, jusqu'à 1h de la capitale catalane. Il suffit de se rendre sur le moteur de recherche de Barcelona tourisme, et vous trouverez des hôtels, appart-hôtels, des chambres d'hôtes, des gîtes etc. Vous pouvez les sélectionner en ligne puis les réserver via un *call center* dédié. Rendez-vous sur : www.visitbarcelona.com/workation

Travailler

Barcelone a sélectionné une multitude d'espaces de travail et de coworking très intéressants en raison de leur emplacement, de leur conception ou de leurs services avec la possibilité de profiter d'un café ou d'un restaurant sur place par exemple.

L'offre est énorme en ville, en particulier dans les quartiers de Gràcia et le district 22@, ainsi que dans les localités de la côte et de l'intérieur de la province de Barcelone.

Parmi les espaces de coworking les plus populaires, on peut citer : Alticco Verdaguer dans le quartier de Gracia et Wojo Poblenou dans le quartier de district 22@ à Barcelone. Un des espaces de coworking les plus originaux et les plus connus est sans aucun doute Jungle coworking réputé pour son ambiance décontractée. Des activités telles que le kayak, le paddle surf, le beach-volley y sont proposées ce qui permet de nouer facilement des amitiés avec les autres travailleurs nomades entre deux séances de conférences sur Zoom. Situé à Vila Olimpica, près de la plage et à côté du Parc, la Jungle est aussi un lieu de coworking très vert où on peut entendre le chant des oiseaux et l'écoulement de l'eau (sons enregistrés directement dans la jungle) ce qui est très dépaysant et inspirant bien sûr quand on travaille.

La province de Barcelone compte aussi plusieurs espaces coworking comme Aticco Hospitalet à Hospitalet de Llobregat, à quelques mètres du centre-ville.

Pour retrouver la liste complète des espaces coworking sélectionnés à Barcelone et sa province, rendez-vous sur le site suivant : www.visitbarcelona.com/workation

Vie quotidienne

- **Courses et shopping**. Pour faire vos courses, vous trouverez plus ou moins les mêmes enseignes qu'en France. Pour faire des économies, on vous conseille de vous tourner vers les supermarchés low-cost comme Lidl et Aldi, qui sont répandues en Espagne et présentes à Barcelone et sa province. Les supermarchés Condis sont un peu plus chers et les magasins de l'enseigne Veritas proposent plutôt des produits bios.

Pour le shopping, et notamment l'achat de vêtements, vous trouverez les mêmes boutiques et marques que celles présentes en France partout à Barcelone. Pour un choix plus large, nous vous conseillons de vous rendre à La Roca Village, un agréable centre commercial à ciel ouvert qui propose plus de 140 marques et où vous pourrez bénéficier d'une réduction de 10 % dans les boutiques et d'une boisson de bienvenue grâce à la Barcelona Card Workation.

- **Laver son linge**. Les laveries sont nombreuses à Barcelone et dans les villes sa province. Pour faire une lessive et sécher son linge, cela vous coûtera entre 5 et 7 €.

DANS LE MONDE

© EKATERINA POKROVSKY / SHUTTERSTOCK.COM

Vue sur Barcelone et la tour Glòries.

Le Parc Güell et panorama de Barcelone.

Tapas à emporter, marché de la Boqueria.

Système de santé/assurances. En tant que Français, vous pouvez utiliser la carte européenne d'assurance maladie (CEAM) soit la carte vitale version européenne disponible sur simple demande auprès de la sécurité sociale (www.ameli.fr). Sur présentation de cette carte, vous n'aurez que le ticket modérateur de la consultation médicale à régler dans les hôpitaux du service public. Par ailleurs, conservez bien les factures de soins et les ordonnances pour les envoyer à votre caisse d'assurances maladie et à votre mutuelle en rentrant. Dans le secteur privé, vous trouverez des hôpitaux leaders d'Espagne avec des équipements *high-tech*. Sachez cependant que les frais médicaux dans le privé sont plus élevés et qu'en cas d'intervention lourde, même dans le secteur public, vous risquez d'être amené à avancer beaucoup d'argent. On vous conseille donc de souscrire à une assurance santé avant de partir en Espagne, ainsi vous éviterez les mauvaises surprises.

Se restaurer

Véritable destination épicurienne, Barcelone et sa province se distinguent par la qualité de ses restaurants et la richesse de sa cuisine. Bars à tapas, restaurants de poissons et fruits de mer, bistrots branchés et tables étoilées occupent le devant de la scène gastronomique. Du simple menu del dia aux créations avant-gardistes des chefs catalans, vous apprécierez au quotidien cette cuisine de *mar i muntanya* (mer et montagne) mêlant d'excellents produits du terroir aux saveurs de la Méditerranée. *Arrossos* (riz), *pa amb tomàquet* (pain à la tomate), *escalivada* (légumes grillés) et *patatas bravas* comptent parmi les incontournables. Les bonnes tables étant rapidement prises d'assaut, il est conseillé de réserver à l'avance dans les lieux à la mode. Mais surtout, oubliez vos habitudes et adoptez la coutume locale des *platets* (petits plats) à partager : une façon conviviale et locale de découvrir la cuisine catalane ! Enfin si vous avez envie de découvrir tous les produits locaux et spécialités de Catalogne, on vous encourage à aller faire un tour au marché. Peu de villes dans le monde disposent d'un réseau de marchés aussi riche et varié que Barcelone. Ils sont 39 à vendre des produits frais et quatre spécialisés dans les produits non alimentaires qui complètent parfaitement cette offre unique et distinctive. Les marchés alimentaires de la ville nous fournissent des produits frais, biologiques et locaux apportés quotidiennement des fermes et des marchés aux poissons des comtés voisins.

S'aérer / se changer les idées

Les parcs et les activités de loisirs. Barcelone est une ville très verte où vous trouverez largement de quoi vous détendre entre deux séances de télétravail.

Le parc de la Ciutadella est une halte verdoyante à Barcelone. Construit sur les anciens vestiges d'une citadelle, ce parc de 17 hectares est doté d'un lac artificiel où vous pourrez vous promener en barque. Inspiré du Jardin des plantes de Paris, il abrite le Museu Martorell (1882) qui accueille notamment des plantes tropicales. Pour la petite histoire, c'est le jeune Antoni Gaudí qui a participé à la construction de la Cascade monumentale du parc. Inauguré en 1881, le parc a accueilli l'Exposition universelle en 1888.

Plusieurs constructions modernistes datent de cette époque, dont le Castell dels Tres Dragons de Lluís Domènech i Montaner (ancien musée de Zoologie), l'Hivernacle de Josep Amargós, et le monumental Arc de Triomf, d'inspiration néo-mudéjar. Le terrain laissé libre après l'exposition permit la création du Zoo de Barcelone en 1892. Créé en 1999, le jardin botanique de Barcelone s'étend sur plus de 14 hectares au cœur de la colline de Montjuïc. Il présente une végétation apte pour le climat méditerranéen originaire des quatre coins du monde. C'est pour cette raison que le jardin est divisé en zones géographiques : Australie, Californie, Chili, Afrique du sud et bassin méditerranéen (îles Canaries, Afrique du Nord, îles Baléares, etc.). Des expositions temporaires sont présentées régulièrement dans l'Institut Botànic. Préférez le printemps pour faire cette visite, c'est la plus belle saison. Mais le joyau de tous les parcs de Barcelone reste le célèbre parc Güell. Ce merveilleux parc est le fruit d'un projet de cité-jardin – hélas inachevé – lancé par Eusebi Güell en 1900. Le projet prévoyait l'aménagement de 60 parcelles dans un environnement verdoyant. L'échec économique de la cité-jardin et la mort du mécène en 1918 mirent fin prématurément au chantier. Gaudí eut tout de même le temps d'achever la construction des deux maisons de gardien à l'entrée du parc, la Sala hipóstila conçue pour abriter un marché couvert, la Plaça de la Natura vouée à accueillir des spectacles, ainsi qu'un vaste réseau de portiques et viaducs, dont le Pòrtic de la Bugadera (portique de la lavandière) aux colonnes inclinées. L'ensemble est classé au patrimoine de l'Unesco depuis 1984. Dès l'entrée, c'est un spectacle féerique que nous offre La Casa del Guarda (maison du gardien), bâtie entre 1901 et 1903 dans un style emprunt de fantaisie, souvent comparée à la maison de la sorcière de Hansel et Gretel. Une exposition y retrace l'histoire du parc et du modernisme catalan. En face se dresse le double escalier et sa célèbre salamandre tout habillée de mosaïques. Une fois en haut, on accède à la place du marché soutenue par 84 colonnes. Admirez le plafond et ses nombreuses ornementations multicolores. En empruntant les escaliers, on arrive sur la place de la nature, qui offre un superbe panorama sur Barcelone et la mer. Cette place est également célèbre pour son banc décoré de trencadís, œuvre de Josep Maria Jujol. La promenade continue par les allées qui mènent vers les hauteurs du parc.

Les plages. Barcelone et sa province comptent 100 kilomètres de côtes et ce ne sont pas les belles plages qui manquent ! La capitale catalane est une ville ouverte sur la mer avec presque 5 km de plages de sable fin et doré. Elles sont grandes et à quelques minutes de la ville à vélo ou en transport en commun. La côte barcelonaise plus de 100 plages en tout genre, dont de jolies criques, sur 95 km. Vous y trouverez aussi bien des plages familiales que des plages sauvages et isolées, me tout à proximité de Barcelone par la route ou par le train. Parmi les plus belles plages à proximité de Barcelone, on vous conseille la plage de Montgat Nord, la plage de Castelldefels (une des plus grandes), la plage d'Ocata et la plage El Prat.

A voir/à faire. Si vous ne connaissez pas du tout Barcelone, vous pouvez en avoir un premier aperçu assez complet en prenant le bus touristique appelé « Barcelona Bus Turístic ». C'est un bon plan pour découvrir tous les monuments et lieux d'intérêt de façon rapide et à prix correct. En prenant les autobus à deux étages de Barcelona Bus Turístic, vous pouvez descendre et remonter autant de fois que vous le voulez pendant le parcours afin de prendre le temps de découvrir les sites qui vous intéressent le plus. Autre avantage, ce bus touristique propose deux itinéraires différents, et avec un seul et même billet (à partir de 27 € sur le site https://bcnshop.barcelonaturisme.com), il vous sera possible d'aller d'un itinéraire à l'autre à volonté. Vous pourrez découvrir entre autres : la plaça Catalunya, le MACBA, le Passeig de Gràcia, la Sagrada Familia, la Vila de Gracia, le Park Güell, le Tibidabo, Pedralbes et le stade du Futbol Club Barcelona, le parc de la Ciudadela, la Diagonal, la gare de Sants, Montjuïc, le Port Vell... Vous aurez l'embarras du choix en termes de découvertes à Barcelone ! Enfin, grâce à l'audioguide complet en 16 langues, tous ces monuments et points d'intérêt vous seront présentés en détails et en français ! Barcelone n'aura plus de secrets pour vous et vous pourrez facilement poster de très belles photos sur votre compte Instagram grâce au wifi gratuit à bord du bus. Et si vous souhaitez faire plus de visites par vous-même, n'oubliez pas de récupérer les bons de réductions en ligne qui vous donnent droit à des réductions dans différents lieux de visite et restaurants, pouvant aller jusqu'à 250 €.

L'autre astuce pour profiter au maximum de Barcelone, c'est d'utiliser la Barcelona Card Workation. Elle vous donne l'accès à de nombreux avantages : l'entrée gratuite à 26 musées et lieux d'intérêt, des tickets de réduction pur 27 musées, 10 visites et circuits à tarifs réduit, etc. Parmi les visites incontournables à faire pendant votre séjour de travailleur nomade, la Sagrada Familia s'impose. Chef d'œuvre absolu de Gaudí, la Sagrada Família est devenue le symbole indiscutable de Barcelone. En cours de construction depuis 1882, la cathédrale devrait être achevée en 2026. La Sagrada Família est constituée de trois façades monumentales : la naissance du Christ, à l'est ; la Passion et la Mort, à l'ouest ; et la façade de la Gloire. Chaque façade est surmontée de quatre tours, qui dans leur ensemble symbolisent les douze apôtres. Malgré les travaux en cours, la Sagrada Familia est ouverte au culte et à la visite. Déclarée patrimoine mondial de l'Unesco en 2005, elle est située dans le quartier de l'Eixample, sur un terrain acheté à l'époque pour la modique somme de 172 000 pesetas (un peu plus de 1 000 €) par un libraire catalan du nom de Josep Maria Bocabella. Ce philanthrope barcelonais imagina la création d'un temple catholique dont le projet fut confié à l'architecte Villar. La première pierre est posée le 19 mars 1882, au cours d'une cérémonie à laquelle assiste le jeune Gaudí, alors âgé d'une trentaine d'années. Peu de temps après, Villar abandonne le projet qui est finalement confié à Gaudí en 1883. Celui-ci se charge de modifier les plans et d'y imprimer son style incomparable. C'est le début de l'œuvre de toute une vie, puisqu'il travaillera sur le projet jusqu'à sa mort en 1926. Outre son caractère sacré, la Sagrada Família est devenue un monument à la gloire de l'idéal catalan, et son achèvement en cours est un véritable défi pour la Catalogne. En effet, pendant de nombreuses années, les travaux ont été ralentis, faute d'argent. C'était sans compter sur la générosité et la détermination des Catalans qui financèrent l'édifice. A l'intérieur, on peut visiter la crypte où repose Gaudí et le passionnant musée qui lui est dédié. Vous pourrez rejoindre le sommet des tours en ascenseur, qui offre des vues splendides sur Barcelone. Mais c'est la nuit, lorsque la Sagrada Família est illuminée, qu'elle s'entoure le plus de mystère. Également conçue par Gaudí, la Casa Batlló est l'une des constructions majeures de l'architecte. La richesse de ce travail architectural a inspiré de nombreuses théories : pour certains, les trencadís colorés (une mosaïque créée à partir d'éclats de carreaux) sur la façade rappellent une mer ondulante, pour d'autres, ce serait une allégorie du mythe de Sant Jordi, en raison de l'aspect écaillé du toit. Elle figurerait ainsi un dragon, et par là même symboliserait le combat mythique du saint patron catalan. Comme à son habitude, le thème organique, cher à l'artiste, s'exprime à travers chaque pièce, chaque pierre, son extraordinaire façade et l'exquis raffinement de l'ensemble. Autre édifice religieux à ne pas manquer : la cathédrale Seu de Santa Creu i Santa Eulalia de Barcelona qui se dresse en plein Barri Gòtic. Dédiée à sainte Eulalie, patronne de Barcelone, la cathédrale a été construite entre 1298 et 1450, et elle figure le gothique catalan dans toute sa splendeur. Sa façade, réalisée au XIXe siècle, respecte les particularités du style gothique. Le cloître de la cathédrale abrite 13 oies, en hommage à sainte Eulalie qui, selon la légende, avait 13 ans au moment où elle a été martyrisée. Son corps repose dans la crypte de la cathédrale. À l'intérieur, on peut également visiter le musée de la Cathédrale, qui abrite de nombreux trésors de l'art religieux. Le parvis de la cathédrale est un important lieu de célébrations. Il accueille tous les samedis à 18h et le dimanche à 11h15 des spectacles de sardane ; un grand marché de Noël au mois de décembre ; des démonstrations de castells et des défilés de gegants les samedis en été. Ne manquez pas de grimper jusqu'au toit de la cathédrale (accès par ascenseur), lieu privilégié pour admirer ses tours et le panorama, superbe, sur les toits de la vieille ville. Parmi les musées à voir à Barcelone, on vous conseille le Musée d'art contemporain de Barcelone, le MACBA. Le bâtiment principal du MACBA est l'œuvre de l'architecte américain Richard Meier. D'un blanc immaculé et doté de larges surfaces de verre, cet édifice rationaliste se dresse sur la Plaça dels Àngels, lieu de concentration des skateurs. Le musée possède aussi une annexe dans le Convent dels Àngels, couvent gothique du XVIe siècle, aménagé pour accueillir des activités culturelles. L'ancienne chapelle, rebaptisée La Capella, accueille des expositions temporaires. Inauguré en 1995, le MACBA présente une intéressante collection permanente d'art contemporain constituée d'œuvres de Pablo Picasso, Joan Miró, Marcel Duchamp, Joaquín Torres-García, Pablo Palenzuelo, Antoni Tàpies, Miquel Barceló et Roy Lichtenstein, entre autres. Il organise également d'importantes expositions temporaires et activités parallèles, notamment des conférences et des projections de films. Le musée Pablo Picasso est une autre visite immanquable de Barcelone. Installé dans un ensemble de cinq palais des XIIIe et XIVe siècles, emblématiques du gothique catalan, le musée Picasso illustre la relation étroite entre le peintre et la ville de Barcelone. Si la collection est splendide, l'ensemble architectural participe également à une unité artistique de toute beauté. La collection permanente abrite un fonds de plus de 4 200 œuvres, constitué en grande partie grâce au legs de Jaume Sabartés, ami et secrétaire de Picasso, mais aussi grâce à des donations de l'artiste lui-même et de son épouse Jacqueline Picasso. De quoi plonger dans le monde vibrant de ses débuts, mais également observer avec ferveur le lien de l'artiste avec cette ville foisonnante. La visite du musée permet d'admirer des œuvres de jeunesse du peintre, des toiles intéressantes de la période bleue (1901-1904), ainsi qu'une série de variations libres autour des Ménines de Velásquez, dont il réalisa 58 variantes ! Le tout est complété par des pièces maîtresses comme *Science et Charité* (1897), *L'Arlequin* (1917), et le *Portrait de Jaume Sabartés* (1939). Pour mieux comprendre l'œuvre de l'artiste catalan, Joan Miró, ne manquez pas de visiter la fondation qui lui est consacrée.

Les plus grandes œuvres du peintre catalan sont réunies dans cette fondation située sur la colline de Montjuïc. Installée dans un bâtiment rationaliste imaginé et conçu par Josep Lluís Sert, la fondation accueille la collection la plus complète de l'œuvre de Joan Miró, composée de tableaux, sculptures, gravures et dessins. La construction est très ouverte, multiplie les matériaux en conservant une simplicité qui permet non seulement d'ouvrir des espaces très lumineux, mais également de mettre en valeur les créations de Miró. Ces lignes épurées laissent toute la place à la recherche innovante du peintre, et ce dans toutes sortes de disciplines. La Fondation Miró organise également des expositions temporaires d'art contemporain, et un espace est réservé aux jeunes artistes conceptuels (Espai 13). Enfin, on vous recommande vivement de visiter le Musée national d'art de Catalogne (MNAC). Il occupe le Palau national, construit pour l'Exposition internationale de 1929, puis remanié dans les années 1990 par l'architecte italienne Gae Aulenti. Sa collection permanente est divisée en plusieurs sections : art roman, art gothique, Renaissance et baroque, art moderne, photographie… Sa collection d'art roman est considérée comme étant l'une des plus belles au monde. Elle rassemble des fresques murales datant des XIe-XIVe siècles provenant de petites églises romanes de Pyrénées catalanes. La technique du strappo fut utilisée à partir des années 1920 pour transférer ces œuvres jusqu'alors dispersées. Remarquez notamment le Christ en majesté provenant de l'abside de Sant Climent de Taüll, l'une des pièces phares de la collection. Ne manquez pas non plus la superbe collection d'art moderne catalan avec des pièces modernistes et noucentistes, dont une section dédiée aux arts décoratifs. Vous y verrez notamment des toiles de Ramon Casas, Santiago Rusiñol et Joaquín Sunyer. Plusieurs salles du musée sont aussi consacrées à recevoir des expositions temporaires.

Sortir. Fidèle à sa réputation, Barcelone est une ville festive où les nuits sont longues et toujours très animées. Avec un peu d'anticipation, on peut sortir sans se ruiner et sans se compliquer la vie, les distances n'étant jamais grandes et la plupart des boîtes fonctionnant avec des guest-lists. Singularité de cette ville, ici on peut clubber au bord de la plage, à l'air libre dans un décor champêtre, ou dans des miradors aux vues époustouflantes ! Jamais bling-bling, la nuit barcelonaise a pourtant de quoi séduire tous les travailleurs nomades avec ses ambiances variées : techno, indé, gay, commerciale... Vous serez également surpris par l'insouciance, l'exubérance et l'absence de complexes des gens qui vous entourent ! Côté spectacles, Barcelone regorge de tablaos où assister à des démonstrations de flamenco en direct et de prestigieuses salles de concert, dont l'incontournable Palau de la Música Catalana et sa programmation riche et variée, allant du jazz à la musique classique en passant par la chanson d'auteur ou l'art lyrique.

Escapades dans la province de Barcelone

Montserrat. La Serra de Montserrat est un site exceptionnel tout d'abord d'un point de vue géologique. On se sent tout petit en approchant les roches abruptes qui constituent la Serra de Montserrat, à 1 236 mètres d'altitude… Le monastère a été construit d'après la légende de la Sainte Vierge et Montserrat est depuis reconnu

© MARIA ROSA FERRÉ-ACT

Monastère de Montserrat.

comme un grand lieu du catholicisme catalan et espagnol. Quatre-vingts moines y vivent dans le but de conserver cet endroit comme un lieu de prière et de recueillement. Montserrat est également un site incontournable pour les amateurs de randonnée. De nombreux sentiers parcourent la montagne, révélant de somptueux paysages.

Sitges. Située au pied du massif du Garraf, à 40 km de Barcelone, Sitges est un ancien village de pêcheurs devenu l'un des lieux de villégiature préférés des familles catalanes, mais aussi le point de chute favori de nombreux Barcelonais dès les premiers week-ends ensoleillés. Vers la fin du XVIIIe siècle, quelques téméraires du village se prirent à rêver de fortune et de lointains horizons dans « les Indes » de Christophe Colomb. Ces « indianos », comme on les surnommait, furent nombreux à tenter leur chance à Cuba. Ce fut le cas de Facundo Bacardí, qui construisit un empire grâce à sa technique innovante de filtrage du rhum. A leur retour, à partir du XIXe siècle, ils firent construire à Sitges de somptueuses demeures au goût de l'époque, entre modernisme et éclectisme. Quelques beaux exemples de ces fastes constructions sont encore visibles dans la Carrer de l'Illa de Cuba (rue de l'île de Cuba), dont le nom rend hommage à ces conquistadors des temps modernes. À la fin du XIXe siècle, c'est la silhouette et surtout la lumière de Sitges qui séduisent des peintres comme Santiago Rusiñol, qui en fit un centre artistique majeur. Aujourd'hui, le charme de sa baie et de son ancien village, ses plages et la douceur de son climat attirent les visiteurs les plus divers. Début octobre, son festival international de cinéma fantastique contribue à sa notoriété internationale, tout comme son fameux carnaval. Enfin, il est très facile d'aller à Sitges depuis la capitale catalane.

Entre les vignes. Ne cherchez plus, goûtez au plaisir du tourisme œnologique et découvrez les cinq appellations d'origine du vin et du *cava* de la province de Barcelone. Apprenez à distinguer un vin jeune d'un vin de garde, participez aux tâches quotidiennes d'une cave, découvrez les différents cépages ou séjournez dans un domaine vitivinicole. Les Chemins du vin et du *cava*, dans la région de L'Alt Penedès, sont des itinéraires balisés qui vous permettront de découvrir à la fois les différents cépages de la région et divers sites d'intérêt. À proximité des localités d'Alella ou de Tiana, vous pourrez contempler de jolis paysages méditerranéens évoquant le poème *Vinyes verdes vora el mar*, de Josep Maria de Sagarra. De plus, au cœur de la région d'El Bages, et plus précisément à Les Valls del Flequer, il existe un intéressant parcours signalisé qui conduit à un ensemble spectaculaire d'énormes cuves en pierre sèche, utilisées jadis pour faire du vin.

Le modernisme. Saviez-vous que la colonie Güell de Santa Coloma de Cervelló abrite une des œuvres de Gaudí les plus impressionnantes de Catalogne ? Si vous aimez le modernisme, vous serez ravis de pouvoir admirer de nombreuses œuvres en voyageant dans la province de Barcelone : les petits joyaux de cet architecte de génie, Gaudí, tels que la colonie Güell, les jardins d'Artigas ou le bâtiment industriel à Mataró ; les maisons de vacances d'été, dans les régions d'El Maresme, d'El Garraf ou d'El Vallès ; mais aussi les jardins romantiques, les fabriques ou les bâtiments urbains conçus dans ce style architectural.

AINB APARTMENTS €€

13 C/ Jaume I - **BARCELONE**
✆ +34 934 395 664
www.ainb.net

Environ 80 € par jour. 4 catégories d'appartements proposés, du simple studio au grand appartement familial.

Spécialiste de la location pour les séjours touristiques, mais aussi des séjours à partir d'un mois (étudiants, travail), AinB offre une très large sélection d'appartements idéalement situés dans toute la ville (quartier Gothique, Eixample, Sants, Sagrada Familia). Tous les appartements disposent d'une cuisine équipée pour 2 à 6 personnes, ainsi que de places de stationnement dans le bâtiment ou à 5 minutes de l'appartement. Flexible sur les heures d'arrivée, le *check-in* peut se faire directement à la réception ou via un système automatique.

OH BARCELONA €€

BARCELONE
✆ +34 93 467 37 77
www.oh-barcelona.com

A partir de 25 € par nuit et par personne.

Ce site facile à utiliser dispose d'un grand choix d'hôtels et d'appartements à Barcelone. Il fournit de nombreuses informations pour vous aider à faire le meilleur choix de logement. Pensez à vérifier les offres sur la page de dernière minute où vous pourrez trouver des réductions jusqu'à 60 %. Leurs bons de réduction gratuits sont un des gros avantages de la réservation avec Oh-Barcelona. En outre, leur blog offre des informations actualisées sur la ville pour vous aider à planifier votre voyage et profiter au maximum de votre séjour à Barcelone.

DAILY FLATS SAGRADA FAMILIA €€

314 Traversera de Gracia
BARCELONE
✆ +34 934 355 577
www.dailyflats.com

11 appartements de différente taille. Prix variables.

Immeuble de design situé à 5 minutes à pieds de la Sagrada Familia dans le quartier de l'Eixample. Une ligne design sobre, moderne et élégante. Appartements entièrement équipés avec le maximum de confort. Bureau de check-in à 2 minutes à pieds de l'immeuble (Marina, 366). Equipe multilingue (Français, Espagnol, Anglais, Italien). Une très bonne affaire pour les travailleurs nomades qui veulent rester plusieurs semaines ou plusieurs mois à Barcelone.

PERELLÓ 1898 €

Carrer de Mallorca, 135 - **BARCELONE**
✆ +34 934 543 220
www.bacallaperello.com

Du lundi au jeudi de 9h à 18h, vendredi de 9h à 20h, samedi de 9h à 18h. Comptez 20 €.

Depuis 1898, la famille Perelló est une référence dans la vente et la préparation de morue. Dans cet espace dégustation du Mercat del Ninot, la maison centenaire élabore d'exquis petits plats à partir des produits disponibles dans la boutique. Installez-vous au comptoir pour tester les diverses spécialités proposées : morue à la *samfaina*, *trinxat* de Cerdagne aux sardines fumées, mais aussi brandade à l'huile de truffe, *canelons*, tortilla... Si l'ambiance est informelle autour du comptoir, les plats, eux, sont dignes des meilleurs restaurants.

HOSTAL FERNANDO €

31, Carrer de Ferran - **BARCELONE**
✆ +34 933 017 993
www.hfernando.com

Chambres individuelles, doubles, triples et familiales avec salle de bains privée de 70 à 130 €, petit déjeuner inclus.

Entre pension et auberge, l'Hostal Fernando offre un excellent emplacement dans le quartier gothique à deux pas de la Plaça Reial et un accueil des plus sympathique. Côté auberge, des chambres familiales de 4 lits, avec espace wi-fi et cuisine commune. Les draps et casiers sont inclus dans le prix. Côté pension, des chambres rénovées, confortables et insonorisées, avec télévision, climatisation et salle de bains privée. L'établissement offre régulièrement des promotions et des avantages sur son site web ainsi que des réductions sur des activités du centre-ville.

SANTA GULA €€

Plaça de Narcís Oller, 3
BARCELONE
✆ +34 931 85 76 49
www.santagula.es

Tous les jours de 13h à 16h et de 19h à 23h (23h30 le week-end). Comptez 30 €.

Sur une charmante place, un petit restaurant empreint d'une identité forte, où la carte change constamment au gré des produits de saison. A peine quelques tables en salle ou en terrasse, pour déguster une cuisine méditerranéenne aux multiples influences (françaises, italiennes, japonaises…), dans un décor chaleureux mêlant le bois blond et la brique blanche. A la carte : steak tartare de Wagyu, petits calamars farcis à la *botifarra*, *arròs* (riz) aux gambas de Palamós... et des desserts succulents comme le cheesecake aux fruits de la passion.

BUDAPEST

Surnommée « la perle du Danube », Budapest n'a rien à prouver de sa splendeur. Son riche passé, tant intellectuel qu'architectural, lui offre de nombreux attraits… Et c'est aussi une ville au cadre de vie agréable, près du Danube, et où le coût de la vie est beaucoup moins élevé qu'en France, sans oublier le bon wifi et les nombreux espaces coworking. C'est pourquoi Budapest attire de plus en plus de travailleurs nomades venus de toute l'Europe. Si vous choisissez Budapest pour vous établir quelques mois, vous y découvrirez, entre autres, des bains turcs inégalables, des monuments renversants et une vie nocturne intense. Pour vous reposer, ou travailler, rien de mieux que de vous asseoir dans un des cafés de la capitale qui rivalisent avec les plus beaux palaces. Puis, vous succomberez aux spécialités magyares accompagnées d'un verre de fröccs ou de pálinka. Budapest n'attend plus que vous cher travailleur nomade !

Formalités

La Hongrie fait partie de l'Union Européenne et de l'espace Schengen. Pour un séjour de moins de trois mois, la carte d'identité ou le passeport en cours de validité suffisent pour les ressortissants de l'Union Européenne. Pour un séjour de plus de 3 mois, il faut demander une attestation d'enregistrement et une carte de séjour, valable pour cinq ans au maximum, auprès des autorités locales. La Hongrie n'a pas mis en place de visa spécial travailleur nomade pour le moment.

Bon à savoir

- **Langue**. Au-delà du hongrois, la langue officielle, la plupart des habitants de Budapest maîtrise bien l'anglais.
- **Décalage horaire**. Il n'y a pas de décalage horaire entre la Hongrie et la France, hiver comme été.
- **Monnaie**. On paie en Forint (Ft) en Hongrie. 1 € = 350 Ft ; 100 Ft = 0,28 €.
- **Transports publics**. Budapest est une ville qui se parcourt bien à pied et en transports en commun. Le réseau local (géré par la BKK) est fonctionnel, plutôt confortable et ponctuel. La ville compte quatre lignes de métro (la 2 et la 4 relient Pest à Buda ; les lignes 1, 2 et 3 se croisent à Deák tér) ainsi que des dizaines de lignes de tram, de bus (y compris de nuit) des trolley-bus, de trains de banlieue (HÉV) et autres pépites comme le train des enfants, le télésiège de Buda (libegő), le funiculaire du château ou encore le train à crémaillère. Bon à savoir : la ligne de métro 1 a pour surnom « Millenniumi Földalatti » et c'est un monument historique à elle seule.

Coût de la vie

Le coût de la vie à Budapest est 40 % moins élevé qu'en France.

- **Quelques idées de prix à Budapest**. Un repas simple dans une cafeteria ou un snack : 10 € ; un repas dans une bonne table : environ 30 € ; une nuit dans un hôtel 3 à 4 étoiles : de 50 à 100 € ; loyer d'un studio à Budapest : entre 400 et 650 € par mois ; prix d'un forfait prépayé d'un mois avec appels illimités dans le pays et forfait 4G: à partir de 10 €, puis il faut charger la recharger le forfait au fur et à mesure ; bureau partagé dans un espace coworking : à partir de 45 € par mois ; tarif café coworking : 11€ la journée.

Les quartiers

Avec ses 525 km² de superficie, Budapest est cinq fois plus grande que Paris ! Mais tout se passe dans le centre-ville. Budapest est née de la fusion – le 22 décembre 1872 – de trois villes indépendantes, séparées par le Danube : Obuda, Buda d'un côté et Pest de l'autre.

- **Pest Centre**. C'est dans le centre de Pest que bat le cœur de la capitale, de jour comme de nuit. Populaire et commerçant – par opposition à Buda – « Pest centre » draine la majeure partie des activités économiques et détient le quasi monopole de la vie nocturne. Vivant et survolté, il est animé de jour comme de nuit. Si vous avez besoin d'être au cœur de l'action pendant votre séjour de travailleur nomade et que vous aimez travailler dans les cafés, c'est le quartier qu'il vous faut.
- **Buda et le quartier du château**. Le quartier du château, situé sur la rive ouest du Danube à Buda, est le cœur du centre historique de Budapest. Perché sur les collines, il abrite le Palais royal et différents monuments historiques. Il offre aussi un beau panorama sur le Danube et sur la ville. C'est un quartier touristique en journée, et plus calme en soirée. C'est le quartier parfait pour travailler au calme et en retrait de l'effervescence de Pest.
- **Józsefváros et Ferencváros**. C'est une partie de Budapest contrastée. D'un côté il y a le Józsefváros où se trouvent de splendides palais du XIXe siècle, des ruelles piétonnes pavées rénovées et, de l'autre côté, il y a le Ferencváros avec le marché central et la très animée Ráday utca. Anciennement industriel, l'immense quartier de Ferencváros a déjà entamé sa phase de reconversion avec la naissance de sites culturels et de zones résidentielles.

Lever du soleil sur Budapest.

Se loger

Votre logement à Budapest vous coûtera 40 % moins cher qu'en France. Le vrai bon plan, ce sont les locations d'appartements à la nuit, une option répandue, peu onéreuse et tout confort (certaines résidences fonctionnent comme des hôtels, avec réception 24h/24). La plupart des appartements, avec une hauteur de plafond de quatre mètres, ont un cachet indéniable. Plus vous restez longtemps et moins c'est cher, bien sûr. On vous conseille notamment les plateformes de location Home Sweet Home Budapest et Apartments of Budapest où les studios sont à partir de 350 € par mois. Quant au choix du quartier, si vous voulez de l'animation et que vous aimez sortir, optez pour Pest. Sinon on vous recommande plutôt d'aller de l'autre côté du Danube du côté de Buda et du château.

Travailler

Budapest a une bonne couverture numérique et vous n'aurez aucun mal à trouver des espaces coworking. Ils se concentrent essentiellement dans Pest Centre, et ils sont vraiment nombreux donc vous aurez l'embarras du choix. On vous conseille par exemple The Other Workspace ou Collabor8district coworking qui sont tous deux à Pest. Si vous préférez l'ambiance moins studieuse des cafés pour travailler, restez aussi à Pest. Vous y trouverez beaucoup de cafés très chaleureux et tous fournissent le code wifi à leurs clients.

Vie quotidienne

▶ **Courses et shopping**. Pour faire vos courses, rendez-vous dans les supermarchés Prima où les prix sont abordables et les rayons bien fournis, y compris en produits frais. Les enseignes Lidl et Spar sont aussi présentes à travers plusieurs supermarchés à Budapest.

Pour les achats de vêtements ou autres, les centres commerciaux ne manquent pas, comme par exemple le Corvin Mall où vous trouverez toutes les boutiques habituelles (Zara, H&M etc).

▶ **Laver son linge**. Budapest compte beaucoup de laveries automatiques. Comptez 3 € pour faire une machine.

▶ **Système de santé/assurances**. En tant que Français, vous pouvez utiliser la carte européenne d'assurance maladie (CEAM) soit la carte vitale version européenne disponible sur simple demande auprès de la sécurité sociale (www.ameli.fr). Sur présentation de cette carte, vous n'aurez que le ticket modérateur de la consultation médicale à régler dans certains centres de soins affiliés. Par ailleurs, conservez bien les factures et les ordonnances pour les envoyer à votre caisse d'assurances maladie en rentrant.

Se restaurer

Votre séjour de travailleur nomade à Budapest vous permettra de découvrir la cuisine hongroise qui tient au corps et devrait vous aider à garder la forme pour vos longues heures de travail. Au rayon des spécialités magyares, on retrouve le fameux goulasch, à base d'oignons, de viande de boeuf, de paprika et de légumes. En plats principaux, les Hongrois se délectent de viandes, de légumes panés et de plats en sauce et terminent leurs agapes par de délicieuses crêpes fourrées aux pommes, noix, châtaignes ou confiture. Le tout accompagné d'un bon cru local comme le tokaj. Pest est le meilleur quartier en ville côté restauration, couvert de terrasses à la belle saison, et vous y trouverez de quoi satisfaire toutes les faims, envies et budgets. Le quartier juif recèle de petits établissements frais donnant dans le style bistro-fast-food hongrois. Il y a également de quoi bien se restaurer dans le Bois-de-la-ville, c'est là que se trouve le célébrissime Gundel et son confrère Bagolyvár. Un conseil : évitez les restaurants sur la rive du Danube et dans la rue Váci, trop touristiques.

S'aérer / se changer les idées

▶ **Les parcs et jardins**. Pour prendre l'air, on vous recommande le jardin Nepliget, le plus grand parc côté Pest, bordant le XXe et le IXe arrondissement. Aménagé dans les années 1860, le jardin s'étend sur 112 ha, plantés de 8 000 arbres. Une partie du jardin est occupée par le parc du Centenaire, créé pour le centenaire de l'unification de Buda et de Pest (1873). Il abrite, le planétarium (fermé pour rénovations) dont la coupole sert aux spectacles laser ou aux conférences d'astronomie.

Goulash.

Bains Gellért à Budapest.

A voir/à faire. Pest a été modelée au goût du XIXe siècle. Fortement influencée par le style Empire, elle aligne palais éclectiques et édifices Art nouveau. Les deux rives du centre ont été déclarées patrimoine de l'humanité par l'UNESCO, et au milieu coule le Danube. Buda la verte, la vallonnée, la bourgeoise et Pest l'urbaine, la populaire, la commerçante : ces aspects contrastés s'accordent à l'histoire mouvementée du pays dont chaque monument révèle un chapitre.

A Buda et dans le quartier du château, ne manquez pas de visiter le musée d'Histoire de Budapest et la Galerie nationale hongroise. Vous verrez aussi la porte de Habsbourg et le Turul, un aigle aux ailes déployées, oiseau emblématique des Magyars, la fontaine du roi Matthias ainsi que le Palais Sandorn, l'actuelle résidence du président de la république. Dans le quartier de Ferencvaros, on vous recommande de visiter le musée hongrois des arts décoratifs, le MÜPA – un musée valorisant l'interdisciplinarité entre musique, arts visuels et arts du spectacle, et le musée de l'holocauste. Pour une balade, on vous conseille la rue Ráday et ses nombreux restaurants et le marché couvert. Les bains sont une véritable institution : patrimoine architectural, lieu de rencontre, art de vivre. Des Romains aux Hongrois, les divers occupants de la ville ont su mettre à profit cet atout exceptionnel que constituent les dizaines de sources thermales souterraines. Les Turcs, quant à eux, ont laissé une dizaine de bains construits aux XVIe et XVIIe siècles encore en fonctionnement de nos jours. Les remarquables bains Rudas ou Kirali datent de cette époque. Le décor Art nouveau des bains Gellért est un véritable enchantement, mais il faudra aussi découvrir les bains Széchenyi dans un style néobaroque flamboyant. On vient s'y prélasser été comme hiver. Et c'est le lieu de détente idéal après une longue journée de télétravail !

Sortir. La vie culturelle budapestoise est intense à l'image de sa scène musicale qui passe des prestigieux opéras aux concerts de musique tsiganes donnés dans un coin de sous-sol. Elle anime joyeusement la vie nocturne de la capitale. La tendance est au kert, littéralement « un jardin « qui a des allures de guinguette. L'idée même d'investir des cours d'immeubles désaffectées pour y établir un bar temporaire est en soi géniale ! On peut y faire la fête, écouter des concerts, danser, parfois au milieu d'une expo, jusqu'au petit matin. Régulièrement, des DJ et VDJ (DJ visuels) envahissent aussi les bains de la ville. Cette gigantesque fête porte le nom de cinetrip ou sparty. Les bains sont alors ouverts toute la nuit et on ne vient pas s'y baigner, mais s'y trémousser en maillot. Une soirée vraiment unique.

Escapades

Gödöllö. Située à seulement 30 km à l'est de Budapest par l'autoroute M3, la toute petite ville de Gödöllö est surtout réputée pour son château royal, l'ancien palais baroque des Grassalkovich, rouvert au public en 1998, pour le centenaire de la mort d'Elisabeth, impératrice d'Autriche et reine de Hongrie dont il était l'une des demeures préférées. Avec Szentendre, c'est la ville la plus facile d'accès des environs de Budapest, c'est aussi un bon point de départ pour rejoindre la grande plaine hongroise et le nord-est.

AGAPE APARTHOTEL €

Akácfa utca 12 - 14
BUDAPEST
+36 1 317 4833
www.agapehotel.eu
À partir de 50 € la nuit en appartement.

Ces 45 appartements sont situés au sein d'une résidence, à deux pas du célèbre Café New York. On peut y loger de 2 à 6 personnes dans 1, 2 ou 3 chambres. Accueil efficace, voilà qui donne l'impression de rester à l'hôtel à prix très compétitifs ! Les appartements sont spacieux, confortables, parfaitement équipés : plaques vitrocéramique, baignoire, grand lit double et/ou clic-clac, réfrigérateur, télévision, micro-ondes, sèche-cheveux, machine à laver. Demandez un appartement donnant sur la cour, la rue Akácfa est souvent bruyante en soirée.

AVENTURA FAMILY APARTMENT €

Visegrádi utca 12 - **BUDAPEST**
+36 1 239 07 82
De 35 à 99 € l'appartement (selon saison et moins cher si réservation à l'avance). Machine à laver à disposition.

Aventura, ce sont trois appartements très stylés : un appartement rétro, un studio cosy et le dernier, spécialement aménagé pour les familles avec enfants. Il comporte un salon et une chambre indépendante (pouvant loger 5 adultes et un bébé), une cuisine ainsi que toilettes et salle de bain séparés. Gros coup de cœur pour le balcon et sa terrasse ! L'équipe – en plus de vous fournir une carte customisée de la ville – peut se charger de vous trouver une baby-sitter ou des vélos !

CÔTÉ EST €

Rumbach Sebestyén utca 6
BUDAPEST
+36 20 245 19 81
www.cote-est.net
A partir de 40 € par nuit et appartement. Wifi.

Laurent, Français installé en Hongrie depuis plus de 10 ans saura vous trouver un appartement confortable au meilleur prix puisqu'il n'en loue pas moins de 15 (du studio à l'appartement pour 8 personnes). Ils sont tous situés dans le centre, fonctionnels et bien équipés avec machine à laver. Autre avantage, Laurent en connaît un rayon sur les visites et les sorties dans Budapest ! Pensez à le contacter par email ou sur son portable avant de vous rendre à l'agence. Un bon plan logement pour les travailleurs nomades qui souhaitent rester plusieurs mois à Budapest.

CUPÁKOS €

Dob utca 31 - **BUDAPEST** +36 70 908 4404
www.cupakos.hu
Dimanche-mercredi 11h30-23h, jeudi 11h30-minuit, vendredi-samedi 11h30-1h. Environ 2 800 Ft le plat.

En plein cœur du quartier juif, un établissement qu'on aime pour son côté authentique-branché très abordable et sa viande à tomber ! Ici, c'est bien simple, c'est un peu comme chez le boucher, sauf que le service se fait à table. Chez Cupákos, c'est beaucoup plus spacieux et confortable mais tout aussi bon. Saucisse hongroise bien épicée accompagnée de ketchup maison, faux-filet, mais aussi ragoût de veau, jarret de porc cuit à la bière, ou encore burger aux boulettes de viande... Les végétariens se rueront sur le ragoût aux champignons ou les lasagnes.

MAVERICK CITY LODGE €

Kazinczy utca 24-26 - **BUDAPEST**
+36 1 793 1605
www.mavericklodges.com
Lit en dortoir entre 7 et 28 €. Chambre double entre 30 et 90 €. Réception 24h/24. Réserver à l'avance en saison.

Cette adresse récente dans le quartier juif, au coin des rues Kazinczy et Wesselényi, fait l'unanimité. Un bâtiment neuf, parfaitement aménagé, sert de pied-à-terre pour 200 personnes logées dans les dortoirs de 4 à 10 personnes (dont 2 réservés aux femmes) et 40 chambres doubles. Les lieux sont tellement calmes et avenants que même les dortoirs pour 10 personnes respectent l'intimité de chacun (des rideaux séparent les lits, un peu comme dans une cabine de bateau). Soirée *fröccs* et *spaghetti night* organisées pour faire connaissance entre résidents !

THE LIVING QUARTERS €€

Paulay Ede utca 16 - **BUDAPEST**
+ 36 1550 7363 - www.brody.land
Location à partir de 80 € par appartement. Jusqu'à 8 personnes. Petit déjeuner en supplément. Wifi gratuit.

Situé dans le centre de Budapest, à deux pas de l'Opéra et de la basilique Saint-Étienne, The Living Quarters propose un ensemble de 17 spacieux appartements, cosy et confortables, tout équipés et subtilement décorés. Dans un style oscillant entre industriel, bohème et vintage, les logements sont décorés à l'aide de meubles recyclés ou fabriqués à partir d'objets ayant été détournés tandis que les murs sont ornés d'œuvres d'art (photographies, peintures...) qu'il est d'ailleurs possible d'acheter ! Une salle de *coworking* et de réunion est également disponible.

CANARIES

Situé au large du Maroc, dans l'océan Atlantique, l'archipel espagnol des Canaries se compose de sept îles : Lanzarote, Fuerteventura, La Gomera, Tenerife, Palma, Gran Canaria et El Hierro. Un séjour de travailleur nomade dans les îles Canaries vous permettra de découvrir des paysages sauvages variés et de pratiquer un grand nombre de loisirs en extérieur grâce un climat idyllique toute l'année sur l'archipel. Des paysages volcaniques splendides, des plages de rêve aux eaux cristallines, des villages charmants, une gastronomie traditionnelle délicieuse… Parmi les autres aspects positifs à souligner pour les télétravailleurs aux Canaries : le coût de la vie moins élevé qu'en France, la couverture numérique excellente, et des hébergements aux tarifs abordables pour des séjours sur le court terme. Voilà autant de très bonnes raisons de s'installer aux Canaries quelques mois pour télétravailler !

Formalités

En tant que citoyen européen, vous pouvez rester au maximum 90 jours en Espagne et donc aux Canaries. Au-delà de cette période, vous devrez demander une carte de résidence auprès des autorités locales. Cependant, une nouvelle loi est à l'étude pour faciliter la résidence des travailleurs nomades au-delà des ces 3 mois en Espagne. Affaire à suivre...

Bon à savoir

- **Langue**. La langue parlée aux Canaries est l'espagnol, mais avec un très fort accent, difficile à comprendre dans les régions rurales. Cependant, dans toutes les villes et stations balnéaires, les habitants parlent aussi l'anglais.
- **Décalage horaire**. Le décalage horaire avec la France est d'une heure. Lorsqu'il est midi en France ou sur la péninsule ibérique, il est 11h aux Canaries.
- **Monnaie**. En Espagne et aux Canaries, on paie partout en euros.
- **Transports**. Pour se déplacer entre les îles des Canaries, le moyen le plus rapide c'est l'avion mais il existe aussi des liaisons maritimes régulières entre les îles et moins chères que l'avion. Pour se déplacer à l'intérieur d'une seule et même île, les réseaux de bus sont bien développés. Les véhicules sont en bon état et les horaires respectés. Un ticket de bus au sein d'une même ville vous reviendra à environ 1 €. Cependant, la fréquence de passage diminue beaucoup le week-end. En ce cas, il est conseillé de prendre un taxi qui est efficace et peu cher, même en dehors des grandes villes. Une course vous reviendra généralement à environ 10 ou 15 € à travers l'île. Autre possibilité : se déplacer à vélo ce qui permet en prime d'être en immersion dans la belle nature canarienne.

Las Palmas de Gran Canaria.

INTERVIEW

TRAVAILLEUR NOMADE

GRAN CANARIA : LIER L'UTILE À L'AGRÉABLE

Benoit D'Alessandri gère le restaurant Planeta 613 à Las Palmas de Gran Canaria, capitale de Gran Canaria. Il nous explique pourquoi selon lui l'île des Canaries est une destination incontournable pour les travailleurs nomades.

Pouvez-vous nous décrire le climat de Gran Canaria tout au long de l'année ?

Le climat de Gran Canaria est tempéré toute l'année. À Las Palmas de Gran Canaria, il ne fait pas en-dessous de 18 degrés en hiver et rarement au-delà de 27 degrés. En revanche, plus au sud, le climat est plus chaud, avec des températures autour de 30 degrés toute l'année.

Est-ce une île où il est agréable de travailler ?

C'est une île où il est très agréable de travailler car la plupart des gens sont bienveillants, ouverts d'esprit et font tout leur possible pour que vous vous sentiez à l'aise.

Pourquoi est-ce une destination privilégiée pour les travailleurs nomades ?

Car le climat et la qualité de vie de Gran Canaria permettent de travailler aussi bien depuis son balcon que d'une terrasse de bar avec WiFi. Avec très peu de délinquance, il est possible de travailler dans n'importe quel lieu public, sans stress.

Qu'appréciez-vous faire sur l'île lors de votre temps libre ?

Aller à la plage, comme aux piscines naturelles d'Agaete, un village magnifique. Mais il y en a pour touts les gouts, avec des randonnées à dos de chameau dans les dunes de Maspalomas ou encore des activités sportives de toutes sortes.

Quel conseil donneriez-vous à une personne qui souhaite venir travailler pour un moment à Gran Canaria ?

Premièrement, maîtriser un minimum l'espagnol pour s'intégrer. Les Canariens se débrouillent en anglais et en allemand, mais préfèrent parler leur langue. Le second est d'obtenir un NIE, un document indispensable pour les démarches administratives. Vous pouvez en faire la demande dans les ambassades espagnoles en France, y compris par courrier ou mail.

PLANETA 613

Calle Cano, 7
35002 LAS PALMAS DE GRAN CANARIA
Tél : +34 928 36 83 09
Mail : benoit.francesca@gmail.com

© DR

© RUSM - ISTOCKPHOTO.COM

Parc national de Timanfaya.

Coût de la vie

Le coût de la vie aux Canaries est 30 % moins élevé qu'en France.

▶ **Quelques idées de prix aux Canaries**. Un repas simple dans une cafeteria ou un snack : 7-8 € ; un repas dans un bon restaurant : environ 30 € ; une nuit dans un hôtel 3 à 4 étoiles : de 60 à 150 € ; loyer moyen d'un studio aux Canaries : à partir de 500 € dans l'une des villes principales ; prix d'un forfait prépayé d'un mois avec appels illimités dans le pays et forfait 4G: à partir de 20 € ; bureau partagé dans un espace coworking : à partir de 150 € par mois ; tarif pass coworking : 15 € la journée.

Les îles des Canaries

Nous avons sélectionné Tenerife, Gran Canaria, Lanzarote et Fuerteventura pour un séjour de travailleur nomade dans l'archipel car ce sont les îles les mieux fournies en hébergement sur le court terme et en espaces coworking.

▶ **Tenerife**. Tenerife est la plus grande des sept îles de l'archipel canarien. Elle offre des plages splendides, une multitude d'activités nautiques, des paysages sauvages et des villages de charme.

▶ **Gran Canaria**. Située au centre de l'archipel des Canaries, entre Tenerife et Fuerteventura, et avec 1 560 km² de superficie, Gran Canaria est la 3e plus grande îles des Canaries. Elle possède des plages de sable blanc aux eaux transparentes et de beaux canyons au centre de l'île parfaits pour la randonnée.

▶ **Lanzarote**. Île au printemps éternel, Lanzarote se visite tout au long de l'année, grâce à un climat doux. Lanzarote est doté de paysages volcaniques et de plages superbes.

▶ **Fuerteventura**. Située à environ 100 km de l'Afrique, Fuerteventura est prisée pour ses belles stations balnéaires, ses paysages désertiques superbes et ses splendides sites naturels comme le Parc de Corralejo d'où son classement comme Réserve de biosphère par l'Unesco. Sa capitale Puerto del Rosario et le village historique de Betancuria sont des bijoux du patrimoine canarien.

Se loger

Pour vous loger sur les différentes îles, vous trouverez facilement un appartement ou une colocation sur les plateformes d'hébergement classiques (Airbnb, Booking, Expedia…). On vous recommande de façon générale de privilégier, sur chacune des îles, les grandes villes pour vous loger, il vous sera facile de rayonner tout autour en transports en commun (bus, taxi, etc.). Sur toutes les îles, les télétravailleurs étant de plus en plus nombreux, les agences immobilières, situées dans les grandes villes des différentes îles, proposent régulièrement des hébergements sur le court terme. Sur Gran Canaria, la plateforme Repeople (www.repeople.co), une plateforme destinée à développer l'écosystème des travailleurs nomades aux Canaries, propose également du coliving soit des appartements avec espace coworking dans l'immeuble, à partir de 45 € la nuit.

Travailler

Pour télétravailler les Canaries sont un paradis ! Vous trouverez beaucoup d'espaces coworking dans toutes les villes canariennes et sur toutes les îles mais ils sont un peu moins nombreux à La Gomera et à El Hierro. Mais dans tous les cas, vous pourrez travailler sans difficultés dans les nombreux cafés avec un très bon wifi, et le plus souvent en terrasse sous les rayons du soleil.

Vie quotidienne

Courses et shopping. Pour faire vos courses, vous trouverez plus ou moins les mêmes enseignes qu'en France et en Espagne. Pour faire des économies, on vous conseille de vous tourner vers les supermarchés low-cost comme Lidl, qui sont répandues dans les grandes villes des Canaries, ou encore à HiperDino, une chaine 100 % canarienne présente sur toutes les îles sauf à La Gomera et à El Hierro. Pour le shopping, et notamment l'achat de vêtements, vous trouverez les mêmes boutiques et marques que celles présentes en France ou en Espagne partout aux Canaries, dans les rues commerçantes et les centres commerciaux qui sont en général en périphérie des grandes villes.

Laver son linge. Les laveries sont nombreuses dans les villes des Canaries. Pour faire une lessive et sécher son linge, cela vous coûtera en moyenne 5 €.

Système de santé/assurances. En tant que Français, vous pouvez utiliser la carte européenne d'assurance maladie (CEAM) soit la carte vitale version européenne disponible sur simple demande auprès de la sécurité sociale (www.ameli.fr). Sur présentation de cette carte, vous n'aurez que le ticket modérateur de la consultation médicale à régler dans les hôpitaux du service public. Par ailleurs, conservez bien les factures de soins et les ordonnances pour les envoyer à votre caisse d'assurances maladie et à votre mutuelle en rentrant. Sachez cependant que les frais médicaux dans le privé sont plus élevés et qu'en cas d'intervention lourde, même dans le secteur public, vous risquez d'être amené à avancer beaucoup d'argent. On vous conseille donc de souscrire à une assurance santé avant de partir dans les Canaries, ainsi vous éviterez les mauvaises surprises.

Se restaurer

Parmi les plats traditionnels à découvrir aux Canaries, vous pourrez goûter des spécialités ancestrales telles que le gofio, une farine de céréales grillées, et les papas arrugadas, généralement servies avec la fameuse sauce mojo, une sauce relevée typique des îles Canaries. Le poisson et les fruits de mer ont aussi une place de choix dans les repas (merlu, sole grillée ou meunière, espadon, poulpe...). Grâce au climat ensoleillé et aux températures élevées de l'île, vous apprécierez aussi les nombreux fruits tropicaux (papayes, mangues, ananas, goyaves...) lors de votre séjour de travailleur nomade aux Canaries.

Enfin, si vous êtes plutôt salé, sachez que la gastronomie locale est également riche en fromages qui sont toujours un régal accompagnés d'un bon vin AOC des Canaries (le Valle de Güímar, le Tacoronte-Acentejo, le Valle de La Orotava...). Côté restaurants, les meilleures adresses sont en ville et dans les stations balnéaires des différentes îles canariennes. Nous en avons référencé quelques-unes dans notre carnet d'adresses.

Plage de Viejo Rey, Fuerteventura.

© SIMONA PILOLLA 2 - SHUTTERSTOCK.COM

S'aérer / se changer les idées

Les plages. Si vous aimez la plage, vous aurez l'embarras du choix sur les différentes îles des Canaries : plages de sable blanc, plages de sable noir, plages de sable rouge, plages aux longues étendues de sable, criques sauvages... On peut cependant vous recommander certaines plages incontournables pour vous détendre pendant votre séjour de travailleur nomade. A Gran Canaria, on vous conseille parmi les plus belles plages : la playa de Las Canteras, la Playa de San Agustin, une plage de sable noir, et à Playa del Inglés pour y pratiquer des sports nautiques. A Fuerteventura, les plages de El Dormidero, El Cofete ou encore El Majanicho sont les plus jolies tandis que les plages d'El Aljibe et del Puertito se prêtent idéalement au surf ou au kitesurf.

A voir/à faire. Sur chacune des îles, une multitude de visites et d'activités s'offrent à vous. Mais si vous deviez vous concentrer sur les visites incontournables de chaque île, voici ce qu'il ne faudrait surtout pas manquer pendant votre séjour de travailleur nomade.

A Tenerife, il faudra aller voir : San Cristóbal de La Laguna, au nord-est, qui est LA ville historique de Tenerife, fondée au XVe siècle ; la Orotava, une ville coloniale classée «monument historique et artistique national» en raison de son centre historique préservé ; Puerto de la Cruz, une des principales stations balnéaires de l'île ; Garachico, un joli petit port de pêche au nord de l'île ; Le parc national de Las Cañadas del Teide abrite le volcan Teide (3 718 m d'altitude), le point culminant de l'archipel et d'Espagne.

A Gran Canaria, les visites immanquables sont : Las Palmas et son beau quartier historique de Vegueta ; le Roque Nublo, né de l'activité volcanique qu'a connue Gran Canaria il y a 4,5 millions d'années; Puerto de Mogán, un village de pêcheurs typique, au sud de Gran Canaria.

A Lanzarote, ne manquez pas : le parc national de Timanfaya, un parc de formation volcanique spectaculaire ; la grotte Cueva de los Verdes, façonnée par l'éruption de La Corona il y a 3 000 ans ; la fondation Cesar Manrique, l'artiste incontournable de l'île ; l'impressionnant lac Lac Lago del Golfo aux eaux couleur émeraude.

A Fuerteventura, partez découvrir : la Costa Calma entre stations balnéaires aux plages de sable fin et falaises volcaniques ; El Cotillo, un ancien port de pêche transformé en station balnéaire aux plages de rêve ; la capitale de l'île Puerto del Rosario et le village Betancuria aux nombreux trésors historiques.

Sortir. Si vous êtes un travailleur nomade qui aimez faire la fête, vous trouverez votre bonheur à Tenerife, Gran Canaria, Lanzarote et Fuerteventura. Les grandes villes et les stations balnéaires de ces îles regorgent de bars typiques et branchés pour boire un verre ou de clubs pour danser jusqu'au bout de la nuit. Bien entendu, c'est durant l'été et les vacances scolaires que l'ambiance bat son plein grâce aux touristes.

Escapades

Pour vos escapades dans les Canaries, le plus simple est de sortir des villes en général, la magnifique nature volcanique des îles vous tend les bras pour des randonnées, tout comme les superbes plages vous attendent pour une bonne séance de farniente. Profitez aussi de votre séjour de travailleur nomade pour découvrir plusieurs îles des Canaries grâce aux vols ou aux bateaux inter-îles.

APPARTEMENTS DON QUIJOTE €

Avenida de Madrid, 4
SAN AGUSTÍN, PLAYA DEL INGLÉS ET MASPALOMAS
✆ +34 928 208 724
Environ 55 € la nuitée (séjour d'une semaine au minimum) pour deux ou trois personnes dans des appartements standard.

Trente appartements d'une capacité de trois personnes, disposant tous d'une piscine et d'un petit jardin pour agrémenter le séjour. Tous les appartements du troisième et quatrième étage ont par ailleurs l'avantage d'offrir une vue sur la mer. Le wifi est de bonne qualité et l'ambiance est relax. C'est vraiment un très bon plan pour ceux qui veulent séjourner plusieurs semaines parce qu'ils veulent télétravailler sur place. Ils auront vraiment de quoi joindre l'utile à l'agréable sans se ruiner. A réserver avec un peu d'avance cependant.

BODEGON VIANA €

Calle Viana, 35
SAN CRISTÓBAL DE LA LAGUNA
✆ +34 822 25 62 56
Fermé le lundi. Compter moins de 20 € pour deux personnes.

Dans un cadre typique de bodega, c'est le restaurant idéal pour goûter tous les plats canariens comme les soupes canariennes, à titre d'exemple. Le Bodegon Viana est toujours plein, car très fréquenté par les locaux. Très bonne ambiance. Un menu, mais on goûtera les spécialités de la maison à la carte. Vous pourrez, par exemple, essayer *la morcilla*, sorte de boudin noir mangé également dans la péninsule, mais aux Canaries il est fourré aux fruits secs et a un goût de pain d'épice. Bon rapport qualité-prix et portions copieuses.

CASA CANARINA €

Calle los Castañeros, 11 - **SANTA URSULA**
✆ +34 922 363 832
www.casacanarina.com
Maison pour 2 personnes 58 €, 45 € le chalet pour 2. Séjour minimum 4 jours pour la première et 3 pour l'autre.

Cette maison rurale est exceptionnelle. Perchée sur les hauteurs de Santa Ursula, elle offre une vue sur l'océan et la nature environnante à couper le souffle. Nichée dans un havre de verdure, au milieu des vignes, elle dispose d'un agréable jardin dont les arbres donnent une ombre fraîche. Cette maison de caractère aux poutres apparentes, bien équipée et dispose de deux chambres, une spacieuse salle de bains, une cuisine et un salon chaleureux. Dans une partie séparée de la propriété, un chalet est loué avec son propre jardin et son porche.

PENSION MAGEC €

Calle Hierro, 11
PUERTO DEL CARMEN
✆ +34 928 515 120
www.pensionmagec.com
A partir de 30 € pour une chambre simple, et 40 € pour une double.

Cette pension modeste est située dans l'ancien village de Puerto del Carmen, à proximité du port. Elle propose quatorze chambres réparties sur trois étages, sans ascenseur, avec ou sans salle de bains. Elles sont bien entretenues et disposent pour certaines d'une vue sur la mer. Vue accessible pour tous depuis la terrasse située au dernier étage. Un petit coin « cuisine » est mis à la disposition de tous : micro-ondes, réfrigérateur, tables. Bon accueil du propriétaire qui saura vous indiquer les bonnes adresses à découvrir à Lanzarote.

EL POPULACHO €

Plaza del Rosario, 17
AGÜIMES
✆ + 34 928 78 45 14
De 4 à 8 €, tapas à 2,50 €. Ouvert tous les jours de 10h à minuit.

Situé à l'angle de la place principale et près de l'église, ce restaurant anciennement épicerie, est plébiscité par les locaux qui y apprécient la qualité et la quantité. Dans une grande salle aux murs en pierre, le patron vous servira le plat du jour canarien tel que viande au citron et des tapas (croquettes, assiette de fromages locaux...), le tout s'accompagne agréablement d'un jus de papaye frais, comme tous les jus de fruits proposés ici. Belle terrasse où savourer par exemple les spécialités de la maison, les mojitos ou les baranquitos.

TERRAZA PLAZA €€

Avenida de Las Playas, 28
PUERTO DEL CARMEN
✆ +34 928 515 417
Ouvert de 11h au soir. Comptez 30 € environ par personne.

Installé dans une jolie maison blanche, il surplombe légèrement le bord de mer de Puerto del Carmen et offre un joli cadre tout à fait approprié pour un dîner romantique. Au menu, on trouvera à la fois des propositions relevant de la cuisine internationale, mais aussi quelques plats plus typiquement canariens. Comme la daurade à la plancha, accompagnée de ses *papas arrugadas*. On pourra aussi y tester la sole meunière, le melon au jambon serrano ou sa paella. Le tout accompagné de vins du pays. Service professionnel et accueillant.

CAPE TOWN

Au bord de l'océan, généralement ensoleillée, dans le creux des montagnes et à quelques heures du bush en Afrique du Sud, Cape Town est sans aucun doute une des meilleures destinations d'Afrique pour les travailleurs nomades. C'est en effet une ville hybride, bouillonnante, créative, sportive, cosmopolite et festive. Elle compte aussi une multitude de petits cafés avec wifi et d'espaces coworking où travailler en nomade, beaucoup de restaurants de qualité, des concerts, du sport facile à pratiquer en plein air.... Elle offre tout le confort d'une ville, avec une bonne couverture numérique en prime, tout en étant près de la montagne et de l'océan ce qui permet de faire de nombreuses escapades entre deux séances de télétravail. Cape Town ne manque décidément pas d'atouts pour ceux qui rêvent de télétravailler dans un cadre agréable.

Formalités

Si vous êtes Français, pas besoin de visa. Vous serez autorisé à séjourner jusqu'à 3 mois dans le pays. Vous pouvez bien sûr télétravailler pendant ces 90 jours. Si jamais vous voulez rester plus longtemps, sachez que l'Afrique du Sud n'a pas mis en place de visa pour travailleurs nomades. Cependant, il est possible de demander une extension de séjour touristique pouvant aller jusqu'à 3 mois supplémentaires. Il faut vous rendre sur le site du ministère des affaires étrangères pour faire votre demande (www.vfsglobal.com/dha/southafrica/visitor-visa-section-holiday.html); on vous demandera notamment des attestations prouvant que vous gagnez suffisamment bien votre vie pour pouvoir subvenir à vos besoins pendant votre séjour.

Bon à savoir

▸ **Langue**. En Afrique du Sud, il y a beaucoup de dialectes mais tout le monde parle anglais.

▸ **Décalage horaire**. Il n'y pas de décalage horaire entre la France et l'Afrique du Sud en été. C'est seulement lorsqu'on change d'heure en France pour passer à l'heure d'hiver qu'il y a une heure de moins en Afrique du Sud par rapport à la France.

▸ **Monnaie**. On paie en rands en Afrique du Sud.

▸ **Transports publics**. Au Cap, on vous conseille le MyCiti Bus qui couvre toute la ville et la banlieue. Vous n'aurez rien à craindre côté sécurité dans ce bus mais restez vigilant. Cependant, pour plus de sécurité et de souplesse, vous pouvez aussi louer une voiture pour une vingtaine d'euros par jour.

Coût de la vie

Le coût de la vie est moindre à Cape Town par rapport à la France, mais cela reste une grande ville. Le coût des loyers, les restaurants et des sorties reste assez conséquent.

▸ **Quelques idées de prix à Cape Town**. Un repas simple dans une cafeteria ou un snack : 5 € ; un repas dans un bon restaurant : environ 30 € ; une nuit dans un hôtel 3 à 4 étoiles : de 80 à 300 € ; loyer moyen d'un studio à Capetown : à partir de 450 € en moyenne pour un 70 m2, cela dépend beaucoup du quartier. L'eau et l'électricité sont en revanche aussi chères, voire plus, qu'en France ; prix d'un forfait prépayé d'un mois avec appels illimités dans le pays et forfait 4G : à partir de 25 €, puis il faut charger le forfait au fur et à mesure ; bureau partagé dans un espace coworking : à partir de 85 € par mois ; tarif café coworking : 9 € la journée.

Les quartiers

▸ **Le City Bowl**. C'est le centre-ville du Cap. Enclavé entre plusieurs montagnes, dont la fameuse Table Mountain, il est assez agréable malgré son urbanisme développé et ses nombreux gratte-ciel. Bo-Kaap est un des quartiers les plus pittoresques du centre avec de jolies maisons couleur pastel. Les cafés cosy ne manquent pas pour travailler sur place mais allez-y seulement en journée car le quartier n'est pas sûr le soir…

▸ **V & A Waterfront**. Avec sa belle vue sur la mer et la montagne, ses nombreuses boutiques, sa belle marina, ses zones piétonnes, ses restaurants, ses bars avec musique live, et ses phoques dans le port, le V & A Waterfront (Victoria & Alfred Waterfront) est certainement l'endroit le plus agréable de Cape Town, même s'il est bien sûr très touristique. Pour travailler, vous trouverez aussi bien des cafés terrasse avec wifi que des espaces de coworking charmants comme Workshop 17 Watershed.

▸ **Central Business District (CBD)**. C'est le quartier des finances et des affaires à Cape Town mais il est aussi animé avec beaucoup de cafés, restaurants, bars, discothèques… Il compte un grand nombre d'espaces coworking comme Work & Co. Les travailleurs nomades dans le monde des affaires ou du commerce s'y sentiront comme des poissons dans l'eau.

▸ **Green Point.** C'est un quartier très vert et résidentiel, dominé par le parc du même nom. Il est très fréquenté par les joggers, apprécié pour ses lacs et son jardin botanique riche d'une flore endémique variée. Si vous avez envie d'un endroit au calme et au vert pour travailler, les cafés et les espaces coworking ne manquent pas sur place.

Se loger

Pour trouver un appartement à louer au Cap, vous pourrez bien sûr faire des recherches sur les plateformes habituelles (Airbnb, Booking...) mais vous pouvez aussi contacter les groupes Facebook « Français du Cap » et « Jeunes Français du Cap » et passer une annonce de recherche d'appartement ou de colocation.

Travailler

Vous n'aurez aucune difficulté à trouver des cafés avec wifi ou des espaces de coworking à Cape Town. La ville, internationale et cosmopolite, accueille depuis longtemps déjà des travailleurs nomades. Les quartiers où les cafés sont les plus agréables pour travailler sont ceux du V & A Waterfront et ceux de Bo-Kaap. La couverture numérique est par ailleurs très bonne à Cape Town donc votre séjour sera productif !

Vie quotidienne

▸ **Courses et shopping**. Les principaux supermarchés à Cape Town sont Spar, Checkers, Pick & Pay et Woolworths (un peu plus cher mais les produits sont de qualité). Plusieurs supermarchés, comme Pick & Pay et Checkers, proposent des livraisons à domicile. Pour faire vos achats de vêtements, vous trouverez ce qu'il vous faut dans les boutiques de mode du V & A Waterfront.

▸ **Laver son linge**. Vous trouverez facilement des laveries automatiques à Cape Town. Les prix pour faire une machine sont identiques à ceux pratiqués en France, soit environ 5 € pour laver et sécher son linge.

▸ **Système de santé/assurances**. Les soins de santé sont de qualité en Afrique du Sud en général mais meilleurs dans le secteur privé. Il est cependant obligatoire de présenter une assurance santé couvrant vos soins à l'étranger pour tous les soins pratiqués en Afrique du Sud, que ce soit dans le secteur public ou privé.

Se restaurer

Si vous êtes un travailleur nomade gourmet, vous allez adorer Cape Town ! Forte de sa situation géographique entre mer et montagnes, la ville du Cap est une capitale gastronomique de haut niveau. Son atmosphère cosmopolite invite toutes les spécialités et les épices du monde dans les assiettes, à commencer par l'incontournable street food et son iconique Gatsby, le fameux sandwich qui déborde, garni de frites, de viande ou de poisson. Puis, il y a les tables gastronomiques orchestrées par des chefs internationaux, en passant par les fish and chips ultra-frais de cabillaud ou de snoek, préparés dans de petites échoppes poissonneuses ou les pubs. Les cornets de biltong des impressionnantes boucheries à grignoter à toute heure, les huîtres fraîches à déguster face à l'océan, la colorée, épicée et savoureuse cuisine Cape Malay que l'on retrouve dans les bouis-bouis typiques du quartier de Bo-Kaap. Et aux alentours de la ville il y a les vignobles... pour arroser vos plats !

Château de Bonne-Espérance.

© BEN1183 - ISTOCKPHOTO.COM

Vue sur Cape Town.

S'aérer / se changer les idées

▶ **Les loisirs en extérieur**. Les Captoniens ne passent pas un week-end sans faire du sport ou une activité en plein air ! En tant que travailleur nomade, vous ferez forcément comme eux et ce sera très dépaysant de prendre l'air dans la nature prodigieuse du Cap. Entre le centre-ville bouillonnant, la mer et la montagne, tout est possible. Vous pourrez aussi profiter des belles plages de sable blanc de la péninsule du Cap, entre deux séances de télétravail ! Les plus belles plages sont Camps Bay et Clifton, Noordhoek, Big Bay et Boulders Beach. Vous pourrez aussi vous offrir une session de surf, de kite, ou encore une plongée à la rencontre des requins.

Parmi les sites naturels à découvrir absolument : la Table Mountain. Intégrée à la chaîne montagneuse Cape Peninsula National Park qui se déroule jusqu'à la péninsule, la Table Mountain est un passage obligé au Cap. Elle est devenue l'une des sept nouvelles merveilles du monde pour sa beauté et sa biodiversité incroyable. Au loin, les montagnes du Drakensberg, tandis que la ville se dessine autour des monts de Signal Hill et Lion's Head. Au nord, Devil Peak est un pic pointé vers le ciel, encerclé d'un petit nuage.

▶ **A voir/à faire**. Il y en a des choses à faire au Cap ! Du côté de l'architecture, on a déjà affaire à un patchwork de jardins fleuris, d'Art déco, d'édifices coloniaux au charme désuet et de street art, partout présent, notamment dans le quartier de Salt River où il colore les murs. L'association Baz-art organise d'ailleurs de belles visites guidées à la découverte du street art, si vous avez envie d'en apprendre plus sur les arts de rue à Cape Town pendant votre séjour de travailleur nomade.

Ne manquez pas de visiter le château de Bonne-Espérance. C'est le second fort construit en terre sud-africaine par la Compagnie des Indes néerlandaises, et le plus ancien encore intact. Les colons ont posé les premières pierres en 1666 et l'ont achevé au bout de treize ans. Ce mini-château fort pentagonal est flanqué de cinq bastions. Jusqu'en 1811, il était occupé par le gouverneur et des notables civils, mais aussi par les baraquements des soldats et des officiers, et des échoppes. Surnommé par les marins « la Taverne des mers », il était le centre de toutes les décisions administratives locales. Dans le fort, un musée militaire retrace les conquêtes des colons et, à l'étage, la guerre anglo-boer, avec costumes et armes d'époque. Le bâtiment abrite également une collection d'antiquités et de tableaux légués par Williams Fehr, datant des XVIIIe et XIXe siècles, l'âge d'or du mobilier « Cape Dutch ». Dans la deuxième cour, vous pouvez visiter des salles de torture et des oubliettes où l'on enfermait les esclaves et

les Hottentots rebelles, attachés à des anneaux encore accrochés au mur…
A voir également : le Slave lodge. C'est l'un des plus anciens édifices de la ville. Construit en 1679, il a abrité plus de 9 000 esclaves amenés par la Compagnie hollandaise des Indes pour servir de main-d'œuvre à la colonie. A partir de 1810, le bâtiment fut transformé pour servir de bureau gouvernemental, puis de Cour suprême. Restauré une première fois en 1960 pour devenir le musée de l'Histoire culturelle, il fut rebaptisé Slave Lodge en 1998. Aujourd'hui, la mémoire collective tente de mettre en valeur l'héritage des esclaves au Cap, un héritage longtemps occulté dans l'histoire du pays... Pendant des générations, ces esclaves, une fois arrivés au Slave Lodge, étaient vendus comme des biens ordinaires sous un figuier situé à l'arrière du bâtiment, actuellement sur Spin Street. Enfin, une salle multimédia plonge le visiteur dans cet univers sombre et oppressant. Enfin, les travailleurs nomades, qui sont dans le domaine des arts et de la création en général, ne doivent surtout pas manquer de visiter le Zeitz MOCAA. C'est LE musée d'Art contemporain du Cap. Installé dans un édifice immense, celui de l'ancien Silo Building, c'est le premier musée de cette envergure en Afrique. C'est une institution culturelle qui, outre des expositions, des animations, des ateliers, des workshops et autres événements, contribue à la scène culturelle et artistique du Cap et met en lumière l'art contemporain de toute l'Afrique.

Sortir. Le Cap est la ville où l'on sort par excellence, particulièrement d'octobre à mai, quand le soleil est au plus haut, quand les vibrations de l'été sont les plus fortes. Alors, les bars ne désemplissent pas et les concerts en plein air s'enchaînent. De novembre à mars, les pelouses du Kirstenbosch National Botanical Garden accueillent chaque dimanche des concerts au coucher du soleil. Quel cadre ! Les noctambules plus urbains, eux, se retrouvent sur Long Street, la rue de la fête, de la soif, de la nuit, la rue où les barmaids enchaînent les cocktails. Une atmosphère animée dans laquelle les terrasses aux balcons de fer forgé donnent un air de Nouvelle-Orléans à la ville. De nombreuses auberges de jeunesse ont leur propre bar. Non loin de là, le quartier de Kloof Street est un haut lieu de la nuit captonienne avec ses restos branchés aux terrasses fleuries à l'ambiance guinguette ou bohème sous les loupiotes.

Escapades

Robben Island. Depuis 1997, Robben Island est classée sur la Liste du patrimoine mondial de l'humanité. Un bus vous fait faire le tour de l'île. Celle-ci est entourée d'une large zone maritime destinée à protéger l'unique colonie de 140 000 manchots africains, et les 60 espèces d'oiseaux. Mais, au-delà de sa nature préservée, la visite de cette île est surtout indispensable pour comprendre l'histoire du pays. Située au large de Cape Town, Robben Island est un temps fort en raison de la solennité de ce site où sont morts des centaines de personnes. Le caillou, situé à 9 km du port du Cap, abrita, entre le XVIIe et le XXe siècle, une prison, un asile, une léproserie et une base militaire avant de devenir, à partir de 1963, une prison de haute sécurité. La plupart des rebelles combattants de la liberté, Hottentots ou esclaves, ont été en réalité les premiers prisonniers politiques du pays ! C'est dans cette prison funeste que Nelson Mandela, accusé de terrorisme par les tenant du régime de l'apartheid, a passé une grande partie de sa vie à travailler très dur dans une carrière de chaux et dans des conditions atroces, tout comme les autres prisonniers, allant jusqu'à en avoir les mains et les yeux brûlés… Les conditions de travail s'apparentaient en réalité un véritable esclavage. Dans une atmosphère pesante, on visite les salles de la prison et le terrain de football, seul loisir autorisé. Le guide, ancien détenu politique, en raconte l'expérience de façon intense, l'émotion vous saisira et le silence de la stupeur des visiteurs se fait alors assourdissant. Vous visiterez notamment le bloc B, de très haute sécurité, celui des prisonniers politiques, et la minuscule cellule où Nelson Mandela a passé 18 de ses 27 années d'emprisonnement, s'échappant tant bien que mal par la pensée et par l'écriture.

Sommerset West. À environ 45 km du Cap, Somerset West est connue pour ses paysages remarquables, ses quelques fermes et ses domaines viticoles situés aux pieds des montagnes de Helderberg. La petite ville est plutôt résidentielle, ses allées montent et descendent au rythme du paysage, offrant tantôt une vue dégagée sur la montagne, tantôt un coin d'horizon sur l'océan. Entièrement niché entre terre et mer, sa plage reste agréable malgré un front de mer bétonné.

Langa. Fondé en 1927 et à 15 minutes de Cape Town, Langa est l'un des plus anciens townships d'Afrique du Sud. Centre de résistance et bastion de la lutte durant les années de l'apartheid, il a été construit avec une seule entrée pour que la police puisse mieux contrôler les habitants. On y trouve aujourd'hui des quartiers un peu plus prospères, mais aussi des aires de grande pauvreté. Les habitants de Langa sont pleins d'entrain et d'idées. De très belles initiatives sont mises en place au sein du township. Parmi ces bonnes idées, vous pourrez notamment vous initier à la cuisine locale : une rencontre qui se veut alors culturelle, humaine et culinaire au cœur du township de Langa.

AUBERGINE €€

39 Barnet Street - **LE CAP** ✆ +27 021 465 4909

www.aubergine.co.za

Déjeuner du mercredi au vendredi, dîner du lundi au samedi. Menu dégustation 3 plats à partir de 665 R.

Aménagé dans une maison coloniale historique, l'Aubergine est un restaurant réputé au Cap. Le chef propose une cuisine gastronomique élaborée à partir d'ingrédients sud-africains épicés et de saveurs orientales. Une vraie réussite ! Cuissons justes, saveurs fortes, sauces aériennes : un savoir-faire de grande maison et une carte des vins de sommelier. Le chef ne se repose pas sur ses lauriers et concocte constamment de nouveaux plats, dont un d'agneau qui côtoie le strudel ! Grand choix de plats végétariens. Et nous n'avons rien dit de la piscine dans le jardin !

CUBE WORKSPACE V&A WATERFRONT

Corner Portswood and Dock Rd

✆ +27 86 111 2823

Ouvert de 8h à 17h. Fermé samedi et dimanche.

Cet espace appartient à une chaîne d'espaces de *coworking* sud-africaine et dispose de plusieurs adresses au Cap. Elle est donc experte sur le sujet et ce *coworking*, situé sur le V&A Waterfront, ne vous décevra pas. Il propose différentes formules selon vos besoins, notamment un *pass* à la journée. Dans tous les cas, vous avez droit à café et thé offerts, sans oublier jus et sodas. Les bureaux sont spacieux et équipés de tout ce qu'il faut pour travailler à distance.

HARBOUR HOUSE €€

Kalk Bay Harbour

KALK BAY

✆ + 27 21 788 4136

www.harbourhouse.co.za

Ouvert tous les jours de 12h à 16h et de 18h à 22h. Plats entre 100 R et 200 R.

Une salle très spectaculaire le soir, quand de puissants projecteurs éclairent les rochers à nos pieds, de l'autre côté de la baie vitrée. Une vraie communion avec la nature, plus particulièrement l'océan. Il est difficile d'être plus près de l'eau. Alors forcément, ici les spécialités tournent autour du poisson et des fruits de mer, et c'est exquis. Le service est très agréable. On peut aussi prendre un verre affalé sur les banquettes de la terrasse et commander un joli plateau de sushis à grignoter. Quelle vue ! N'oubliez pas de réserver.

ONCE IN CAPE TOWN €

73 Kloof Street - **LE CAP**

✆ +27 87 057 2638

www.onceincapetown.co.za

Dortoir à partir de 190 R, chambre double à partir de 700 R.Bar.

L'auberge de jeunesse conviviale par excellence ! Des dortoirs mixtes ou féminins, avec leur salle de bains. Plus bruyant côté rue, surtout pendant les *afternoon party* du jeudi au samedi, mais après 21h tout est calme. Cuisine bien tenue, espace extérieur avec bar et aire barbecue réservés aux *guests* (contrairement au bar-resto de devant ouvert au public). Bonne ambiance et lieu de rencontre pour débarquer au Cap. Once propose une activité gratuite par jour, ainsi que toutes les excursions et activités classiques au Cap à bon prix. Une excellente adresse.

LA ROSE B&B €€

32 Rose Street - **LE CAP**

✆ +27 21 422 5883

www.larosecapetown.com

Chambre simple de 800 R à 1 100 R, doubles de 1000 R à 1 300 R, petit déjeuner inclus.

Ici, le cosmopolitisme de Cape Town prend tout son sens ! En plein centre du Bo-Kaap et gérée par un jeune couple breton-sud-africain, la Rose B&B, une belle maison aux couleurs chatoyantes, est un vrai point de convergence des cultures et des influences du Cap. Chacune des 8 chambres est décorée différemment, pour une ambiance funky et colorée. Air conditionné, internet wi-fi, TV, station thé et café dans chaque chambre. On a apprécié le petit déjeuner, très convivial. Vous pouvez aussi prendre votre café sur la terrasse et y travailler tranquillement.

THE POWER AND THE GLORY €

13D Kloof Nek Road, au carrefour de New Church - **LE CAP** ✆ +27 21 422 2108

Du lundi au samedi de 8h à 2h (partir de 9h le samedi). Fermé le dimanche.

On aime cet endroit qui a, à la fois, un comptoir ouvert sur la rue pour déjeuner face à l'animation du carrefour, une sale cosy décorée avec des objets vintage et une autre salle avec un bar cosy qui se remplit le soir venu. En journée, délicieuses salades, smoothies, sandwichs, options de petit déjeuner, avec de nombreuses options végétariennes. La salade boulgour, feta, pois chiches verdures, abricots secs et roquette est fantastique. On peut la customiser avec du poulet, du bœuf ou des anchois et olive, tout comme le smoothie fruits rouges et menthe.

CHIANG MAI

À 700 km de Bangkok, Chiang Mai est la plus grande ville du Nord de la Thaïlande. Malgré un urbanisme galopant, elle possède un vieux quartier historique charmant, de beaux temples et des musées intéressants. En tant que travailleur nomade, vous apprécierez cette ville à taille humaine, tout en télétravaillant dans des cafés cosy grâce à la bonne couverture numérique de la ville. Dynamique en raison de sa population étudiante et prisée très tôt par les nomades digitaux, elle compte beaucoup de télétravailleurs et vous ne vous y sentirez jamais seul. L'autre aspect très agréable de Chiang Mai pour un travailleur nomade c'est la nature verdoyante aux portes de la ville et donc de belles escapades à faire à proximité. Et si on ajoute à cela le coût de la vie très bas en Thaïlande, Chiang Mai semble une ville asiatique de choix pour un travailleur nomade.

Formalités

Pas besoin de payer un visa si vous restez moins de 30 jours en Thaïlande. Pour un renouvellement supplémentaire, il faudra se rendre au bureau d'immigration, et demander une extension de séjour de 30 jours qui sera payante. Cependant, si vous souhaitez rester plusieurs mois en Thaïlande, le plus simple est sans doute de demander un visa longue durée via le site Internet de l'ambassade thaïlandaise. Il faudra notamment fournir un justificatif financier attestant d'un solde créditeur d'au moins 1 000 € par personne.

Bon à savoir

- **Langue**. Les Thaïlandais parlent thaï mais la plupart maîtrisent bien l'anglais également, surtout dans les régions et villes touristiques comme Chiang Mai.
- **Décalage horaire**. Par rapport à la France, comptez 5h de plus en Thaïlande en été, et 6h de plus en hiver.
- **Monnaie**. On paie en bahts en Thaïlande.
- **Transports publics**. A Chiang Mai, vous pourrez vous déplacer en tuk-tuk pour quelques euros ou grâce aux bus de la ville qui coûtent encore moins cher. Si vous préférez plus de confort, vous pouvez toujours prendre un taxi (avec compteur) ou un VTC (application Grab, Uber n'existe pas).

Coût de la vie

Le coût de la vie en Thaïlande et à Chiangmai est 60 % moins élevé qu'en France.

- **Quelques idées de prix à Chiang Mai** : un repas simple dans une cafeteria ou un snack : 4-5 € ; un repas dans une bon restaurant : environ 20 € ; une nuit dans un hostel : à partir de 4 € ; une nuit dans un hôtel 3 à 4 étoiles : de 40 à 70 € ; loyer moyen d'un studio : à partir de 150 € ; prix d'un forfait prépayé pour 15 jours avec appels illimités dans le pays et forfait 4G : à partir de 20 €, puis il faut recharger le forfait au fur et à mesure ; bureau partagé dans un espace coworking : à partir de 70 € par mois ; tarif café coworking : à partir de 5 € la journée.

© MARCUS LINDSTROM - ISTOCKPHOTO.COM

Tuk-tuk.

© NUNGNING20 - ISTOCKPHOTO.COM

La fameuse Khao Soï.

Les quartiers

La vieille-ville. La vieille ville est le cœur battant de Chiang Mai. Entourés par les anciens murs de la ville, le quartier abrite beaucoup de cafés, restaurants, hôtels et discothèques. C'est parfait si vous voulez travailler en étant au cœur de l'action d'autant que c'est là que se trouvent deux espaces de coworking importants de l'enseigne Punspace.

Nimmanhaenim. Situé au nord-ouest de la vieille ville et au sud de Huay Kaew Road, c'est un quartier vivant, moderne et animé. Il compte beaucoup de commerces, restaurants et cafés cosy avec wifi parfaits pour travailler. Il compte aussi beaucoup d'appartements à louer pour des séjours de longue durée. C'est donc un quartier à privilégier pour les travailleurs nomades.

© IVANMATEEV - ISTOCKPHOTO.COM

Le temple Wat Chedi Luang, dans la vieille-ville.

Ban Sathaphon. En périphérie du centre-ville et à 10 minutes du Maya Mall, Ban Sathaphon est un quartier résidentiel calme et agréable avec beaucoup de commerces de proximité. C'est l'idéal si vous avez besoin de silence pour travailler et vous pensez beaucoup travailler depuis votre hébergement.

Se loger

Pour trouver un appartement à Chiang Mai, vous pourrez consulter les plateformes comme Airbnb ou Booking. Mais pour trouver les meilleurs plans, on vous conseille plutôt de passer directement par les locaux. Baladez-vous en ville et regardez les panneaux qui indiquent qu'un appartement est à louer, ou alors renseignez-vous auprès d'un commerçant dans un quartier qui vous plait ; il saura sûrement vous orienter. Autre possibilité : passer une annonce sur les groupes Facebook Real Estate Chiang Mai, Short Term Rent Chiang Mai etc. Mais si vous ne trouvez pas un appartement tout de suite, la solution la plus simple est sans doute de dormir dans un hostel en attendant car les chambres sont vraiment bon marché à Chiang Mai ; vous paierez seulement entre 4 et 8 € la nuit dans la plupart des hostels.

Travailler

Chiang Mai compte beaucoup de cafés agréables avec du bon wifi pour travailler et dans tous les quartiers. A vous de choisir l'ambiance que vous préférez ! Les espaces coworking sont encore peu nombreux mais vous en trouverez dans les principaux des quartiers de Chiang Mai, notamment dans la vieille ville. Cependant, les consommations dans les cafés en Thaïlande sont si peu chères que c'est finalement plus rentable de travailler dans un café que dans un espace coworking.

Vie quotidienne

Courses et shopping. Les supermarchés Big C Market et Rimping Supermarket sont parfait pour l'achat des denrées alimentaires classiques. Pour acheter des vêtements et autres, rendez-vous dans les différents centres commerciaux de la ville comme Maya Mall. Pour des tarifs bon marché, on vous recommande d'aller faire du shopping au Night Bazaar, le marché de nuit de Chiang Mai qui se tient tous les jours de 17h à minuit sur Chan Klan Road.

Laver son linge. Vous trouverez facilement des laveries automatiques à Chiang Mai et pourrez faire votre lessive pour 2 euros en moyenne. Sachez cependant qu'il est aussi possible de faire laver son linge et de se le faire livrer chez soi pour à peine quelques euros de plus. Il suffit de vous renseigner auprès des habitants de votre quartier qui vous donneront les bonnes adresses de blanchisseries à Chiang Mai.

Système de santé/assurances. La Thaïlande propose des soins dans les hôpitaux publics et privés. Mais comme les soins sont gratuits pour les Thaïlandais, l'attente peut être très longue dans les hôpitaux publics donc on vous conseille plutôt les hôpitaux privés où la qualité des soins est en outre meilleure. Pour vous eviter de dépenser des frais exorbitants en cas de gros pépin de santé, on vous encourage vivement à prendre une couverture médicale couvrant vos soins en Thaïlande.

Se restaurer

La cuisine de Chiang Mai, comme toute celle du Nord de la Thaïlande, est riche d'influences indiennes, birmanes et chinoises. Le riz gluant est omniprésent dans les plats qui sont plus parfumés et plus épicés que la cuisine du sud du pays. Ne manquez pas de goûter la Khao Soï, une délicieuse soupe à base de nouilles cuites et frites plongées dans du curry et du lait de coco. Chaque dimanche en fin d'après-midi, rendez-vous le long de Rachadamnoen Road pour profiter de la multitude de stands de nourriture et d'artisanat. Il s'agit-là du plus grand marché en plein air de Chiang Mai. Idéal pour flâner, savourer quelques spécialités locales et glaner des souvenirs pour vos proches. On se fraie un chemin dans la foule, on écoute des groupes qui se produisent ici et là sur le chemin, et une atmosphère agréable flotte dans la rue. Incontournable !

S'aérer / se changer les idées

Les parcs. Situé à l'extrême sud-ouest du carré intérieur de la ville, le parc Suan Buak Haad, très agréable par temps de grande chaleur, est agrémenté de diverses fontaines, d'allées arborées et de nombreux petits stands d'alimentation et de boissons. Idéal pour faire un pique-nique ou bouquiner en paix. Le soir il est prisé des sportifs qui viennent y courir. Les femmes font leurs exercices en dansant au rythme de la musique pop locale. Pendant le festival des fleurs en février on peut voir défiler de spectaculaires chars fleuris.

A voir/à faire. Chiang Mai compte une multitude de temples mais si vous ne devez en visiter qu'un seul pendant votre séjour de travailleur nomade, allez voir le Wat Chedi Luang. Ce temple que l'on nomme aussi Jedi Luang, ou temple du grand Stupa est particulièrement vénéré à Chiang Mai. À cet emplacement à l'origine, il y avait deux petits temples, le Wat Tham Ho et le Wat Sukmin qui servirent de base pour la construction du Wat Chedi Luang. Cette construction débuta à la fin du XIVe siècle, initiée par le roi Saeng Muang Ma afin d'abriter les cendres de son père.

DANS LE MONDE

© OLEZZO - ISTOCKPHOTO.COM

© NUWATPHOTO - ISTOCKPHOTO.COM

Le Parc Doi Inthanon National Park.

Le bâtiment fut agrandi par les rois suivants, pour atteindre sa forme définitive en 1475 sous le règne du roi Tilokarat. Son viharn abrite une statue de Bouddha debout. Fabriqué en alliage d'airain et de mortier, ce Bouddha date de l'époque du fondateur du temple. L'intérieur du viharn est particulièrement intéressant avec ses colonnes de pierres rondes soutenant un plafond de couleur rouge. Chaque face du chedi possède un autel avec un Bouddha assis, que l'on pouvait atteindre par de monumentaux escaliers. En 1545, un tremblement de terre le détruisit partiellement le chedi, la grande flèche fut détruite, et le rabaissa à une hauteur de 60 mètres. Il est tout de même resté jusqu'à la fin du XXe, le plus haut édifice de la ville et l'est toujours à l'intérieur de l'enceinte de la vieille ville.

Côté musées, le Musée National de Chiang Mai, situé non loin du Wat Ched Yot, peut faire l'objet d'une visite couplée avec ce temple. Il possède de très nombreuses statues de Bouddha, de divers styles, ayant marqué l'histoire de la Thaïlande. La grande statue de bronze est la plus imposante. On y verra également des reliques et des objets sacrés. À l'étage se trouvent les collections présentant des outils et des gravures en bois. Ne manquez pas non plus de visiter le Highland People Discovery Museum. Ce m usée intéressant mais assez peu fréquenté, surnommé le Tribal Museum, est dédié aux 10 peuples tribaux du nord du pays : les H'mong, Karen, Mien, Akha, Lisu, Lahu, Lua, Thin, Khamu et Mla Bree. Sur trois étages sont exposés de nombreux costumes de cérémonie, des outils artisanaux, différents bijoux et ornements ainsi que des instruments de musique. Le tout est classé par appartenance aux diverses tribus qui représentent plus de 10 % de la population de la province.

Sortir

C'est dans la vieille ville que se concentrent tous les bars et lieux de sortie. Mais vous pourrez aussi faire la fête dans la zone de Nimman Road qui compte plusieurs bars et clubs très festifs tels que le Monkey Club ou l'Infinity Club. Du côté de la rivière Ping, les soirées sont chaleureuses mais plus calmes avec des bars à l'ambiance chill-out très prisés par les expatriés.

Escapades

▸ **Le Wat Phrathat Doi Suthep**. Le Doi Suthep est une visite incontournable de Chiang Mai. Situé à 1 075 mètres d'altitude, il peut être vu de n'importe où en ville, c'est le temple gardien de la cité. C'est un des lieux bouddhistes les plus vénérés du Nord de la Thaïlande. La légende veut qu'une relique fut apportée à Chiang Mai en 1371. Il est possible de rejoindre le temple en funiculaire ou de grimper par les 309 marches du plus grand escalier Naga du pays, ce qui est peu payé pour profiter d'une belle vue sur la ville et la rivière Ping. L'architecture a des influences de style Sukhothai et Birman. À l'entrée, des statues d'éléphant, ainsi qu'un Ganesh hindou, prié pour surmonter les obstacles. Le temple actuel date du XVIe siècle, mais a été restauré et agrandi au cours des siècles suivants. D'une hauteur de 24 mètres, le chedi est magnifique, recouvert de plaques d'or superbement gravées.

▸ **Le Parc Doi Inthanon National Park**. Ce parc abrite le sommet le plus haut du pays, 2 565 m ! L'ascension ne vaut pas vraiment le déplacement, le sommet ayant des allures de parc d'attractions, cependant on peut y admirer plusieurs cascades, des temples, et des sentiers permettent d'explorer la nature. Des tribus de montagnards habitent le parc (H'mong et Karen).

ALL IN 1 GUESTHOUSE €

31/1 Moonmuang Road Lane 2
CHIANG MAI
✆ +66 53 207 133
www.allin1gh.com
Chambre double à partir de 550 B.

Les chambres, de taille moyenne, sont impeccables. Elles disposent toutes d'un cabinet de toilette (eau chaude) et d'une TV (satellite). Guesthouse francophone installée depuis 2006 dans ce quartier populaire. Gilles, le patron, surveille en personne la bonne gestion de son établissement. Il délivre également d'excellents conseils pour vos visites. Petit déjeuner sur place, en supplément, dans un petit bout de jardin tropical débouchant sur la rue. Plusieurs activités et circuits sont proposés, possibilité de louer un scooter sur place.

AROON RAI €

45 Thanon Kotchasan
CHIANG MAI
✆ +66 53 276 947
Ouvert de 10h à 22h. Plats entre 40 et 100 B.

Adresse fréquentée par des habitués thaïs, signe d'un bon rapport qualité-prix. Restaurant sans prétention, dont le cadre très ordinaire fait plutôt penser à une cantine, mais qui s'est agrandi au fur et à mesure que croissait sa notoriété. Vous pourrez y déguster de bonnes spécialités thaïlandaises comme le porc au curry, le khao soi, et le poulet au lait de coco. En dessert, laissez-vous tenter par une boule de glace à la noix de coco ou du riz gluant à la mangue. Une bonne petite adresse pour reprendre des forces à Chiang Mai !

CÔTÉ JARDIN €€

15/1 Ratchamanka Road Soi 2
CHIANG MAI
✆ +66 86 273 8675
Ouvert de 12h à 23h. Plats de 150 à 500 B.

L'établissement propose une cuisine française de qualité et des recettes traditionnelles thaïlandaises. Le cadre est intimiste et fort agréable. Le bar est installé côté rue (tranquille). Les tables sont disposées dans un petit jardin plein de charme, situé en retrait : lanternes accrochées dans les feuillages. Non seulement vous allez vous y régaler mais vous pourrez aussi y apporter votre ordinateur pour y travailler dans une ambiance décontractée, verdoyante et forcément inspirante d'autant plus si vous êtes un peu nostalgique de la France depuis Chiang Mai.

GALARE GUESTHOUSE €

7 Charoenprathet Road Lane 2 Alley
CHIANG MAI
✆ +66 53 818 887
www.galare.com
Chambre double à partir de 990 B.

Très bel établissement de 35 chambres installé légèrement en retrait de la rivière Ping. Toutes les chambres possèdent beaucoup de boiseries et bénéficient de la climatisation. Profitez des espaces communs avec de jolies balustrades de bois pour vous détendre, lire, boire un verre. Au centre de la propriété vous trouverez un petit jardin avec quelques arbres. L'établissement dispose également d'un restaurant avec terrasse et jardin au bord de l'eau. Des treks et des excursions sont proposés sur place. Une guesthouse qui a beaucoup de charme.

GIRASOLE BY LA GONDOLA €€

71 Ratchadamnoen Road
CHIANG MAI
✆ +66 53 276 388
Cuisine italienne & pizzeria. Ouvert tous les jours de 10h à 23h.

En plein cœur de la vieille ville, ce restaurant au cadre agréable (terrasse ouverte ou salle climatisée) offre une cuisine italienne authentique. À la carte des pizzas bien sûr, des pâtes, des antipasti... Les ingrédients, principalement bio, sont choisis avec soin : excellent jambon de Parme, gorgonzola, roquette... C'est excellent ! Quelques plats thaïs sont également au menu. Des suggestions du jour sont proposées en plus du menu classique. C'est certes un peu cher, mais il s'agit de l'un des meilleurs restaurants italiens de la ville.

MO ROOMS €€

263/1-2 Thapae Road
CHIANG MAI
✆ +66 53 280 789
www.morooms.com
Chambre double à partir de 1 400 B.

Chaque chambre est ici décorée de manière unique par un artiste/designer, selon le goût et la sensibilité de chacun. Au total douze chambres qui portent toutes le nom d'un des signes chinois. Harmonie des formes, des couleurs et des matières pour une originalité peu égalée en matière d'hôtellerie. Une petite piscine trône au milieu de l'établissement. À l'étage se trouve le restaurant de l'hôtel avec une jolie vue sur la rue, et dans l'entrée un excellent bar-restaurant servant une cuisine internationale. Du charme et du caractère.

DAKAR

Ville carrefour, ville dynamique, Dakar est une des capitales les plus importantes et les plus développées d'Afrique de l'Ouest. Stable politiquement tout en étant sûre, effervescente et chaleureuse à l'image des Sénégalais, elle est aussi dotée d'une très bonne couverture numérique et elle attire de plus en plus de travailleurs nomades, dont beaucoup font partie de la diaspora sénégalaise. On peut déambuler dans le Plateau, centre historique et névralgique de Dakar, dans les quartiers populaires de Ouakam ou de la Médina, aller retrouver les expats français sur la pointe des Almadies, prendre le ferry pour Gorée ou se détendre sur les longues plages de la Petite Côte… Et si on ajoute à cela la météo ensoleillée toute l'année, les plages à proximité du centre, et une cuisine savoureuse, Dakar semble la ville rêvée pour télétravailler en Afrique. Et si vous vous laissiez tenter par la capitale sénégalaise pour votre séjour de travailleur nomade ?

Formalités

Pour les ressortissants de l'Union Européenne, pas besoin de visa pour aller au Sénégal pour un séjour pouvant aller jusqu'à 90 jours. Pour un séjour supérieur à 3 mois, il faut demander une carte d'identité d'étranger à la division de la police des étrangers au Sénégal. Il vous faudra fournir un dossier complet avec notamment un extrait de casier judiciaire vierge et des documents attestant que vous avez les moyens de subvenir à vos besoins dans le pays.

Bon à savoir

Langue. La langue officielle est le français. Le wolof est la seconde langue la plus parlée, viennent ensuite les dialectes des différentes ethnies (sérère, pulaar, diola, soninké…).

Décalage horaire. Quand il est midi au Sénégal, il est 13h en France. En heure d'été (d'avril à octobre), quand il est midi au Sénégal, il est 14h en France.

Monnaie. La monnaie est le franc CFA d'Afrique de l'Ouest. Attention ! Ce n'est pas le même que celui qui a cours en Afrique centrale. 1 euro = 656 francs CFA.

Transports publics. A Dakar, les bus fonctionnent mais ils desservent uniquement les quartiers populaires et l'attente est très longue aux arrêts, sans oublier que les bus sont bondés. Donc, à moins de vouloir vivre une expérience locale très « collé-serré », on vous déconseille le bus pour vous déplacer au quotidien.

Les moyens de transports les plus efficaces à Dakar, ce sont les taxis. La course en ville vous reviendra en 3 et 4 € mais il faudra négocier avant de monter. Les taxis dakarois sont noirs et jaunes comme à New York, vous ne pouvez pas les rater et il y en a partout en ville. Faites un signe de la main au chauffeur et il s'arrêtera.

Coût de la vie

Contrairement aux idées reçues, le coût de la vie à Dakar est équivalent à celui de la France à bien des égards, notamment en matière de logement. Cependant, le rapport qualité-prix des services dits de confort (spa, coiffeur, restaurant gastronomique…) est très intéressant. Les prestations haut de gamme à Dakar sont donc finalement à des prix abordables pour des Français.

Quelques idées de prix à Dakar. Un repas simple dans une cafeteria ou un snack : 6-8 € ; un repas dans une bon restaurant : environ 25 € ; une nuit dans un hôtel 4 étoiles : à partir de 150 € ; loyer moyen d'un deux pièces à Dakar : à partir de 500 € dans un quartier résidentiel mais à partir de 700 € dans le centre-ville qui est beaucoup plus cher ; prix d'un forfait prépayé d'un mois avec appels illimités dans le pays et forfait 4G : à partir de 15 €, puis il faut charger la recharger le forfait au fur et à mesure ; bureau partagé dans un espace coworking : à partir de 150 € par mois.

Les quartiers

Dakar est une grande ville aux nombreux quartiers. Pour vous faciliter la vie, on a choisi de vous présenter uniquement ceux qui peuvent vous intéresser en tant que travailleur nomade.

Le Plateau. Le Plateau s'articule autour de la place de l'Indépendance. Au nord de la place se trouve le port pour aller à Gorée et à Ziguinchor ; au sud de la place, le palais présidentiel et le cap Manuel ; à l'est, le marché Kermel et enfin, à l'ouest, le marché Sandaga. Le Plateau est le centre-ville et, à bien des égards, la partie vitale de Dakar. C'est là que se trouve une grande partie des établissements de la capitale (musées, bars, restaurants). C'est là aussi que vous serez le mieux situé pour une visite de la capitale à pied. Non loin, vous pourrez aussi aller faire un tour dans le quartier le plus populaire de la médina, celui où est né le célèbre chanteur Youssou N'Dour. Les travailleurs nomades qui ont envie d'être au cœur de l'action et de vivre dans l'effervescence de Dakar, vont adorer le centre-ville.

Ouakam, Yoff et la pointe des Almadies. Bars, restaurants, discothèques et casino d'un côté,

Dans les rues de Dakar.

village de pêcheurs de l'autre, c'est dans ces quartiers, non loin du centre-ville, que les zones résidentielles sont les plus développées et vous y trouverez beaucoup de cafés agréables pour travailler. La pointe des Almadies concentre les villas les plus luxueuses de Dakar et c'est la partie la plus occidentalisée de la ville. Ouakam, en bord de corniche ouest sous la pointe des Almadies, est à la fois un quartier populaire vers l'intérieur et très chic de part et d'autre de la route éponyme (route de Ouakam) avec beaucoup d'expatriés vivant sur place. Bordé par l'ancien aéroport Léopold-Sédar-Senghor à l'ouest, et les Parcelles Assainies à l'est, le quartier de Yof est aussi étendu que diversifié avec ses marchands ambulants, ses pêcheurs et ses plages.

Se loger

Pour vous loger à Dakar, on vous conseille d'éviter les quartiers populaires pour des raisons de confort. On vous conseille plutôt les quartiers habités par les expatriés et la classe moyenne sénégalaise. Parmi ces quartiers, on vous recommande le Virage, qui est à proximité de l'ancien aéroport et du village de Ngor, à 30 minutes du centre-ville ; vous aurez notamment accès à la plage du Virage qui est juste à côté. Les quartiers de Ouakam et des Mamelles, à une vingtaine de minutes du centre-ville, sont aussi d'agréables zones résidentielles. Evitez le centre-ville qui est hors de prix. Pour trouver un appartement à louer, rendez-vous sur le site ExpatDakar qui propose souvent des bons plans de locations, c'est en quelque sort l'équivalent du Bon Coin version sénégalaise. Par ailleurs, la plateforme Airbnb fonctionne très bien à Dakar et propose de nombreux appartements meublés.

Travailler

Dakar est une ville très agréable pour télétravailler et elle compte un grand nombre d'espaces coworking en centre-ville et dans le quartier des Almadies où se trouve notamment Impact Hub Dakar. Vous pourrez prendre un pass à la journée et travailler dans une ambiance de bureaux dans les différents espaces de coworking. Comme ailleurs dans le monde, il est aussi possible louer un bureau individuel ou partagé au mois, notamment chez Regus. Si vous voulez travailler en dehors de chez vous, vous pouvez aussi travailler dans des cafés, pourquoi pas face à la mer.

La plupart des cafés ont un accès wifi fourni aux clients. Le Jet Café beach, sur la corniche des Almadies, est parfait pour travailler en terrasse avec vue sur la mer. Pour le reste, tournez-vous plutôt vers les cafés d'hôtels où le wifi est de bonne qualité également et où le personnel est moins regardant qu'en Europe. Il suffira d'une consommation et vous pourrez rester des heures sans qu'on vous demande pourquoi vous ne consommez pas plus…

Vie quotidienne

▶ **Courses et shopping**. Pour faire vos courses alimentaires, vous trouverez bon nombre de supermarchés dont beaucoup d'enseignes françaises. On vous recommande notamment Auchan, Carrefour et Casino où vous trouverez tout ce qu'il vous faut.

Concernant le shopping et l'achat de vêtements, la chaîne Uno vend des vêtements de marques internationales moins chers qu'en France car il s'agit le plus souvent de fin de séries ou de collections des années précédentes.

▶ **Laver son linge**. Vous trouverez beaucoup de laveries automatiques à Dakar. Mais sachez aussi que les pressings ne sont vraiment pas chers et il y en a partout en ville ! A titre indicatif, faire nettoyer une veste au pressing vous coûtera entre 4 et 5 €.

Système de santé/assurances. Vous n'aurez aucune difficulté à trouver un médecin ou un hôpital. Cependant, les frais de santé sont assez chers. Une consultation médicale vous reviendra en moyenne à 35-40 €. On vous déconseille les hôpitaux publics car l'attente y est très longue et ces établissements manquent de moyens matériels. Tournez-vous plutôt vers les cliniques privées qui sont très bien équipées et modernes. Enfin, il est vivement recommandé de prendre une assurance couvrant vos soins à l'étranger car votre carte vitale ne vous couvrira pas directement au Sénégal. Vous pourrez cependant vous faire rembourser les consultations médicales et les soins dentaires éventuels en envoyant tous les justificatifs à la sécurité sociale en rentrant. Votre mutuelle complètera comme en France mais les délais sont longs. Attention, en cas de gros pépin de santé, les frais engagés sont très importants, d'où l'intérêt d'avoir une assurance médicale.

Se restaurer

La cuisine sénégalaise aime les goûts prononcés. A base de mil ou de riz, elle s'agrémente essentiellement de poisson ou de mouton, voire de bœuf dans les grandes occasions. Le gingembre, l'arachide et le piment en relèvent les saveurs. Pendant votre séjour, vous aurez l'occasion de tester quelques spécialités sénégalaises bien connues comme le yassa, un plat typique à base d'oignons frits et de riz et qui peut être accompagné de viande marinée dans le citron puis frite ou braisée, de poulet ou de poisson. Les restaurants les plus agréables se trouvent sur la corniche des Almadies et dans le centre-ville. Ceux de la corniche des Almadies offrent une vue imprenable sur la mer et sont vraiment dépaysants. Ne manquez pas de tester le restaurant installé sur le rooftop du Phare des Mamelles ; la vue y est splendide et la nourriture excellente. C'est vraiment une adresse incontournable de Dakar.

S'aérer / se changer les idées

Les plages. A Dakar, les plages ne manquent pas. Près du centre-ville, on vous conseille la plage du Lagon qui est fréquentée par une clientèle cosmopolite et donc vous pourrez vous mettre en maillot sans problèmes (n'oubliez pas que vous êtes dans un pays musulman). On vous recommande également les plages de Wakame et de Ngor qui sont aussi bien fréquentées par des expatriés et des locaux.

A voir/à faire. Pour commencer votre découverte de Dakar, vous pouvez commencer par vous balader sur la corniche Est, également appelée « Petite Corniche », le long de la mer et des falaises, au milieu d'un quartier arboré et parsemé de très belles résidences. Vous pouvez ensuite poursuivre la balade jusqu'au bâtiment du gouvernement et au palais présidentiel, face à l'hôpital principal. Vous atteindrez alors un site avec des canons où le terrain est miné de souterrains disséminés autour du cap Manuel (l'extrémité sud de la pointe). Le cadre offre un très beau panorama sur la mer, le tout avec une vue imprenable sur Gorée.

A partir du cap Manuel, la Corniche prend le nom de Corniche Ouest (ou celui de « Grande Corniche »). Très en vogue, elle permet de longer l'anse des Madeleines d'où l'on aperçoit les îles du même nom. Après l'anse, vous découvrirez le marché de Soumbédioune et le village artisanal, juste avant de traverser le quartier de la Gueule Tapée. La pointe du Terrou Bi et la plage de Fann s'offriront à vous. Comme vous pourrez le voir, la corniche propose une autre facette de Dakar, tout en ambassades, en maisons cerclées de vé-

Bateaux traditionnels de pêche, Yoff.

randas et de beaux jardins fleuris, en aménagements commémoratifs. Vous passerez ainsi devant la porte du Millénaire et la place du Souvenir ou encore la statue de la Renaissance africaine. Sur la presqu'île du Cap-Vert à Dakar, ne manquez pas de vous promener sur les Mamelles, deux collines où ont été construits le phare des Mamelles – l'une des premières constructions de la ville en 1900, d'où l'on peut admirer la quasi totalité de la presqu'île du Cap Vert – et le Monument de la Renaissance Africaine, le dernier édifice dakarois inauguré en 2010. Dans le quartier du plateau, on vous conseille de visiter le marché Kermel. Installé dans un très beau bâtiment de 1860 – une jolie halle ronde en fer forgé et en brique ravagé par un incendie en 1994 et reconstruit à l'identique en 1997- il est classé monument historique. Au marché Kermel, on y trouve tous les produits alimentaires mais c'est assez cher donc allez-y plutôt pour admirer les lieux et apprécier l'ambiance. Par ailleurs, si vous ne devez visiter qu'un seul musée, allez voir le Musée des Civilisations Noires. C'était le précieux rêve de Léopold Sédar Senghor, premier président du Sénégal, de doter la capitale du pays d'un musée d'exception, dédié aux peuples noirs de l'aube de l'humanité jusqu'à nos jours. Un rêve devenu réalité avec l'ouverture en décembre 2018 du Musée des Civilisations Noires. Face au Grand Théâtre National, le bâtiment circulaire, qui s'inspire de la traditionnelle case à impluvium de Casamance, s'impose aujourd'hui dans le paysage de la capitale, aux portes du quartier administratif et des affaires. Il aura fallu sept ans de travaux, commencés sous le mandat d'Abdoulaye Wade, et un investissement de plus de 30 millions d'euros pour sa construction et son aménagement. D'une surface de 14 000 m², il présente des vestiges archéologiques, objets de culte, photographies ou encore créations contemporaines, les œuvres sont exposées sur deux étages, autour d'un gigantesque baobab métallique (4,5 mètres de hauteur). Aujourd'hui, ce musée passionnant présente uniquement des expositions temporaires, alimentées par les collections de musées partenaires comme le Quai Branly, et qui tournent régulièrement.

▶ **Sortir.** Pour boire un verre à Dakar, rendez-vous dans l'un des bars de la corniche des Almadies, de préférence en terrasse. Vous serez immédiatement dépaysé et cela vous fera un bien fou après une une longue semaine de travail passée devant votre ordinateur. Si vous voulez faire la fête à Dakar après avoir bu un verre, il suffira d'aller dans l'un des night clubs du quartier des Almadies ; ils sont tous sur la route des Almadies.

Escapades

Si vous avez envie de changer d'air après quelques jours de télétravail, vous trouverez vraiment de belles escapades à faire dans les environs de Dakar.

© NOWACZYK - SHUTTERSTOCK.COM

Ruelle fleurie sur l'île fleurie.

▶ **Le village de Ngor.** Ngor est un charmant village de pêcheurs face à l'île éponyme de Ngor. Ce quartier populaire est prisé pour ses petites ruelles ensablées et son ambiance familiale. A proximité, se trouve le très agréable quartier résidentiel du Virage où vivent beaucoup d'expatriés. Face au village, l'île de Ngor compte trois jolies petites plages, où cohabitent résidents permanents et vacanciers.

▶ **La Petite côte**. C'est la partie du Sénégal qui aimante le plus de touristes. Plage, plage et plage. Pas forcément les plus belles, mais les plus aménagées, à quelques kilomètres de Dakar. Autrefois, les Français avaient établi une base dans le village de Portugal qui, en 1984, devint le complexe touristique de Saly. C'est aujourd'hui la station balnéaire la plus prisée du Sénégal. Plus sympathique et plus tranquille aussi, la ville de Mbour, l'un des ports de pêche artisanale les plus actifs du pays. Puis, vous pourrez aller dans les charmants villages avoisinants (Toubab Dialaw, Warang, La Somone) où les Dakarois aisés possèdent des villas pour les week-ends.

▶ **Gorée**. A 20 minutes en bateau depuis Dakar, Gorée est une île au passé tragique, celui de l'esclavage... On vous recommande d'y aller une journée pour voir les musées, la maison des Esclaves martyrs, et comprendre de l'intérieur toute l'horreur de la traite négrière. Faites un tour à l'intéressant Musée historique sur la pointe de l'île. Vous serez certainement ému par une telle visite et, après avoir repris vos esprits, vous pourrez aller explorer l'île à pied qui est d'une incroyable beauté. Et quel contraste avec son histoire tragique… Vous allez adorer les ruelles fleuries, les maisons sublimes aux couleurs uniques et ces plages à l'eau cristalline.

AUBERGE DU PLATEAU €

89 rue Amadou Assane Ndoye - **DAKAR**
✆ +221 33 821 24 32

Chambre simple à partir de 12 000 FCFA, studio à partir de 20 000 FCFA et appartement F2 à partir de 35 000 FCFA.

En plein centre de Dakar, cette auberge, l'une des premières de la capitale, est une bonne adresse ! Elle propose des chambres simples, des studios fonctionnels ainsi que des appartements équipés à des prix bien raisonnables. Les hébergements colorés et bien entretenus sont agencés autour d'une cour intérieure, protégée de l'animation bruyante de la rue. Il n'y a pas de service de petit déjeuner ni de repas, mais le gérant, Soriba, pourra vous indiquer de bonnes adresses à deux pas de l'auberge. Personnel disponible et bien sympathique.

AUBERGE KEUR DIAME €€

Parcelles Assainies, Unité 15, Villa n°15 - **DAKAR**
✆ +221 33 855 89 08
www.keurdiame-senegal.com

A partir de 35 € la chambre simple.

Cette auberge est proche de la mer, dans un quartier non touristique. *Keur Diame* signifie la « maison de la paix ». L'établissement compte dix chambres toutes équipées de ventilateurs et de moustiquaires. Les sanitaires communs (douche avec eau chaude et toilettes) se trouvent à l'étage. Les repas pris généralement en commun sont souvent l'occasion d'échanger des expériences de voyage. La cuisine proposée (sur commande) est européenne ou sénégalaise. La propriétaire, peut vous organiser toutes sortes d'excursions à Dakar (demi-journée ou journée).

LA CABANE DU PÊCHEUR €€

Plage de NGor - **DAKAR** ✆ +221 33 820 76 75
www.atlantic-evasion.com

Ouvert du lundi au vendredi de 9h à 23h, le samedi et dimanche jusqu'à minuit. Plats à partir de 5 000 FCFA.

La Cabane du Pêcheur propose une carte de fruits de mer et de poissons que l'on ne voit pas souvent à la carte à Dakar : badèche, carpe rouge, carangue, langoustes et cigales de mer. Ils sont pêchés du matin et pour la plupart, grillés simplement à la plancha. On vous recommande d'y déjeuner à midi, entre un tour du village et une virée sur l'île du même nom. Le dîner y est tout aussi agréable, lui qui est animé régulièrement. La maison fait aussi centre de pêche (Atlantic Evasion) et dispose de quatre chambres. Une institution de la capitale sénégalaise !

LA DEMEURE €€

Route de Ngor - **DAKAR**
✆ +221 33 820 76 79

Chambre simple à partir de 50 000 FCFA et double à partir de 59 000 FCFA. Petit déjeuner à partir de 6 000 FCFA.

Cette villa, qui propose des chambres d'hôtes dans le quartier des Almadies, est sublime. D'abord par la vue sur la mer qu'elle offre depuis sa terrasse, puis par son architecture originale et élégante, enfin, par tant d'autres détails, comme sa petite piscine et son accès à la plage en contrebas. Les sept chambres – avec moustiquaire à baldaquin, wifi, TV satellite, climatisation et coffre-fort – sont toutes différentes et décorées avec goût. Fanta la maîtresse de maison laisse surf, long board, stand up paddle, kite surf et funboard à disposition des guests !

LE JET CAFÉ BEACH

DAKAR
✆ +221 77 989 73 86

Ouvert tous les jours.

Situé sur la petite corniche des Amadies, ce café-restaurant en bord de mer à l'ambiance lounge et cosy est parfait pour les travailleurs nomades qui trouvent plutôt l'inspiration dans un cadre qui fait penser aux vacances, et n'aiment pas trop le côté studieux des espaces coworking. Par ailleurs, en cas de faim, la carte du restaurant propose une cuisine sénégalaise avec une touche contemporaine qui permet de reprendre des forces entre deux séances de rédaction. En résumé, le Jet Café Beach bon plan pour les télétravailleurs sur Dakar !

LE TERROU-BI €€€

Boulevard Martin Luther King - **DAKAR**
✆ +221 33 839 90 39
www.terroubi.com

Ouverts tous les jours, sauf Le Gastronomique, fermé le samedi midi, dimanche et lundi. Menus à partir de 21 000 FCFA.

Les trois restaurants du Terrou-Bi sont courus par le Tout-Dakar doré. Tous ont une terrasse avec vue sur mer, et proposent une excellente cuisine servie par un personnel bien formé. Le must est Le Gastronomique qui comme son nom l'indique est une table de haute volée, mais qui se paie. Le menu dégustation vous donnera un bon aperçu du savoir-faire du chef, qui concocte une cuisine raffinée et inventive. Idem pour le Grain de Sel qui utilise des produits locaux dans une cuisine à l'occidentale. La Terrasse est réputée dans tout Dakar pour ses bonnes pizzas.

DUBAÏ

Dubaï s'érige en mégapole incontournable et futuriste. Son Downtown aux gratte-ciel vertigineux, avec Burj Khalifa qui s'élance vers l'infini, laisse sans voix, ses plages aux eaux chaudes et cristallines sont splendides, ses malls incroyables sonnent l'heure du divertissement, sa cuisine du monde est fantastique. Comment ne pas se laisser charmer par Dubaï ? Dans cette mosaïque humaine de 3 millions d'habitants, issus de 200 nationalités différentes, les travailleurs nomades qui viennent s'installer à Dubaï se sentent comme des poissons dans l'eau, d'autant plus que la ville est hyper connectée et facile à vivre. En 2021, les Émirats fêtent leurs cinquante ans et accueillent pour la première fois au Moyen-Orient l'Exposition Universelle. Cerise sur le gâteau, Dubaï propose désormais un visa spécial travailleur nomade... Et si Dubaï était la destination de rêve pour les télétravailleurs ?

Formalités

En tant que citoyen européen, vous avec le droit de résider 90 jours avec le statut de touriste à Dubaï. Vous pouvez parfaitement vous installer 3 mois en tant que travailleur nomade avec ce visa touriste qui vous est automatiquement délivré à l'entrée du pays. Mais si vous essayez prolonger votre séjour au-delà des 90 jours réglementaires, sachez qu'il faudra payer une amende forfaitaire pour chaque jour en plus (environ 15 euros) au moment de votre départ... Ne jouez pas au plus malin car cela peut vous coûter très cher. Si vous souhaitez rester plus de 3 mois en toute légalité, il faudra demander un visa de résident aux Émirats mais ce n'est pas forcément la bonne solution pour les travailleurs nomades qui souhaitent généralement s'installer 6 mois ou un an maximum ; le visa de résident est surtout adapté à ceux qui veulent s'expatrier. Bonne nouvelle, les autorités de Dubaï ont justement lancé un visa d'un an spécial travailleur nomade en 2020. D'un montant de 287 US$, il vous permet de vous installer à Dubaï pendant 1 an. Mais pour pouvoir postuler, vous devez justifier de revenus mensuels équivalents à 5 000 US$ dans tous les cas (employé télétravaillant, freelance, entrepreneur, etc)...

Bon à savoir

- **Langue**. Dubaï est une destination cosmopolite. L'arabe est la langue officielle mais tout le monde maîtrise l'anglais.
- **Décalage horaire**. 3 heures de décalage avec la France pendant l'hiver (quand il est 14h à Paris, il est 17h aux Emirats) et 2 heures en été (quand il est 14h à Paris, il est 16h aux Emirats).
- **Monnaie**. A Dubaï, on paie en dirhams (AED) comme dans le reste des Emirats Arabes Unis. Le dirham est indexé sur le dollar. Le taux de change à l'automne 2021 est le suivant : 1 AED = 0,23 € / 1 € = 4,34 AED.
- **Transports publics**. Dubaï, c'est aussi un excellent service de métro, bus, tramway, monorail, bateaux et des taxis qui rendent les déplacements dans la ville relativement aisés et bon marché. Cependant, les transports publics peuvent être un peu longs. On vous conseille donc d'utiliser les taxis locaux ou de commander un VTC via Uber ou Careem, l'équivalent d'Uber aux Emirats.

Coût de la vie

Le coût de la vie à Dubaï est 20 % plus élevé que dans les villes européennes.

- **Quelques idées de prix à Dubaï** : un repas simple dans une cafeteria ou un snack : 10-15 € ; un repas dans un bon restaurant : environ 40-50 € ; une nuit dans un hôtel 3 étoiles à 4 étoiles : de 60 à 80 € ; loyer moyen d'un studio à Dubaï : 1 500 € dans Downtown ou la Marina, 1000 € en périphérie ; prix d'une carte SIM prépayée pour les appels dans le pays : à partir de 5 €, puis il faut charger la recharger la carte au fur et à mesure ; tarif café coworking : 19 € la journée.

Les quartiers

Difficile de se retrouver à Dubaï tant la ville est étendue. Voici un descriptif de plusieurs quartiers pour vous aider à vous repérer pendant votre séjour de travailleur nomade.

- **La Marina**. C'est un quartier animé et touristique très prisé par les célibataires et jeunes couples mais aussi par les travailleurs nomades épicuriens. Composé de tours résidentielles, ce quartier est bien desservi par le tram qui permet de se déplacer rapidement et d'éviter les embouteillages. La proximité des commerces, des restaurants et de la plage fait que l'on se promène à pied plus facilement. Si vous souhaitez loger dans ce quartier, nous vous recommandons cependant de bien choisir votre tour et de faire le trajet en voiture le soir pour évaluer l'intensité des embouteillages dans le secteur choisi.

Downtown et Business Bay. C'est un quartier composé d'un ensemble de tours résidentielles et de quelques hôtels de luxes. Ce quartier a été construit par le groupe Emaar, un gage de qualité et de durabilité. Plutôt affectionné par les jeunes couples ou les célibataires aisés, ce quartier moderne et chic est proche du Burj Park et du canal Dubaï Creek. Si vous êtes un travailleur nomade aux revenus confortables et que vous travaillez dans le secteur des affaires, c'est le quartier qu'il vous faut.

Umm Suqeim/Jumeirah. Ce sont deux grands secteurs en bord de mer, majoritairement appréciés par les familles car plus calmes. Ces quartiers proposent des villas individuelles avec jardin ou des petits compounds (zone résidentielle) aux installations communes. Si vous avez envie de tranquillité tout en étant proche de la mer, vous allez apprécier cette partie de Dubaï.

Arabian Ranches. Ce quartier se trouve à l'extérieur de la ville dans ce que nous appellerions la banlieue de la ville. C'est un secteur très étendu, prisé par les familles, avec ses piscines communes, ses terrains de jeux et sa verdure. Un quartier à recommander aux travailleurs nomades qui préfèrent la verdure au béton, mais sans voiture il est très difficile de se déplacer.

Les quartiers d'Al Barsha 1, 2, 3

Proche de la Sheikh Zayed Road et du Mall Of the Emirates, le quartier d'Al Barsha 1 est principalement composé d'hôtels, d'appartements, de petits buildings et de restaurants populaires. Barsha Heights, anciennement Tecom, est dans le même style qu'Al Barsha 1. Ce sont des quartiers assez vivants et appréciés par les travailleurs nomades qui aiment les grandes villes et les ambiances de quartier car les petits commerces y sont nombreux et créent une ambiance plus locale. Plutôt apprécié par les touristes, les célibataires et les familles avec petit budget, Al Barsha 2, 3 et Al Barsha South sont des quartiers calmes.

Se loger

L'offre en hébergement est très vaste à Dubaï ! Mais vous ne trouverez que très peu d'appart'hôtels comme on en trouve en France et ils sont relativement chers avec des tarifs qui sont équivalents à ceux des hôtels 4 ou 5 étoiles. La plupart du temps, ce sont d'ailleurs des appart'hôtels installés au sein même d'un hôtel. Cependant, ces appart'hôtels sont pratiques pour un séjour pendant une semaine ou deux. On vous recommande notamment les appart'hôtels de Mercure Barsha heights et Sofitel Obelisk. Pour un séjour d'un mois ou plus, sachez cependant que beaucoup d'hôtels proposent des tarifs long séjour à leurs clients et que cela peut être très intéressant. L'hôtel Hampton Hilton Al Seef, dans le quartier dAl Seef (vieux Dubaï) offre par exemple des tarifs très compétitifs. Cependant, si vous avez choisi de rester au moins 3 mois à Dubaï, on vous recommande de louer un appartement entièrement équipé auprès d'agences sur place. Sachez cependant que si vous souhaitez louer un appartement 6 mois ou plus, on exigera souvent que vous payiez la totalité des mensualités, ou la moitié, à l'avance. L'offre Airbnb est assez dense à Dubaï mais ce sont souvent des locations officieuses et donc pas forcément recommandables en cas de problème.

Travailler

Dubaï a toujours été très avant-gardiste dans le domaine du télétravail car c'est une ville monde qui compte 90 % d'expatriés originaires du monde entier. La ville s'est donc tournée très tôt vers les hautes technologies, l'internet à haut débit et une organisation du travail pragmatique, notamment à distance. Avec le développement du télétravail, beaucoup de travailleurs nomades du monde entier, séduits par la météo ensoleillée de Dubaï et la qualité de vie sur place, se sont installés durablement dans l'émirat entraînant la multiplication des espaces coworking et des cafés cosy avec wifi où il fait bon travailler. Comme partout dans le monde, le concept des espaces de coworking est le même : vous prenez un pass pour une durée bien déterminée (heure, demi-journée, journée, semaine, mois, année) et vous avez accès au wifi, à des bureaux, des imprimantes, des salles de conférence… Et dans tous les cas, vous avez à votre disposition, à volonté : des boissons chaudes/froides, des gâteaux, des fruits et des snacks. Parmi les espaces coworking les plus chaleureux, les plus spacieux et les mieux équipés de Dubaï, on vous recommande Nest dans l'hôtel Tryp Wyndham dans le quartier de Barsha Heights. Du côté des cafés, le Café Foundry sur Sheikh Mohamed Boulevard et le Comptoir 102 sur le littoral de Jumeirah sont aussi deux adresses très agréables.

Vie quotidienne

Courses et shopping. Pour faire vos courses, vous trouverez plus ou moins les mêmes enseignes qu'en France et des supermarchés bien connus comme Carrefour. Le Carrefour de The Mall of The Emirates est d'ailleurs le plus grand supermarché de l'enseigne aux Emirats. Dans les supermarchés Spinneys et Waitrose, vous trouverez des produits plus raffinés dont un large choix de fruits et légumes ainsi que beaucoup de produits frais et d'épicerie pour les personnes solos. Coop et Lulu Supermarket sont des supermarchés aux prix plus abordables que les précédents.

Vue sur la Marina de Dubaï.

Pour le shopping, et notamment l'achat de vêtements, vous trouverez les mêmes boutiques et marques que celles présentes en France. Pour un choix plus large, nous vous conseillons de vous rendre dans l'un des grand malls de la ville, Dubaï Mall étant le plus grand et le plus fourni en boutiques. Mais, attention aux dépenses superflues, le choix est tel que c'est très tentant de tout acheter !

Laver son linge. Pour laver votre linge à Dubaï, il n'existe pas de système de laveries automatiques comme en France. Il faut se rendre au pressing. Cela vous reviendra plus cher qu'en France car la tarification fonctionne par pièce de vêtement, ce qui chiffre beaucoup plus vite… Cependant, certaines enseignes vous proposent un tarif au poids donc plus vous avez de vêtements à laver, moins c'est cher. Il s'agit généralement d'enseignes indiennes, situées le plus souvent dans le Vieux Dubaï.

Système de santé/assurances. En tant que travailleur nomade en free-lance ou travaillant à distance pour une entreprise basée en France, on vous recommande vivement de prendre une assurance santé avant de vous installer à Dubaï et aux Emirats en général. En effet, les frais médicaux sont élevés dans ce pays en cas de souci de santé grave, d'opération, d'hospitalisation ou de rapatriement. Ils sont aussi chers qu'aux Etats-Unis voire plus dans certains cas. Beaucoup d'assurances basées en France proposent désormais des contrats d'assurance santé adaptés aux nomades digitaux. Sachez cependant que si vous avez décroché un travail aux Emirats, vous serez généralement couvert systématiquement par votre employeur dans le cadre de votre contrat.

© ANASTASIOS71 - SHUTTERSTOCK.COM

Dans les ruelles du quartier historique.

Se restaurer

Dubaï concentre 11 000 restaurants. On dirait que le monde entier s'est donné rendez-vous dans ce petit coin de la péninsule arabique. Quelques rares restaurants émiriens vous feront découvrir les spécialités locales, sinon, c'est la gastronomie mondiale qui est au menu du jour. On peut savourer du mérou local, des mangues du Pakistan, une fondue savoyarde, de la viande de Nouvelle-Zélande, du poisson du marché de Tsukiji de Tokyo et des denrées fraîches en direct de Rungis. Se restaurer est donc cher à Dubaï ? Oui, cela peut l'être surtout si on consomme de l'alcool, mais il y a aussi plein de bons plans si on sait dans quel quartier se rendre et quelle porte pousser. Dubaï c'est toujours ce grand écart entre le luxe XXL, les adresses confidentielles ou la street-food des quartiers historiques. Mais si vous voulez ménager votre portefeuille, rendez-vous dans les restaurants de Deira qui sont les moins chers et les plus typiques de la ville.

S'aérer / se changer les idées

Les plages. La capitale des Émirats arabes unis fera votre bonheur si vous aimez la plage. A Dubaï, l'avantage c'est que vous pouvez parfaitement vous baigner tous les matins et retourner travailler sur votre ordinateur dans la foulée ! Attention, le soleil tape fort et il fait très chaud, n'oubliez pas de vous hydrater. La Mer est une plage publique où il fait bon poser sa serviette ou bien s'installer sur un transat pour profiter du soleil. On y trouve également des restaurants, des bars à jus de fruits et des glaciers. La plage du nouveau quartier de Dubaï, Marina Beach, est de son côté exceptionnelle pour le panorama offert sur les gratte-ciel. Et pour se baigner avec vue sur l'architecture si singulière de Burj Al Arab, direction la plage de Black Palace.

A voir/à faire. Pour bien comprendre Dubaï, il est judicieux de commencer par une visite du quartier d'Al Fahidi, anciennement connu sous le nom de Bastakiya, qui tenait son nom de la communauté bastaki, d'origine iranienne, qui s'était installée au bord de la Creek vers 1800. C'est sans aucun doute le quartier le plus pittoresque, le plus riche architecturalement et le plus attachant de la ville. Sa visite permet de découvrir ce que fut Dubaï avant la découverte du pétrole. Le quartier se compose d'un dédale de rues propices à la flânerie, à la découverte d'une cinquantaine de maisons traditionnelles abritant des tours à vent et restaurées à l'identique. La plupart des habitations abritent désormais des centres culturels, des galeries d'art, des

© DAN RENTEA - SHUTTERSTOCK.COM

Souk aux épices.

musées, un petit souk, des cafés-restaurants et même un hôtel ; plus personne n'y habite. N'hésitez pas à pousser les portes pour découvrir le charme des cours intérieures et à gravir les escaliers menant aux terrasses d'où de très belles perspectives se déploient sur les toits et les tours du quartier.

Pour rester dans l'ambiance typique du vieux Dubaï, vous irez ensuite visiter le souk des épices et du parfum, un labyrinthe de boutiques regorgeant d'épices. Les échoppes sont tenues par des Iraniens qui vous déclineront les vertus de chacune d'entre elles. Si nous vous déconseillons d'acheter du safran, les autres épices sont tout à fait recommandables. Pour faire des tisanes, pour agrémenter vos poissons, tajines ou poulet, n'hésitez pas à faire le plein en citrons séchés. Il sera alors temps de prendre un peu de hauteur en allant à la découverte de la Burj Khalifa. Véritable symbole de Dubaï, la tour Burj Khalifa est pour le moment le plus haut gratte-ciel du monde, avec 828 mètres. Ce bâtiment qui semble percer le ciel est une véritable prouesse d'ingénierie et elle a été achevée en seulement six ans ! Après avoir pris le temps d'admirer la tour, il faut rejoindre le 124e étage, où se trouve un point de vue spectaculaire très prisé par les visiteurs. C'est là que l'on dispose du plus beau panorama sur la ville et sur les éléments naturels autour, le désert et la mer. Le simple fait de monter l'ascenseur et de gravir les étages est une expérience en soi. Pour ceux qui le souhaitent, il est aussi possible de se rendre au point d'observation de nuit, l'occasion de voir la ville illuminée, un moment tout simplement époustouflant. Non loin de là, ne manquez pas d'assister au spectacle des fontaines dansantes de la Burj Khalifa, au moins une fois pendant votre séjour. Ces fontaines se situent entre le Dubaï Mall et la Burj Khalifa. Ce sont les plus grandes fontaines au monde et chaque jour, on a la possibilité d'assister à un spectacle son et lumière unique au monde. Les jets projettent l'eau sous pression à plus de 275 mètres de hauteur, en synchronisation avec différentes musiques. 25 projecteurs de couleur et 6 600 lampes contribuent à l'aspect féerique de ce spectacle. La forme des jets d'eau et les éclairages de la fontaine évoluent au rythme de chaque chanson. Au choix, il est possible d'y assister de jour ou de nuit, et pour en profiter, il est recommandé de s'installer à l'une des terrasses environnantes, une bonne boisson à la main. On vous recommande aussi de partir à la découverte de l'hôtel Burj Al Arab, l'un des plus emblématiques de Dubaï. Il a été inauguré en 1999 et interpelle le regard avec sa structure en forme de voile. Si le fait que la visite d'un hôtel puisse faire partie des incontournables peut paraître étrange, il faut cependant bien noter qu'il ne s'agit pas de n'importe quel hôtel. Par son architecture, ses boutiques et ses fontaines, il mérite que l'on s'y attarde quelques instants. Pour pouvoir y entrer, il faut bien penser à réserver dans l'un des bars ou restaurants. Sal est un des restaurants les plus appréciés en raison de sa piscine infinity et de son ambiance tropézienne. Vous allez adorer y flâner en terrasse en dégustant une bonne cuisine méditerranéenne !

© KATIEKK - SHUTTERSTOCK.COM

Dubaï Frame.

Sortir

Les nuits dubaïotes sont toujours très animées : les fêtards et les travailleurs nomades esseulés pourront sortir et se faire de nouveaux amis sans difficulté ! Cependant, il n'est possible de faire la fête que jusqu'à 2h du matin, sachant que le jeudi et le vendredi la plupart des bars et clubs sont ouverts jusqu'à 3h du matin. Oubliez les afters, il n'y en a pas. Mais en dehors de cette petite contrainte d'horaires, Dubaï est vraiment un temple de la fête. Tous les clubs et bars rivalisent d'ingéniosité pour être les meilleurs du monde que ce soit au niveau de la déco ou de leur programmation, en plein air ou en pleine clim. Du samedi au mercredi, les lieux se vident et se remplissent au gré des modes et des ladies'nights où les filles boivent pour pas cher. On peut aussi se poser tranquillement sur l'un des nombreux roof-tops que compte la ville. Réglementation sur l'alcool oblige, les adresses sont seulement nichées dans ou à proximité des hôtels.

Escapades

Les escapades ne manquent pas et vous aurez vraiment de quoi vous échapper du bouillonnement urbain dubaïote ! Plutôt que de vous proposer Abu Dhabi, qui est une escapade évidente à seulement 1h30 de Dubaï, nous avons choisi de vous faire sortir des sentiers battus à travers deux escapades plus inattendues.

▸ **Sharjah**. Sharjah, dont le nom signifie soleil levant, fut pendant longtemps, le port le plus florissant du Golfe grâce au commerce, à la pêche et à l'industrie perlière. Dès 1932, la ville devint une étape de l'aéropostale britannique et de l'Imperial Airways sur la route de l'Inde et de l'Australie. De nos jours, Sharjah est la ville la plus culturelle des Émirats avec ses anciens quartiers restaurés, sa vingtaine de musées, ses nombreuses universités, son Salon du livre, sa Biennale d'art contemporain et sa Triennale d'architecture. Elle a même été déclarée capitale culturelle du monde arabe, en 1998, par l'UNESCO et capitale mondiale du livre en 2019. Les travailleurs nomades amateurs de culture vont adorer cette escapade !

▸ **Hatta.** A 150 kilomètres à l'est de la mégapole dubaïote, Hatta est une enclave de Dubaï, résultant des déplacements nomades dans le passé. C'est une belle escapade sur une journée qui vous changera de Dubaï et vous permettra de faire une immersion dans la nature, loin de votre ordinateur. La montagne Al Hajjar (le Roc en arabe), résultat des mouvements tectoniques du Crétacé, est une curiosité pour les géologues du monde entier. Ces reliefs composés de calcaire (beige) et d'ophiolite (gris/noir) sont absolument splendides. De nos jours, Hatta est une petite ville tranquille, mais qui, ces dernières années, est devenue le cheval de bataille du tourisme vert de l'émirat de Dubaï qui a beaucoup investi pour attirer un nouveau tourisme. Surtout fréquentée par les expatriés pour les balades dans ses montagnes environnantes, ses pistes de VTT et de randonnée, ainsi que ses curiosités naturelles et culturelles, Hatta se veut une destination idéale pour les amoureux de glamping (camping glamour avec caravanes aménagées), de montagne et de tranquillité !

AL BANDAR ROTANA & AL BANDAR ARJAAN €€€

Baniyas Street
DUBAÏ CITY
© +971 4 704 2222
www.rotana.com
Environ 730 AED pour une chambre double.

Situé au bord de la Creek côté Deira, le lobby est baigné de lumière et toute l'architecture est un rappel subtil et revisité de l'héritage culturel et naturel de la région, mais c'est en montant dans les étages que l'on est saisi par la vue époustouflante que l'on admire soit depuis la piscine extérieure, soit depuis la terrasse du restaurant italien, soit depuis les chambres côté Creek. Les chambres sont spacieuses, modernes et lumineuses si on les demande avec vue sur la Creek.

LA CANTINE DU FAUBOURG €€€

Emirates Towers
DUBAÏ CITY
© +971 4 352 7105
www.lacantine.ae
Déjeune et Dîner : Midi à 1h et jusqu'à 2h jeudi. Brunch, vendredi et samedi : Midi à 18h. Environ 350 AED par personne.

Bienvenue au cœur de la vie dubaïotte dans ce qu'elle offre de jeune, moderne et clinquant. L'ambiance est assurée et le public toujours au rendez-vous, la musique est forte et encore plus après 23h30 donc soyez prêts à vous amuser. Le restaurant français le plus branché de Dubaï offre une belle carte mais surtout un lieu mythique où l'on aime s'amuser et se retrouver soit en terrasse mais l'intérieur ne désemplit pas non plus. Après minuit, le lieu a presque l'aspect d'une discothèque !

MERCURE DUBAI BARSHA HEIGHTS €€

Sheikh Zayed Road
DUBAÏ CITY
mercure.accor.com
A partir de 80 € l'appartement.

Une résidence hôtelière très centrale avec des appartements parfaitement équipés (cuisine, lave-linge, etc.). C'est un bon plan pour les travailleurs nomades qui veulent séjourner plusieurs semaines ou plusieurs mois à Dubaï. Le wifi est haut débit dans tous les appartements et un espace bureau aménagé permet de travailler sereinement éclairé par la lumière du jour où des lampes de bureau adaptées. La résidence compte aussi une cafeteria et plusieurs restaurants ainsi qu'une piscine.

NEST

DUBAÏ CITY
© +971 4 247 6666
Entre 50 et 80 AED le pass coworking par jour.

Au 1er étage de l'hôtel Tryp Wyndham, dans le quartier de Barsha Heights, le Nest est un superbe espace coworking, moderne, design, avec un mobilier contemporain. Les bureaux sont larges et vous ne serez pas les uns sur les autres. Les lieux sont lumineux avec un espace plus cosy où on peut s'installer dans des fauteuils et des canapés. Des machines à café high tech sont aussi à disposition et les boissons froides sont à disposition. Des snacks salés et sucrés sont aussi offerts à tous les coworkers tout au long de la journée.

SOFITEL DUBAI THE OBELISK €€€

Wafi Sheikh Rashid Road
DUBAÏ CITY
© +971 4 3249999
www.sofitel-dubai-theobelisk.com
Aux alentours de 1 000 AED la chambre double.

L'architecture de l'hôtel s'inspire de l'obélisque de Louxor et il s'intègre donc parfaitement au sein du complexe Wafi qui assume pleinement son inspiration de l'Egypte ancienne. Les 595 chambres sont ultra-lumineuses et offrent de belles vues sur la skyline. Une aile du Sofitel se compose uniquement d'appartements tout aussi splendides et qui conviendront parfaitement aux travailleurs nomades qui font un séjour à Dubaï et souhaitent expérimenter le confort Sofitel.

SOUK AL BAHAR RESTAURANTS €

Sheikh Mohammed bin Rashid boulevard
DUBAÏ CITY © +971 4 362 7011
www.soukalbahar.ae
Ouvert de 10h à 1h, le vendredi à partir de 14h. Plats légers ou repas à partir de 100 AED.

Dans le cadre d'un souk reconstitué et sachant que l'objectif n° 1 est d'avoir les meilleures places pour le spectacle des fontaines et du Burj Khalifa, le *Petit Futé* vous propose une sélection. Soit à l'étage : à droite, Bice Mare (Italie marine) et Abdel Wahab (Liban). Au rez de lac, à droite, Shake Shack (fast food de burgers) et Sammach (poissons à l'étal) et à gauche, Baker & Spice (restaurant plutôt organique et sain) et Serafina (inspiration italienne) ainsi que Meat&Co.

HANOI

La capitale vietnamienne est une ville singulière, riche d'un legs architectural exceptionnel, fruit de l'accumulation des siècles et d'héritages multiples qui composent une mosaïque urbaine unique en Asie. Hanoi s'est d'abord construite dans un rapport étroit aux villages du delta du fleuve Rouge et cette coexistence originale des univers villageois et urbains demeure encore aujourd'hui un élément constitutif de l'identité de la capitale. Ville vietnamienne, ville coloniale française, ville socialiste, métropole internationale depuis l'ouverture économique en 1986, Hanoi est tout cela à la fois… Et elle est aussi moderne avec une bonne couverture numérique et un wifi de qualité presque partout. Si on ajoute à cela, le coût de la vie particulièrement bas au Viêt-Nam, une gastronomie délicieuse, et la gentillesse des Vietnamiens, Hanoi est vraiment une des meilleures villes d'Asie pour les travailleurs nomades.

Formalités

La demande d'un visa touristique est obligatoire et payante (40 €) pour les Français et tous les autres ressortissants. Elle doit se faire un an avant le voyage. Les demandes s'effectuent auprès de l'ambassade du Viêt-Nam à Paris. Une fois ce visa obtenu, vous pouvez rester 3 mois sur place en tant que touriste et y télétravailler.

Bon à savoir

▶ **Langue**. Au Viêt-Nam, on parle vietnamien et aussi souvent l'anglais dans les régions touristiques et bien entendu dans la capitale. Quelques mots en vietnamien changent souvent les rapports. Et même si vous n'arrivez pas à faire de discours (la langue vietnamienne, avec six tons, est l'une des plus difficiles qui soit), apprenez les mots de base (« merci », « bonjour »), à compter et les phrases clés. Même si cela n'est pas évident au premier abord, on pratique encore le français au Viêt Nam. Il ne sera pas rare sur les marchés ou dans les boutiques d'Hanoi que des gens se montrent spontanément heureux de pouvoir vous aborder dans notre langue, avec un académisme dans l'emploi de certaines formules vieillottes des plus plaisantes.

▶ **Décalage horaire**. Il y a 6 heures de plus en hiver à Hanoi et 5 heures de plus en été par rapport à la France. C'est le même fuseau horaire que pour Bangkok ou Djakarta.

▶ **Monnaie**. On paie en dongs au Viêt-Nam et donc à Hanoi.

▶ **Transports publics**. La capitale vietnamienne est très embouteillée donc on vous recommande vraiment d'utiliser les transports en commun quand c'est possible. Hanoi a un bon réseau de bus et il est très pratique sur les grands axes ainsi qu'entre le centre-ville et la périphérie. Ces bus ne sont pas très confortables mais pratiques et peu chers (moins d'1 euro le ticket). Cependant, pour vous déplacer plus rapidement en centre-ville, les rues étant assez étroites, on vous conseille plutôt les motos-taxis (négociez le prix avant d'embarquer sachant que la course vous coûtera 3 euros en moyenne) ou la bicyclette que vous pourrez louer sur place mais soyez prudent car la circulation est anarchique en ville.

Coût de la vie

Le coût de la vie à Hanoi est 60 % moins cher qu'en France

▶ **Quelques idées de prix à Hanoi** : un repas simple dans une cafeteria ou un snack : 3 € ; un repas dans un bon restaurant : environ 20 € ; une nuit dans un hôtel 3 à 4 étoiles : de 40 à 80 € ; loyer moyen d'un studio à Hanoi : à partir de 200 € ; prix d'un forfait prépayé d'un mois avec appels illimités dans le pays et forfait 4G : à partir de 20 €, puis il faut recharger le forfait au fur et à mesure ; bureau partagé dans un espace coworking : à partir de 70 € par mois ; tarif café coworking : 5 € la journée.

Les quartiers

Hanoi est une ville très étendue et tous les quartiers ne sont pas forcément intéressants pour les travailleurs nomades. Nous avons sélectionné ceux qui sont dignes d'intérêt pour les télétravailleurs.

▶ **Vieux quartier.** Le district Hoan Kiêm tire son nom du lac (le lac de l'Epée restituée, également appelé le Petit lac) et constitue le cœur de la ville. Sur la rive nord du lac, au-delà de la ligne tracée par l'axe des rues Hang Bông, Hang Gai et Câu Gô, le Vieux quartier est aussi appelé « quartier des 36 rues et corporations », où chaque rue regroupe une corporation de métiers. Le quartier est bordé à l'est par le fleuve Rouge (Sông Hông) traversé par le pont Long Biên (ancien pont Paul-Doumer), à l'ouest par la rue Ly Nam Dê (quartier de la Citadelle) et au nord par la rue Quan Thanh (quartier du lac de l'Ouest). Vous y trouverez beaucoup de cafés cosy avec wifi pour travailler. C'est le quartier idéal pour les travailleurs nomades qui sont inspirés par l'énergie bouillonnante d'une ville.

▸ **Quartier de la citadelle**. Dans le district Ba Dinh, au sud du lac Hô Tây (lac de l'Ouest) et du lac Truc Bach (lac de la Soie blanche), voici le quartier de la Citadelle. C'est celui des derniers remparts de Hanoi et c'est là que se situe le centre administratif et symbolique du pouvoir vietnamien, avec la place Ba Dinh, le palais présidentiel, le mausolée du président Hô Chi Minh, le siège du Parti communiste vietnamien (ex-lycée Albert-Sarraut) et l'Assemblée nationale qui a inauguré son nouveau bâtiment en 2015, sans oublier le jardin botanique de la ville qui est un poumon vert où vous pourrez vous dégourdir les jambes entre deux rendez-vous sur Zoom. Quelques espaces coworking et des cafés avec wifi sur place sont agréables pour travailler.

▸ **Quartier du lac de l'ouest**. Au nord du quartier de la Citadelle et du Vieux quartier (la limite est tracée par l'axe des rues Thuy Khuê et Quan Thanh), le quartier du lac de l'Ouest est un des lieux de promenade et de rencontre favoris des habitants de la capitale. C'est aussi un quartier résidentiel qui accueille beaucoup d'expatriés. C'est le quartier qu'il vous faut si vous aimez télétravailler chez vous au calme tout en profitant des espaces verts à proximité.

Se loger

Pour trouver un appartement à Hanoi, le plus simple c'est de séjourner quelque temps dans un hôtel pour une somme modique puis d'explorer les quartiers qui vous plaisent en vous renseignant auprès des agences immobilières ou en vous rendant sur le groupe Facebook Hanoi Massive où vous trouverez régulièrement des annonces d'appartements à louer.

Travailler

Hanoi bénéficie d'une bonne couverture numérique et vous pourrez facilement travailler dans des cafés ou restaurants avec wifi, à vous de trouver celui qui vous correspond. Les consommations sur place étant vraiment pas chères, c'est l'option la plus économique si vous ne voulez pas travailler chez vous. Les espaces coworking sont de plus en plus nombreux mais comparativement plus chers. Vous en trouverez plusieurs dans le quartier de Ban Dinh.

Vie quotidienne

▸ **Courses et shopping**. Pour faire vos courses, vous trouverez facilement des supermarchés en ville. Les enseignes les plus connues sont Big C et Intimex.

Pour faire du shopping en général et acheter des vêtements, rendez-vous dans les petites boutiques en ville et dans les différents marchés pour les meilleures affaires. Les centres commerciaux comme Syrena offrent un choix plus large mais c'est plus cher.

▸ **Laver son linge**. Pour faire vos lessives, le plus simple c'est de confier votre linge à une des blanchisseries en ville. Cela vous coûtera environ 6 euros pour 5 kilos de vêtements, lavés, repassés et livrés directement à votre domicile.

Rue de Hanoi.

© BRIANCWEED - ISTOCKPHOTO

La soupe pho.

Système de santé/assurances. Au Viêt-Nam, le système de santé est gratuit pour les habitants comme dans la plupart des régimes communistes. Cependant, pour les étrangers, les soins sont payants et il vous faudra donc souscrire à une assurance santé qui couvrira vos soins à l'étranger. Sachez cependant qu'en cas d'intervention chirurgicale lourde, il vaut mieux vous faire opérer dans une capitale asiatique voisine qui dispose d'équipements médicaux de meilleure qualité, comme Bangkok par exemple. L'autre solution serait de vous faire rapatrier directement en France mais cela a un coût élevé, d'où l'importance de l'assurance santé à l'étranger.

Se restaurer

Votre séjour de travailleur nomade à Hanoi sera l'occasion de découvrir la délicieuse cuisine vietnamienne et de vous régaler à petits prix en mangeant dans les petites échoppes de rue ou même dans des bons restaurants où le rapport qualité-prix est imbattable par rapport à la France. La base du repas vietnamien est le riz ou com. Com trang (riz blanc), com xoi (riz gluant) et com chien (riz frit) ; il peut être également parfumé, com thom. Plus cher, ce dernier est plutôt consommé en périodes de fêtes comme à l'occasion du Têt. Légumes, viandes, crustacés, poissons préparés de mille et une manières l'accompagnent. L'autre pilier de la restauration locale, ce sont les fameuses soupes, pho, mélanges savoureux constituant souvent le repas unique d'une population principalement agricole. Elles arrivent sur la table de différentes manières, complètes ou à thème (porc, crevette, seiche…), et leur taille peut varier : une grande serait chez nous un pot-au-feu pour 4 personnes. Elles sont accompagnées sur la table d'une petite assiette avec des piments, d'une autre avec du citron et, parfois, d'une autre encore avec du sel et du poivre.

S'aérer / se changer les idées

Les parcs. Créé en 1890 par les Français, le jardin botanique Bach Thao est riche en espèces végétales (bach thao signifie « cent plantes ») dont certaines ont été importées d'Europe ou d'Afrique. Il y a relativement peu d'espaces verts où il est possible de flâner à Hanoi alors profitez-en !

A voir/à faire. Compris entre la citadelle et le fleuve, cette partie de Hanoi date de la naissance de la cité au XIe siècle. C'est pour cela qu'on l'appelle également « la Vieille ville ». On dit que ce quartier est dessiné comme une feuille dont la nervure centrale serait l'axe commençant par la rue Hàng Dào (axe suivi autrefois par la voie du tramway), puis par les rues Hàng Ngang (des Cantonais), Hàng Duong (du sucre), Xuan (du riz) et Hàng Than (du charbon).

Dans le vieux quartier, ne manquez pas de vous balader dans le marché Dong Xuan. Créé à l'initiative des autorités coloniales françaises en 1889, ce marché est encore aujourd'hui « le ventre de Hanoi » et le centre d'une activité incessante. Ce sont des halles couvertes qui se divisent par allées, celles des poissons, des épices, des boutons, de la quincaillerie, des chapeaux, des ao dai… Pendant la nuit, les noctambules s'y donnent rendez-vous pour souper dans les restaurants qui ont planté leurs quartiers autour de la halle. La visite du marché et de ses alentours se justifie moins par la perspective de bonnes affaires (l'offre s'adresse à la clientèle locale) que par le spectacle de cette vie foisonnante et pittoresque.

La baie d'Along

Lors de votre découverte du vieux quartier vous verrez également le pont Long Bien, anciennement baptisé « pont Paul Doumer ». Le pont a changé de nom après la révolution d'août 1945. Soutenant les 1 682 m de ce pont, vingt piliers d'une hauteur de 40 m prennent appui sur des caissons enterrés jusqu'à 30 m sous le niveau d'étiage. L'ouvrage fut inauguré en 1902 (soit une quinzaine d'années après la tour Eiffel) par l'empereur Thanh Thai (dynastie des Nguyên) et Paul Doumer, alors gouverneur général. Le pont devait témoigner de « la puissance de la civilisation française dans les œuvres de la paix ». Situé autour du lac de l'Epée restituée (Hô Hoan Kiêm), le quartier central est en fait l'ex-quartier des affaires de l'époque coloniale. Il concentre nombre des ouvrages construits pendant la période coloniale même s'ils sont par ailleurs disséminés un peu partout dans la ville. L'Opéra (construit sur le modèle de l'Opéra de Paris), la Bibliothèque nationale, ex-Camp des Lettrés (rue Trang Thi), l'hôtel Métropole (rue Ngô Quyên), le musée d'Histoire, la banque d'Indochine (49, rue Ly Thai Tô), L'Espace (centre culturel français, rue Trang Tiên) sont parmi les quelques bâtiments et ouvrages qui méritent la visite et qui justifient la réputation de bâtisseurs qu'ont laissée les Français au Viêt-Nam. Cette nouvelle architecture a bouleversé les techniques de construction traditionnelles à base de bambou, de bois, de briques et de tuiles, avec l'apparition de nouvelles techniques et de nouveaux matériaux comme le ciment, le béton armé... Aujourd'hui, cette architecture et le paysage urbain qu'elle a créé, avec ces larges avenues ombragées, font incontestablement partie du charme de Hanoi, de son identité et de son patrimoine. Longtemps fermé au public, le quartier de la Citadelle concentre les bâtiments de l'institution militaire vietnamienne. Entouré de hauts murs, le Pentagone vietnamien laisse apercevoir ses étages supérieurs. Attention, photos interdites… les sentinelles ne plaisantent pas. Pour les curieux, consulter Google Map. Le quartier de la Citadelle s'est cependant ouvert au public ces dernières années, en autorisant l'accès aux vestiges des palais de l'ancienne Thang Long. Autour de la place Ba Dinh, on trouve le cœur du pouvoir vietnamien et le mausolée du président Hô Chi Minh, vainqueur de la guerre d'Indochine et dirigeant communiste de la République démocratique du Viêt Nam (Nord du pays) jusqu'à sa mort en 1969. Ce mausolée, inauguré le 29 août 1975, fut construit avec l'aide de l'URSS et son architecture d'inspiration traditionnelle rappelle la forme d'un lotus. Le Parti décida de conserver artificiellement son corps et de le placer dans cet énorme mausolée construit à l'endroit même où Hô Chi Minh proclama l'indépendance du Viêt-Nam en août 1945. A côté du mausolée, se dresse l'ancien palais du gouverneur général de l'Indochine. Conformément à l'image de simplicité qu'il s'était forgée, Hô Chi Minh ne voulut pas l'habiter. Sa demeure, à côté d'un petit étang dans lequel nagent quelques carpes (symboles de la longévité), se trouve dans le parc du palais. La maison sur pilotis est superbe, tout en bois de teck.

Sortir. Pour les sorties, l'offre reste limitée à Hanoi. Il y a bien sûr les spectacles traditionnels ou institutionnels organisés à l'Opéra ou par les centres culturels étrangers. Mais l'époque n'est pas si lointaine où le couvre-feu était de règle dans la capitale. La vie nocturne reste entravée par des réglementations contraignantes. Cela dit, vous pourrez vous détendre et aller boire un verre dans le vieux quartier où les anciennes manufactures ont été remplacées par des restaurants et des bars. Le must, c'est de boire un verre à Beer Street, le repaire de nombreux expatriés mais aussi de locaux. La bière est à moins de 1 euro…

Escapades

La région du delta du fleuve rouge. Berceau de la civilisation vietnamienne, le delta du fleuve Rouge regorge de villages d'artisanat traditionnel, de villages typiques mais aussi d'édifices religieux et spirituels : chua ou pagodes, dinh ou maison communale, den ou temple dédié au culte de génies ou de personnages historiques. Cette région est aujourd'hui en pleine mutation et les changements s'accélèrent au rythme du développement économique de la grande région capitale de Hanoi. La trame ancestrale des villages se modifie avec l'urbanisation de la région, les villages de métier font face à la concurrence des produits manufacturés chinois, et c'est tout un patrimoine immatériel qui est menacé alors ne manquez pas de vous y rendre lors de votre séjour de travailleur nomade. Malgré tout, les coutumes et traditions millénaires sont toujours vivaces et s'expriment entre autres par des fêtes folkloriques traditionnelles (calées sur le calendrier lunaire). Certains artisanats prospèrent et de nombreux édifices sont préservés et restaurés.

Région de la baie d'Along. On se rend essentiellement dans la région de la baie d'Along dans la perspective d'une croisière. Classée au patrimoine naturel mondial de l'UNESCO, la baie d'Along est l'un des sites touristiques les plus visités d'Asie du Sud-Est. Entre terre et mer, les pitons karstiques de la baie du Dragon caractérisent le paysage vietnamien et font de ce lieu magique l'une des plus belles vues au monde. Pour rallier le point d'embarquement à Along, la route passe par Haiphong, ville qui a conservé les traces de son histoire coloniale. Parmi les activités incontournables à faire dans la région de la baie d'Along, ne manquez pas non plus de faire un séjour sur l'île de Cat Bà avec une randonnée dans le parc national et une exploration en kayak de mer dans la baie de Lan ha (à partir de l'île de Cat Ba).

ANNIE'S LITTLE HANOI GUESTHOUSE €

1, Trang Thi
HANOI
✆ +84 9 77 858 308
https://fr.airbnb.com/rooms/13488240
Chambres à 29, 35 et 40 US$.

Maison d'hôtes excellemment située en plein centre-ville, face au lac Hoan Kiêm. Quelques chambres confortables, propres et bien aménagées : elles disposent toutes d'une salle de bain privative et d'un bain bouillonnant. Sur réservation. Adresse discrète, accueil chaleureux et serviable. Wifi gratuit. Bar sur place. Activités pour les enfants et les familles. À proximité des sites touristiques. Réception ouverte 24h sur 24h. Navette pour l'aéroport.

BANH CUÔN BA HANH €

26B, Tho Xuong - **HANOI**
✆ +84 9 61 66 96 26
www.banhcuonbahanh.com
Ouvert de 6h à 14h et de 16h à 22h. A partir de 50 000 VND.

Dans une petite rue, à quelques pas de la cathédrale, une excellente adresse pour déguster des *banh cuon*, une spécialité réputée du nord qui se présente sous la forme d'une crêpe - d'aucuns disent ravioli - préparée à base de farine de riz. Elles sont réalisées d'une main experte sous vos yeux et agrémentées d'une garniture végétarienne ou farcies à la viande de porc hachée. Elles se dégustent arrosées d'un filet de sauce *nuoc mam,* accompagnées de feuille de coriandre. C'est délicieux, léger et vraiment pas cher. On en redemande...

HANAH VIETNAM TRAVEL - TINY HOMESTAY €

30, Châu Long, Truc Bach
HANOI
✆ +84 98 751 75 87
Réservations et tarifs sur demande.

Une solution d'hébergement originale et bon marché dans une charmante maison d'hôtes bien située dans un quartier pittoresque et authentique de la capitale, à proximité du lac Truc Bach. Un couloir plein de mystère conduit à cette demeure ancienne, pleine de quiétude et confortablement aménagée afin d'accueillir des hôtes. Les petits déjeuners sont soignés et copieux. Egalement, beaucoup de facilités pour organiser excursions et visites dans le Nord.

KINH DO HANOI CAFÉ 252 €

252, Hang Bông
HANOI
✆ +84 24 382 502 16
Ouvert de 7h à 22h. Pâtisseries et yaourts à la française.

Clientèle mélangée, Vietnamiens, touristes, expatriés. Café et lait frais avec croissants, pâtés chauds, croque-monsieur, hamburgers, nems et riz. Au dessert, yaourt nature au goût français avec du miel. Sur le mur, une photo atteste du passage de Catherine Deneuve lors de son séjour au Viêt Nam à l'occasion du tournage du film *Indochine*. C'est aussi une bonne adresse pour travailler avec son ordinateur car vous serez dans une ambiance conviviale et typique. Et avec tout le passage dans ce restaurant, vous pourrez aussi vous faire des amis sur place !

MAISON D'HANOI €€

35-37, Ma Mây - **HANOI**
✆ +84 24 392 349 94
www.maisondhanoi.com
Chambres doubles et suites à partir de 50 US$ (le buffet du petit-déjeuner est inclus).

Au cœur du vieux quartier, une bonne adresse fondée en 1998 avec de belles chambres aux aménagements modernes et confortables. Vous avez le choix entre les suites premium, deluxe, junior et lune de miel qui offrent tout le confort nécessaire pour passer un bon séjour. Des services très pratiques pour organiser son séjour : location de voiture, organisation d'excursions dans la région... Possibilité de réserver sur le site Web qui offre des tarifs promotionnels très attractifs. L'établissement possède également Madame Yen restaurant.

QUAN AN NGON €

18, Phan Boi Châu - **HANOI**
✆ +84 24 394 281 62
http://ngonhanoi.com.vn
Cuisine vietnamienne. Ouvert de 7h à 21h45. Compter 300 000 VND.

Grand restaurant en plein air, très populaire. On n'y vient pas pour un dîner intime ou romantique. Il y a foule, c'est bon signe quant à la qualité de l'établissement, mais c'est plutôt bruyant et agité et ça fait partie de l'ambiance... On choisit son menu comme au marché, en s'arrêtant devant chaque étal où sont préparées des spécialités vietnamiennes toutes plus appétissantes les unes que les autres. Le choix est vaste, on a l'impression d'être au musée et on est sûr de découvrir des plats auxquels on n'a encore jamais goûtés. Un incontournable à Hanoi...

ISTANBUL

Située à moins de 4 heures de vol des principales capitales européennes, Istanbul est une métropole accueillante dans laquelle tout nouvel arrivant se sent immédiatement adopté, y compris les travailleurs nomades bien entendu. Turcs, Kurdes, Russes, Arméniens, Perses, Grecs… Ils ont tous participé à la construction de cette ville. Syncrétisme de l'histoire des civilisations du monde occidental et oriental, symbole de la Turquie moderne, Istanbul, traversée par le majestueux détroit du Bosphore, ne cesse de charmer ses visiteurs. Comment rester insensible à ses multiples contrastes ? D'un côté, les trésors d'architecture byzantine et ottomane, de l'autre, des enseignes du design contemporain. Mais entre tradition et modernité, la chaleur et la convivialité stambouliotes sont toujours au rendez-vous. Et si on ajoute à cela une qualité de vie indéniable, le soleil, la mer et les plages à proximité, sans oublier la bonne couverture numérique de la ville, Istanbul est vraiment une destination de choix pour les travailleurs nomades.

Formalités

Les Français n'ont pas besoin de visa. Une carte d'identité ou un passeport en cours de validité suffit pour un séjour de moins de 90 jours. Vous pouvez parfaitement rester télétravailler à Istanbul avec cette autorisation de séjour touristique. Cependant, si vous souhaitez rester plus longtemps, vous pouvez demander un permis de résident d'un an, ou deux ans, sur le site www.e-ikamet.goc.gov.tr. Il faudra notamment fournir une attestation d'assurance santé, des justificatifs de revenus suffisants pour la période concernée, et une attestation de logement certifiée par un notaire.

Bon à savoir

- **Langue**. A Istanbul, comme dans le reste de la Turquie, on parle turc. Mais l'anglais est généralement bien parlé dans les grandes villes donc vous n'aurez aucune difficulté à vous faire comprendre si vous parlez la langue de Shakespeare.
- **Décalage horaire**. En Turquie, il faut compter 1h de moins par rapport à la France. Quand il est 10h à Istanbul, il est 9h à Paris.
- **Monnaie**. A Istanbul, comme dans le reste de la Turquie, on paie en livres turques (Turk lirasi).
- **Transports publics**. Istanbul est une grande ville mais elle est très bien desservie par les transports en commun. Evitez donc la voiture car les embouteillages sont souvent monstres aux heures de pointe et vous vous déplacerez finalement très bien en métro, bus, bateau ou tramway.

Pour pouvoir utiliser les transports en commun, il faut vous procurer la carte d'Istanbul que vous pourrez acheter et recharger aux stations de métro. Vous pourrez ensuite l'utiliser partout dans les métros et les bus. Elle fonctionne également dans le bateau qui relie la partie asiatique d'Istanbul à sa partie européenne. Si jamais vous souhaitez vous déplacer en taxi, deux possibilités : les taxis jaunes et les taxis bleus. Les taxis

© FRANZ12 - SHUTTERSTOCK.COM

© VINCENT_ST_THOMAS

La ville d'Istanbul.

jaunes sont un peux moins chers que les taxis bleus car il s'agit de véhicules plus anciens mais, qu'ils soient bleus ou jaunes, tous les taxis fonctionnent au compteur. A noter : les VTC, comme par exemple Uber, n'existent pas à Istanbul.

Coût de la vie

Le coût de la vie en Turquie est plus bas qu'en France mais il est un peu plus élevé à Istanbul. La vie est cependant 40 % moins chère dans la capitale turque par rapport à la vie en France.

▶ **Quelques idées de prix à Istanbul** : un repas simple dans une cafeteria ou un snack : 5-7 € ; un repas dans un bon restaurant : 12-15 € ; une nuit dans un hôtel 3 à 4 étoiles : de 50 à 75 € ; loyer moyen d'un studio à Istanbul : à partir de 400 € ; prix d'un forfait prépayé d'un mois avec appels illimités dans le pays et forfait 4G : à partir de 15 €, puis il faut recharger le forfait au fur et à mesure ; bureau partagé dans un espace coworking : à partir de 125 € par mois ; tarif café coworking : 10-12 € la journée.

Les quartiers

Istanbul est la seule ville au monde sur deux continents, à savoir l'Europe d'un côté et l'Asie de l'autre. Ces deux parties d'Istanbul sont séparées par le détroit du Bosphore et reliées par trois ponts. C'est dans la partie européenne d'Istanbul que vous serez au cœur de l'action, notamment dans la ville nouvelle qui s'articule autour de la place Taksim et d'où part la longue rue Istiklal, une rue piétonne et commerçante. C'est dans la ville nouvelle que vous trouverez la plupart des espaces coworking et cafés avec wifi pour travailler. Cette partie de la ville plaira beaucoup aux travailleurs nomades dans le monde du commerce ou des affaires. A seulement une dizaine de minutes de voiture, ou à une trentaine de minutes à pied, vous trouverez le cœur historique d'Istanbul qui rassemble les monuments les plus importants de la ville comme le Palais Topkapi, Sainte-Sophie, la mosquée bleue… Cependant, cette partie historique de la ville est avant tout un musée à ciel ouvert donc vous n'y travaillerez pas et n'y résiderez pas en tant que travailleur nomade. En revanche, les quartiers Beşiktaş et Ortaköy, toujours dans la partie européenne de la ville, sont des quartiers résidentiels agréables et animés le soir qui plairont et où on trouve des cafés avec terrasse pour travailler mais aussi une ambiance festive qui plaira aux travailleurs nomades épicuriens. Quant à la partie asiatique d'Istanbul, elle est beaucoup plus résidentielle et vous conviendra si vous souhaitez travailler au calme depuis votre appartement. Pour un peu d'animation, il faudra ensuite vous rendre dans le quartier Kadıköy qui est assez vivant grâce à ses cafés, ses bars, son marché et ses commerces.

© AEGEANBLUE - ISTOCKPHOTO.COM

Pause thé et baklavas.

Se loger

Vous pourrez louer un appartement facilement sur Airbnb et Booking à Istanbul. En vous promenant en ville, levez la tête : les panneaux « Kiralik » veulent dire « à louer », notez le numéro de téléphone et contactez le propriétaire !

Travailler

C'est dans la ville nouvelle que vous trouverez le plus de cafés avec wifi et le plus grand nombre d'espaces de coworking parmi lesquels Kolektif House, Servcorp, Regus,Wooppoint, Impact Hub qui sont les plus connus.

Vie quotidienne

▶ **Courses et shopping**. Pour faire vos courses alimentaires, vous trouverez beaucoup de supermarchés à Istanbul, les enseignes les plus connues étant Migros, Carrefour et Şok. Pour vos achats de fruits et légumes, on vous conseille cependant les marchés en plein air ; il y en a dans chaque quartier, un jour par semaine.

Pour les achats de vêtements et autres, vous pourrez vous rendre dans l'un des nombreux centres commerciaux d'Istanbul. Il y en a aussi bien du côté asiatique de la ville (Akasya, Capitol, Buyaka…) que du côté européen (Akmerkez, Istinye Park, Cevahir, MetroCity…)

▶ **Laver son linge**. Les laveries automatiques ne manquent pas à Istanbul et vous en trouverez plusieurs dans la ville nouvelle, notamment près de la rue Istiqlal. Vous pourrez laver et sécher votre linge pour environ 4 euros.

▶ **Système de santé/assurances**. Les soins de santé peuvent être chers en Turquie, il est donc recommandé de prendre une assurance médicale couvrant vos frais de santé à Istanbul. Certaines assurances turques proposent par ailleurs une couverture médicale pour les étrangers à partir de 49 € par mois.

Se restaurer

Tout le monde connaît les kebabs ou şiş kebap, brochettes de viande à la réputation universelle. Mais réduire la cuisine turque à ces seuls sandwichs serait une erreur ! Il faut aussi se régaler de mezze, köfte, börek, baklavas et autres délices… Les mezze sont un assortiment de petits plats variés, froids ou chauds, où le salé, le sucré et le pimenté se mêlent délicieusement, servis au début d'un repas en entrée ou en hors-d'œuvre et qui quelquefois même forment un repas complet. L'éventail de plats de mezze servis à une table peut comporter une tranche de melon, du concombre au yaourt (cacık), des anchois de la mer Noire au vinaigre (hamsi), du pourpier au yaourt (semizotu), des crevettes (karides)… La viande de mouton arrive en tête de la consommation, suivie de la viande de bœuf. Le mouton se mange soit en brochettes (şış kebap), soit sous forme de boulette (köfte). Dans la rue, tout le monde mange des döner kebap mais ils sont bien meilleurs que ceux que nous connaissons en France ! Débitée à l'aide d'un couteau effilé, la viande est servie entre deux tranches de pain. On y ajoute des tomates, de l'oignon, du persil et un peu de piment. En matière de restaurants, les meilleurs semblent se trouver dans la ville nouvelle, du côté de Taksim. Méfiez-vous des quartiers de Kumkapı et Çiçek Pasajı où la qualité laisse à désirer et où les (mauvaises) surprises au moment de l'addition sont fréquentes. Dans les meyhane, établissements typiques où l'on boit du rakı en mangeant des mezzés puis du poisson, le prix de celui-ci (variable selon les saisons) n'est pas toujours indiqué sur la carte. Par conséquent, pensez à en demander le prix afin d'éviter une fois de plus les (mauvaises) surprises.

L'intérieur de la Mosquée bleue.

© DAMIRCUDIC - ISTOCKPHOTO.COM

Le Grand Bazar.

S'aérer / se changer les idées

▶ **Les plages**. Istanbul compte plusieurs jolies plages où vous pourrez vous détendre et prendre quelques couleurs dès le printemps. Au niveau de la partie européenne, on vous conseille les plages Kilosu, Burç Beach, et Kumurgaz et, au niveau asiatique, les plages de Caddebostan, Pendik et Tuzla sont également très agréables.

▶ **A voir/à faire**. Istanbul est la seule ville au monde bâtie sur deux continents ! Chaque quartier regorge de curiosités : architectures orientales ou occidentales à admirer, rues à explorer, trésors cachés à découvrir. Vous passerez certainement la plupart de votre temps sur la rive européenne où se trouvent les principaux monuments : Sainte-Sophie, la Mosquée bleue, le palais de Topkapı... Mais ne négligez pas les quartiers de la rive asiatique, plus représentatifs de la vie stambouliote. Au sein de la ville, mosquées, églises, musées cohabitent depuis des siècles, témoignant de son histoire et de sa beauté. Perdez-vous dans les nombreuses ruelles du Grand Bazar, admirez les ornements fastueux du palais de Dolmabahçe... Il est difficile de s'ennuyer à Istanbul et ce n'est pas pour rien qu'on l'appelle « la ville qui ne dort jamais ».

▶ **Sortir.** Vous ne risquez pas de vous ennuyer pendant votre séjour de travailleur nomade à Istanbul si vous aimez sortir et faire la fête ! Les valeurs sûres sont les bars de la rue Istiklal dans la ville nouvelle et ceux du quartier Ortakoy, près du Bosphore. Sachez par ailleurs que les lieux à la mode ne sont pas les mêmes en hiver et en été à Istanbul. Dès les premiers beaux jours, les terrasses donnant sur le Bosphore ont la cote, tandis que l'hiver les environs de Cihangir, Karaköy et Kadıköy sont préférables. Ce sont les quartiers « branchés » d'Istanbul où trinquer et s'amuser. De début juin à mi-octobre, des DJ viennent mixer chaque week-end sur la plage de Suma Beach sur la côte de la mer Noire. C'est «the place to be» si vous venez pour faire la fête à Istanbul. Des navettes sont prévues au départ de Taksim où il est également possible de camper sur place. Mais attention ! Ne vous trompez pas dans le calendrier, le mois du ramadan et certaines fêtes religieuses ou nationales sont des périodes plus calmes et donc moins festives où vous risqueriez de trouver portes closes.

Escapades

▶ **Les îles des Princes**. L'escapade aux îles des Princes est une des plus belles excursions que l'on puisse faire à partir du centre d'Istanbul. C'est un archipel de neuf îles administrativement rattaché à la ville : Büyükada, Heybeliada, Burgazada, Kınalıada, Sedefadası, Yassiada, Sivriada, Kaşıkadası et Tavşanadası. Les trois îles les plus fréquentées sont Büyükada, Heybeliada et Burgazada. Le monument à ne pas manquer dans l'île de Büyükada est le monastère grec orthodoxe Aya Yorgi situé en haut d'une colline et en haut duquel vous aurez une vue imprenable sur Istanbul et l'archipel.

▶ **Akbaba**. Entouré de nombreux, gigantesques et massifs arbres centenaires, le village d'Akbaba est à 30 minutes de route d'Istanbul. Il porte le nom d'un saint qui repose dans une petite mosquée (Canfeda Hatun Camii) qui vaut le détour. Ce qui se fait beaucoup, c'est de pique-niquer dans les restaurants folkloriques : on peut apporter sa propre viande ou on en acheter sur place, et on loue le matériel afin de la préparer et de la faire cuire. Vous pouvez également y manger un bon kebab.

AFLATOON DMC

Barbaros Mah. Örgün Sk Korkmaz
ISTANBUL
✆ +90 216 474 2 474
aflatoondmc.com.tr
Ouvert du lundi au vendredi de 9h à 18h.

Cette agence tenue par la charmante stambouliote Ebru est à l'origine une agence réceptive qui travaille avec des tour-opérateurs étrangers, principalement indiens. Cependant, suite à la pandémie, l'agence a choisi de développer un nouveau secteur : l'accueil des travailleurs nomades. Parmi les services proposés, Aflatoon DMC a notamment sélectionné une série d'appartements pour des locations sur le court terme dans Istanbul. Ebru parle parfaitement anglais et son mari, Nami, est un excellent guide touristique francophone qui connaît par cœur Istanbul.

KOLEKTIF HOUSE

ISTANBUL
kolektifhouse.co
Tarifs sur demande, plusieurs options disponibles.

Kolektif House est une chaîne d'espaces de coworking à Istanbul. Elle compte 5 espaces de coworking différents et ils se trouvent tous dans des quartiers clés de la ville. Le concept est toujours le même : une grande maison aménagée avec des bureaux dispersés dans de grandes salles lumineuses. Le mobilier est contemporain et des plantes disséminées un peu partout viennent réchauffer l'atmosphère. La communauté de coworkers est à la fois internationale et branchée avec beaucoup de jeunes entrepreneurs d'Istanbul et d'ailleurs. Tellement inspirant !

ALBURA KATHISMA CAFE RESTAURANT €€

36-38 Cankurtaran mah. yeni akbiyik cad.
ISTANBUL
✆ +90 212 517 90 31
www.alburakathisma.com
Le kebab est à 80 TL. Ouvert de 9h à 2h du matin.

Un restaurant magnifique au cœur de Sultanahmet. Une cuisine délicieuse, ottomane ou continentale : poissons, crustacés, kebabs végétariens. La spécialité du chef est le *testi kebabı*, plat à base d'agneau ou de poulet, accompagné de légumes, cuit dans un récipient en terre cuite. Lors du service, des flammes jaillissent encore du plat. Un palace qui abrite des voûtes magnifiques communiquant, jadis, avec les sous-sols de Sainte-Sophie ! Attention, l'addition peut vite grimper.

MARMARA GUESTHOUSE €

Akbiyik caddesi Terbiyik sokak No : 15
ISTANBUL
✆ +90 212 638 36 38
www.marmaraguesthouse.com
7 types de chambres, comptez 300 TL par nuit, petit déjeuner copieux compris.

Ouverte en 1994, cette pension familiale est mignonne comme tout. Les chambres ne sont pas grandes mais d'une propreté irréprochable. La décoration est simple mais les meubles en bois apportent un petit cachet. L'hôtel est dans une rue en retrait d'Akbıyık Caddesi, très animée, ce qui le protège du bruit mais qui complique sa localisation lorsque l'on s'y rend la première fois. La souriante Elif est particulièrement accueillante. Transfert gratuit de l'aéroport pour un séjour de 5 jours et wi-fi gratuit. Une belle petite adresse presque secrète !

DOY-DOY RESTAURANT €

Sifa Hamami Sokak n°13
ISTANBUL
✆ +90 212 517 15 88
Ouvert tous les jours de 9h à 22h. 40 TL le kebab, 25 TL le pide.

Pour tous les gourmands qui veulent goûter aux différentes spécialités de la cuisine turque, essayez le *doy doy mixed kebab*, les pides, le *kunefe* en dessert et terminez par un café turc traditionnel. Le Doy-Doy Restaurant a tout pour vous plaire : une cuisine simple et généreuse est proposée, l'accueil est sympathique, les prix sont très abordables et en supplément vous profiterez d'une vue spectaculaire sur la mosquée Bleue depuis la terrasse située au dernier étage de ce grand restaurant. Une très bonne adresse du quartier !

SURA KEBAB HOUSE €€

Divanyolu Cad. Ticarethane Sok. N°45
ISTANBUL
✆ +90 212 513 83 90
Comptez 10 € le repas.

Un vaste restaurant d'une grande capacité, qui se trouve à l'entrée du Sura Design Hotel & Suites. Tous les produits servis sont bio, qu'il s'agisse des légumes ou des viandes. Afin de garantir le goût et la qualité des différents plats, les cuisiniers de chaque région vous proposent un menu préparé avec soin qui allie grillades et cuisine du monde ensemble. Outre l'espace petit déjeuner attenant à l'hôtel du même nom, l'établissement dispose également d'une pâtisserie design qui offre un vaste choix des fameux *turkish delights*.

LEIPZIG

Leipzig est une ville accueillante, inattendue et captivante. Connue pour ses musiciens illustres (Bach, Clara Schumann, Mendelssohn, entre autres), son cœur historique et ses musées éclectiques, c'est aussi une ville moderne à taille humaine, une métropole jeune, dynamique et créative, qui n'a jamais peur de relever des défis. C'est donc sans surprise que Leipzig est une destination qui attire de plus en plus de télétravailleurs. Non seulement, la ville a une bonne couverture numérique mais elle a aussi des cafés agréables avec du bon wifi et des espaces coworking en plein centre, sans oublier qu'elle est moins chère que Berlin tout en étant aussi branchée. Cerise sur le gâteau : les espaces verts sont nombreux et la nature environnante permet de faire de belles escapades. Alors laissez-vous tenter par Leipzig, cette ville a tous les atouts pour accueillir les travailleurs nomades.

Formalités

Pour les ressortissants d'un pays membre de l'Union européenne, il suffit d'une simple carte d'identité pour entrer dans le pays et y séjourner 3 mois. Si le séjour doit excéder 90 jours dans l'année calendaire, il est nécessaire d'obtenir un permis de résidence temporaire. Le permis de résidence est délivré par votre office de l'immigration locale (Ausländeramt). Pour la demander, vous devez avoir déclaré votre lieu de résidence auprès du Einwohnermeldeamt où vous pouvez également obtenir les formulaires pour demander un permis de résidence.

Bon à savoir

Langue. Comme partout en Allemagne, les habitants de Leipzig parlent allemand mais maîtrisent également l'anglais.

Décalage horaire. Il n'y a pas de décalage horaire entre la France et l'Allemagne.

Monnaie. Comme en France, on paie en euros outre-Rhin.

Transports publics. La Leipziger Verkehrsbetriebe assure l'ensemble du service de transports en commun de la ville. Le pilier des transports urbains est le tramway, extrêmement bien développé et permettant d'accéder à tous les quartiers de la ville. Son circuit est circulaire sur le Ring, autour de la vieille ville, puis se diffuse en axe droit en direction de chaque point cardinal : nord, sud, est, ouest. Le bus est un moyen pratique surtout pour effectuer des trajectoires transversales ou pour relier des secteurs différents de la ville sans passer par le centre, aller du Südvorstadt à Plagwitz par exemple.

La compagnie S-Bahn Mitteldeutschland, service de la Deutsche Bahn (RER ou trains régionaux), dessert plusieurs stations au cœur de Leipzig, sur un axe géographique nord-sud, dont la Hauptbahnhof, le Markt (c'est le seul transport en commun qui dessert directement la vieille ville), la Wilhelm-Leuschner-Platz, la Bayrischer Bahnhof et la station MDR.

Coût de la vie

Le coût de la vie à Leipzig est moins cher que dans des grandes villes comme Berlin et environ 20 % moins cher qu'en France

Quelques idées de prix à Leipzig. Un repas simple dans une cafeteria ou un snack : 10 € ; un repas dans un bon restaurant : environ 40 € ; une nuit dans un hôtel 3 étoiles à 4 étoiles : de 80 à 100 € ; loyer moyen d'un studio à Leipzig : à partir de 500 € dans le centre, 800 € en périphérie ; prix d'un forfait prépayé d'un mois avec appels illimités dans le pays et forfait 4G : à partir de 10 €, puis il faut charger la recharger le forfait au fur et à mesure ; bureau partagé dans un espace coworking : à partir de 250 € par mois ; tarif café coworking : 15 € la journée.

Les quartiers

Leipzig est une ville très étendue mais en réalité, seuls deux quartiers, très contrastés, sont vraiment intéressants pour les travailleurs nomades.

Le centre-ville. Le centre-ville de Leipzig correspond à la ville historique (Altstadt), ainsi qu'à sa ceinture de boulevards qui fut aménagée en lieu et place des fortifications dès 1760. Le centre-ville rayonne autour du Markt, la place du marché, véritable cœur de la ville qui abrite l'ancien hôtel de ville construit au cours de la Renaissance. En grande majorité piétonne, suivant un plan de rues parallèles et perpendiculaires assez symétrique, la vieille ville abrite notamment les églises Saint-Nicolas et Saint-Thomas, construites à partir du XIIe siècle. Si vous êtes un travailleur nomade dans le domaine de la culture, ou si vous aimez le patrimoine, vous allez adorer le centre-ville.

© ANIMAFLORA PICSSTOCK - SHUTTERSTOCK.COM

Le quartier de Plagwitz.

Plagwitz, le quartier branché. Ce quartier est l'incarnation même de la métamorphose fulgurante d'un ancien quartier industriel décrépi en épicentre de la mode, du design et de la vie artistique. Au centre de ce « Hypezig », Plagwitz rayonne autour de la Karl-Heine-Strasse. Il dévoile beaucoup de charme, avec ses cours d'eaux (le Karl-Heine-Kanal et la Weisse Elster) et son architecture Belle-Epoque. On y découvre des bars underground ou tendance, des restaurants, des cinémas, mais surtout des galeries, d'anciens entrepôts transformés en lofts, ou encore d'anciens halls d'usine transformés en salle d'exposition. Tout à l'ouest, la Baumwollspinnerei, ancienne filature de coton, est le nouveau grand centre d'art contemporain réputé dans toute l'Allemagne. Vous l'avez compris, c'est le quartier parfait pour les travailleurs nomades qui ont besoin de stimuler leur créativité, ou qui sont dans le domaine des arts, du design, du graphisme.

Se loger

La ville étant étendue et les quartiers variés, réfléchissez à vos priorités avant de choisir votre secteur. Certains préfèreront sans doute passer du temps à Plagwitz ou dans le Südvorstadt, quartiers à l'identité marquée, plutôt que le centre-ville, mercantile et bondé en journée, vide le soir, qui n'est sans doute pas un bon deal pour les travailleurs nomades amateurs de sorties et des « scènes » urbaines. Les travailleurs nomades dans le domaine de la création et des arts préfèreront Plagwitz, qui est un quartier plus alternatif avec une vraie scène artistique.

Travailler

Leipzig est une ville à la bonne couverture numérique qui n'a pas attendu l'époque du covid pour développer les espaces et cafés coworking. Et les travailleurs nomades ont très tôt été attirés par Leipzig, une ville jeune et dynamique notamment en raison de son importante population d'étudiants et d'artistes. Beaucoup d'espaces coworking se trouvent dans le centre parmi lesquels le café Twostay Coworking qui propose des pass à la journée tout en se régalant de spécialités italiennes. Dans le quartier de Plagwitz, on vous conseille le Chaos Coworking ; vous pouvez partager un bureau dans un espace coworking installé sur une péniche !

Vie quotidienne

Courses et shopping. Pour faire vos courses, on vous recommande les discounters, dont les Allemands sont spécialistes et inventeurs (Aldi, Lidl, Penny, Norma) et c'est là que vous ferez le plus d'économies. Un paquet de jambon ou un fromage coûtera entre 1 € et 2 €, soit presque deux fois moins cher que dans un supermarché comme Edeka, Rewe ou Hit. La différence de qualité justifie cependant souvent celle du prix. Les centres commerciaux ne manquent pas à Leipzig et vous y trouverez les enseignes que vous connaissez en France globalement (Zara, H&M etc) avec des prix similaires.

Laver son linge. Vous trouverez facilement des laveries automatiques partout à Leipzig. Comptez environ 5 € pour faire une machine.

Système de santé/assurances. En tant que Français, vous pouvez utiliser la carte européenne d'assurance maladie (CEAM) soit la carte vitale version européenne disponible sur simple demande auprès de la sécurité sociale (www.ameli.fr). Sur présentation de cette carte, vous n'aurez que le ticket modérateur de la consultation médicale à régler dans certains centres de soins affiliés. Par ailleurs, conservez bien les factures et les ordonnances pour les envoyer à votre caisse d'assurances maladie en rentrant.

Se restaurer

Côté restaurants, comme dans beaucoup de domaines, trois secteurs se distinguent à Leipzig. Le centre-ville abonde de lieux de restauration, et contient quelques-unes des meilleures adresses gastronomiques de la ville, notamment des enseignes traditionnelles et historiques. Il abonde aussi en établissements mainstream et peu qualitatifs, destinés au public « shopping » et au tourisme de masse ; beaucoup de chaînes et de grands groupes y sont installés. Le Südvorstadt est le quartier des sorties nocturnes ; la Karl-Liebknecht-Strasse enchaine les restaurants, qui sont souvent aussi des bars et des cafés. Alternatifs ou branchés, d'esprit plus jeune et moderne que les enseignes du centre, certains sont originaux et créatifs. Enfin, Plagwitz, nouveau lieu de sortie prisé des artistes et des étudiants, c'est la restauration rapide ou de bistrot qui est prédominante, parmi les bars en vogue actuellement, mais le choix reste également large dans l'ensemble. Quelques bonnes adresses sont enfin dispersées aux quatre coins de la ville, à Gohlis, dans le Waldstrassenviertel ou dans l'est leipzigois.

S'aérer / se changer les idées

Les parcs et jardins. Certaines villes peuvent se targuer d'être entourées de verdure ; Leipzig, elle, est traversée par un axe vert qui va jusqu'à composer son centre géographique. La ville est comme faite de deux corps littéralement séparés par la vaste trouée du cours de l'Elster, de la Pleisse et de leurs canaux. L'Auenwald, forêt naturelle du lit d'inondation de ces rivières, occupe la plus grande partie du sud de la ville. Contrairement aux quais aménagés dans la plupart des villes fluviales, ce vaste complexe de forêt primitive, de parcs et de cours d'eau, présente un aspect encore sauvage. La nature semble s'épanouir au cœur de la ville. Aux beaux jours, les bois et les parcs deviennent un quartier vivant à part entière où les Leipzigois passent leur temps libre. Le nombre d'embarcations à louer, pour naviguer en barque, en canoë, en kayak ou en aviron, se comptent par milliers durant les mois d'été.

© SKUNK TAXI - SHUTTERSTOCK.COM

Statue de Bach en face de l'église Saint-Thomas.

© TOMML - ISTOCKPHOTO.COM

Place du Marché.

DANS LE MONDE

© KATATONIA82 - ISTOCKPHOTO.COM

Le parc Rosenthal.

Pour clore le tout, on peut partir à tout moment en excursion dans les marécages et les forêts denses de l'agglomération, préservées parfois bien mieux qu'en pleine campagne.

Ne manquez pas non plus de faire une balade dans le jardin Rosental pour décompresser après une longue journée de télétravail. Situé au nord du centre-ville, entre le Waldstrassenviertel et Gohlis, sur le cours de la Parthe qui est un affluent de l'Elster, le Rosental (« Vallée des Roses ») est le prolongement paysager de l'Auenwald dans le nord de la ville, un miroir du Clara-Zetkin-Park en quelque sorte. C'est un parc de 118 hectares, bien entretenu, avec ses pelouses soignées. En son cœur, il abrite un joli étang. Un paysage bucolique qui en fait aujourd'hui l'un des lieux de sortie préférés des Leipzigois. En été notamment, on vient s'y prélasser de longues heures, on s'y donne aussi rendez-vous pour pique-niquer et pour faire du sport.

A voir/à faire. Leipzig possède un patrimoine bâti étonnant. De la maison où Schiller composa l'*Ode à la Joie* au monument de la Bataille des Nations en passant par l'église Saint-Thomas de Bach et le complexe industriel de Plagwitz, Leipzig peut se targuer d'offrir un patrimoine non seulement riche, mais varié. Aux antipodes des harmonieuses villes baroques du Sud de l'Allemagne, la métropole saxonne est une ville de contrastes. Sa gare ferroviaire s'impose comme la plus grande gare tête de ligne du monde. Ses passages marchands du XIXe comptent parmi les plus célèbres d'Allemagne. Sa Tour de l'Université est un legs pittoresque de l'époque communiste, et son université est une réalisation étonnante des années 2000. Au-delà de la pléiade de bâtiments d'apparat, son parc résidentiel datant des années 1870-1910 (Gründer Zeit) est impressionnant et très bien conservé ; il pourrait constituer un parfait décor pour un long-métrage faisant revivre l'Allemagne de la Belle Époque.

Si vous n'avez le temps de visiter qu'un seul musée, allez voir celui consacré au maître du baroque allemand, Johann Sebastian Bach, connu dans le monde entier. Il a été inauguré sous sa forme actuelle en 2010, pour célébrer le 325e anniversaire de la naissance du compositeur. Cet antre passionnant est une mine d'or pour tout mélomane, un musée d'une qualité remarquable qui est installé dans la « Bosehaus », la demeure où vivait autrefois la famille Bose, très proche de Bach, que ce dernier fréquentait assidûment. Le musée se trouve à quelques pas seulement de l'église Thomaskirche, où le compositeur écrivit la majorité de son œuvre. Il faut souligner que le musée Bach se positionne à la pointe des concepts contemporains en termes de conservation des documents musicaux, en termes d'archivage et de muséologie musicale. Leipzig est par ailleurs une ville qui plaira beaucoup aux travailleurs nomades créatifs de tout poil. Depuis la fin des années 1990, les artistes de Leipzig ont le vent en poupe. Dans le sillon de Neo Rauch, artiste de l'École des beaux-arts de Leipzig, qui a su synthétiser socialisme réaliste et post-modernisme. Porté aux nues dans les galeries américaines, le nom de Leipzig est devenu une signature garantie du succès sur le marché international de l'art. Grâce à Neo Rauch et à quelques autres maîtres charismatiques, une véritable Leipzig School a vu le jour, ce qui a stimulé l'inspiration des nouvelles générations. De nombreux artistes contemporains viennent ainsi s'établir à Leipzig et les lauréats de l'École sont couronnés de succès. Le projet de la Baumwollspinnerei, ancienne usine de filature de coton reconvertie en ateliers, est le plus emblématique de ces projets artistiques récents. Accessible au plus grand nombre, ce site permet de percevoir et de vivre au plus près cette effervescence. Le musée des Beaux-Arts et le Westwerk constituent d'autres hauts lieux pour explorer les arts visuels à Leipzig.

Sortir. Pour sortir, bars ou clubs, trois voies majeures : le Südvorstadt, est LE lieu de sortie leipzigois, qui s'est imposé tout le long de la « Karli » ; Plagwitz, d'ambiance plus bohème-artiste, mais parfois très « tendance », autour de la Karl-Heine-Strasse ; enfin, dans le centre-ville, un petit périmètre ouest qui va de la Barfussgässchen (à côté du Markt), pleine de restaurants, à la Gottschedstrasse, LA rue des bars du centre-ville. Les clubs se concentrent majoritairement dans le centre et dans le Südvorstadt.

Escapades

Si vous avez passé la semaine devant votre ordinateur, vous trouverez vraiment de quoi vous changer les idées dans les environs de Leipzig.

Les nouveaux lacs de Leipzig. Aux portes de Leipzig, vous découvrirez une vingtaine de lacs qui ont été créés dans les années 1990. Ce sont des lacs, à l'eau limpide et cristalline, destinés à la baignade et aux sports nautiques, comme les lacs de Cospuden et Markkleeberg, déjà bien pourvus en infrastructures de loisirs. Des lacs plus petits possèdent également plages et aménagements pour sports nautiques ; s'ils sont plus confidentiels, ils sont appréciés des Leipzigois : les lacs de Kulkwitz, de Hain, de Harth ou de Schladitz (dans le nord de la ville). D'autres sont voués à laisser la nature se développer et ont des infrastructures beaucoup plus limitées, comme le lac de Kahnsdorf, celui de Haselbach ou le Pereser See.

La vallée de Mulde. Coulant à l'est de Leipzig, des Monts Métallifères à l'Elbe, en plein cœur de la Saxe, la vallée de la Mulde représente en quelque sorte le centre de la « Saxe profonde ». Très saxon, moins dénaturé par l'industrie que le sud ou le nord leipzigois, pas encore tourné vers Dresde, le val de Mulde est l'arrière-cour campagnarde de Leipzig. Entre Wurzen et Chemnitz, la vallée peut offrir de doux paysages fluviaux, particulièrement agréables au printemps, des petites villes riches de patrimoine comme Grimma, et une série de châteaux qui agrémentent son cours. Pas tellement tournée vers le tourisme, c'est une petite région authentique, qui ne s'est pas muséifiée. Ses sites à visiter sont exploités, mais modérément, et sans dépasser pour le moment l'échelle régionale. Cela donnera pour vous une immersion dans la véritable Allemagne de l'Est.

Altenburg. Cette petite cité thüringeoise est située à 47 km au sud de Leipzig. Elle fut par le passé l'une de ces brillantes villes allemandes de l'époque classique, du temps où les ducs de Saxe-Altenbourg y tenaient leur cour. Altenburg (35 000 habitants) a conservé jusqu'à nos jours une remarquable vieille ville avec une très jolie place du marché, le Kornmarkt, mais aussi de nombreux édifices baroques et quelques constructions médiévales. Son château baroque, fièrement perché sur sa colline, peut faire l'objet d'une passionnante visite.

Le Lac Markkleeberger, idéal pour les sports nautiques.

BARTHELS HOF €€

Hainstraße 1 - **LEIPZIG**
✆ +493 41 14 13 10
barthels-hof.de
Ouvert tous les jours de 11h30 à 23h, le dimanche à partir de 10h. Plats entre 12 et 20 €.

On aime son plafond voûté, ses luminaires, ses banquettes rouges. Installée dans un charmant passage dont elle tire d'ailleurs son nom, l'auberge Barthels Hof propose une cuisine saxonne de bonne facture à des prix qui restent raisonnables. Torsten Grahl et son équipe sont accueillants, ce qui ne gâche rien. Il mitonnent pour vous des plats savoureux, autant le fameux bœuf mariné dans une sauce aigre-douce (Sauerbraten) que des mets végétariens, des soupes ou encore des potées. Une superbe adresse gourmande pour découvrir la cuisine régionale.

CHAOS COWORKING

Erich-Zeigner-Allee 45
LEIPZIG
✆ +49 341 1247378
A partir de 120 € le bureau partagé.

Si vous êtes à la recherche d'un lieu de coworking paisible et inspirant, on vous recommande le Chaos coworking qui est vraiment original car au bord de la rivière et dans une très grande péniche. Vous allez adorer y travailler car vous pourrez profiter de la nature environnante et faire des pauses balades. Cela change vraiment de l'ambiance open space ! L'avantage c'est aussi que ce coworking est fréquenté par beaucoup de locaux ; vous pourrez ainsi vous faire de nouveaux amis à Leipzig. Un bon plan pour les travailleurs nomades dans le quartier de Plagwitz !

CORA APARTMENTS €€€

Hinrichsenstrasse 2 - **LEIPZIG**
✆ +49 173 218 33 20
www.cora-apartments.com
Appartement pour deux personnes à partir de 180 € par nuit.

Vous sentir à Leipzig comme dans un cocon personnalisé, avec pour cadre de séjour un quartier historique, un hébergement fastueux et ultra spacieux (de 40 à 180 mètres carrés) ? Ce rêve devient une réalité grâce à la jeune enseigne privée et sélecte Cora Apartments. Chacun des neuf appartements proposés à la location par Nancy Naumann-Hirt, la gérante de cette marque, est décoré de façon contemporaine. Chacun d'eux est par ailleurs équipé d'un mobilier stylé, d'une cuisine aménagée, d'un espace salon avec équipements high-tech.

PENSION AM SÜDPLATZ €

Kochstrasse 4 - **LEIPZIG**
✆ +49 341 301 96 06
www.pensionamsuedplatz.de
Chambre simple à partir de 36 € avec salle de bains à l'étage.

Une pension de famille qui profite d'un très bel emplacement, blottie dans un élégant immeuble typiquement Gründerzeit, dans la remarquable Kochstrasse. A deux pas de tous les bars et restaurants de la Karli et de la Südplatz, cet établissement propose des chambres simples et doubles ainsi qu'un petit appartement de vacances. Certaines chambres sont dotées une salle de bains privative. Certaines sont en outre équipées d'un balcon. Réservez à l'avance, la maison affiche souvent complet... Sachez aussi que vous pouvez négocier les tarifs en cas de long séjour.

PENSION LEIPZIG SÜD €

Fichtestraße 12 - **LEIPZIG**
✆ +49 171 4301550
www.pension-leipzig-sued.de
Comptez en moyenne 20 € par personne et par nuit.

Une pension des plus paisible, installée dans un bâtiment Belle Époque. L'aménagement des 13 chambres et appartements se révèle de qualité, moderne et ultra fonctionnel. Chaque hébergement bénéficie en fait d'une décoration entièrement personnalisée et d'un équipement semblable à un petit chez-soi douillet. Du confort donc, et des prix corrects pour le quartier. Le propriétaire, la petite cinquantaine, est sympathique et recommande ainsi aux touristes d'effectuer leurs réservations par écrit, directement via le site web de la pension.

TWOSTAY COWORKING LEIPZIG X MICELLO'S

Katharinenstraße 12
LEIPZIG
✆ +49 176 25863735
Pass à partir de 12 € la journée.

Cet espace de coworking, au cœur de Leipzig, a passé un accord avec le restaurant-cafétéria Micello's et ils partagent leurs locaux. Vous pouvez donc travailler tout en vous régalant d'un bon cappuccino et de spécialités italiennes délicieuses. Le cadre est cosy, chaleureux, coloré et on se sent finalement très inspiré dans ces lieux. C'est bien plus agréable que de travailler depuis chez soi et vous pourrez bien mieux vous concentrer que dans un café de Leipzig.

LISBONNE

La capitale du Portugal est une cité attachante aux multiples facettes. Mélange d'époques et de styles, populaire et bobo, tantôt nostalgique, tantôt festive, elle attire depuis bien longtemps déjà des visiteurs du monde entier. On se plaît aussi à arpenter ses collines et différents quartiers, à longer les rives du Tage, à visiter son patrimoine et ses musées, à s'attabler et vivre ses festivités... De jour comme de nuit, dans une ambiance typique créée par le son du fado, vous vous plairez à déambuler dans les rues de Lisbonne, la ville où il fait bon vivre. Beaucoup de voyageurs en sont tombés amoureux et s'y sont installés. Le climat ensoleillé, la qualité du réseau wifi, les nombreux espaces de coworking, et le coût de la vie moins cher qu'en France, en ont même fait, très tôt, une destination prisée par les travailleurs nomades. La ville a même été élue « destination préférée des travailleurs nomades » selon le site Nomadlist.

Formalités

En tant que citoyen européen, vous pouvez résider au Portugal sans faire aucune démarche particulière. Un passeport, ou une carte d'identité en cours de validité, suffit. Cependant, pour les séjours d'une durée supérieure à 3 mois, il est nécessaire d'obtenir un certificat d'enregistrement auprès de la mairie de votre lieu de résidence ("Câmara municipal") afin de régulariser votre séjour. Pour les citoyens européens, cette carte se nomme "Certificado de registo de cidadão da União europeia". Pour obtenir ce certificat, il faut présenter votre carte d'identité ou votre passeport à la mairie ou faire la demande en ligne sur le site de la mairie de Lisbonne (www.lisboa.pt). La procédure vous coûtera 15 € par personne. Ce certificat vous sera indispensable pour de nombreuses démarches administratives comme lors de l'immatriculation d'un véhicule par exemple. Si vous souhaitez créer votre startup au Portugal, sachez enfin qu'il existe un visa spécial, le StartUp Visa qui vous permettra de vous installer durablement au Portugal avec de nombreux avantages. Pour plus d'informations : https://startupportugal.com/

Bon à savoir

- **Langue**. A Lisbonne, comme dans le reste du Portugal, on parle le portugais. Dans la capitale, très cosmopolite, la plupart des habitants parlent très bien l'anglais et souvent bien le français.
- **Décalage horaire**. Il y a une heure de décalage entre la France et le Portugal. Quand il est midi à Paris, il est 11h à Lisbonne.
- **Monnaie**. Au Portugal, on paie en euros comme en France et dans le reste de l'Union européenne.
- **Transports publics**. Le métro dessert toutes les gares et l'aéroport, il vous sera donc facile de vous rendre dans le centre-ville. Une fois sur place, vous pouvez facilement marcher d'un point à l'autre, il n'y a pas vraiment besoin de prendre les transports en commun, sauf pour vous rendre à Belém par exemple. La seule chose à savoir, c'est que la ville est faite de montées et de descentes, avec beaucoup de rues pavées. Prenez donc de bonnes chaussures pour ne pas avoir mal aux pieds le soir venu. Étant une ville ancienne, le centre historique de Lisbonne n'est fait que de petites rues étroites et qui partent un peu dans tous les sens. C'est plein de charme mais moins facile pour se repérer. Pour une expérience de visite authentique et originale, on vous recommande de prendre le tramway à Lisbonne ; ce sont des tramways pittoresques des années 1930. Pour une balade touristique, on vous conseille de monter à bord du tramway 28 qui relie Martim Mouniz à Campo de Ourique et passe notamment à travers les jolis quartiers de Graça, Alfama et Baixa.

© BENNY MARTY - SHUTTERSTOCK.COM

Les célèbres tramways jaunes.

© STEFANO_VALERI - SHUTTERSTOCK.COM

Miradouro de Graça.

Coût de la vie

Le coût de la vie au Portugal et à Lisbonne est 30 % moins cher qu'en France. Les loyers sont en moyenne 20 % moins élevés que dans l'hexagone. Même s'il est vrai que la surenchère immobilière à Lisbonne a fait augmenter le prix des loyers ces dernières années, cela reste abordable pour un Français d'où qu'il vienne.

Quelques idées de prix à Lisbonne. Un repas simple dans un restaurant brasserie reviendra à 8 ou 10 €, tandis qu'une bonne table coûtera environ 20 €. Le prix d'un chambre dans un hostel (dortoir, chambre individuelle) est à partir de 30 € par personne. Comptez de 60 à 80 € la nuit dans un hôtel de 3 à 4 étoiles. Le loyer moyen d'un studio à Lisbonne est de 800 € dans le centre et 600 € en périphérie. Le prix d'une carte SIM prépayée pour les appels dans le pays est à partir de 5 €, puis il faut recharger carte au fur et à mesure. Tarif d'un café coworking : 15 € la journée.

© ANNA_PUSTYNNIKOVA - SHUTTERSTOCK.COM

Les incontournables Pasteis de nata.

Les quartiers

Baixa, Chiado et Bairro Alto. Ces quartiers proches constituent le cœur historique de Lisbonne et ce sont les plus commerçants et les plus animés. Ils plairont beaucoup aux travailleurs nomades qui aiment être au cœur du bouillonnement de la ville, qui travaillent dans le monde des affaires ou du commerce. Cette partie de la ville concentre d'ailleurs beaucoup de cafés coworking.

La Baixa (prononcez « Baillecha ») est encastrée entre le Chiado, la colline du château et le Tage, c'est la ville basse. En plus d'être l'un des rares endroits complètement plats de Lisbonne, la zone a la particularité d'avoir des rues quadrillées. Du nord au sud, vous trouverez quatre grandes places très connues à Lisbonne : Restauradores, Rossio, Praça da Figueira et Praça do Comércio. Le Rossio (« Rossiou » ou praça Dom Pedro IV) est une large place bordée par de nombreux cafés. Plus bas en empruntant la très appréciée et piétonne rua Augusta, vous déboucherez sur la célèbre praça do Comércio (place du Commerce). Sur la grande colline, le Chiado est assurément l'un des quartiers les plus agréables de la ville. Plus haut, se trouve le Bairro Alto, c'est l'un des cœurs de la fête lisboète avec une multitude de bars, de restaurants et de clubs.

Alfama, Castelo et Graça. A l'est de la Baixa, entre le château et le Tage, étonnant et authentique, l'Alfama est sans aucun doute le quartier

© TATIANA POPOVA - SHUTTERSTOCK.COM

Mosteiro dos Jerónimos.

le plus pittoresque et le plus emblématique de la ville. Si vous avez envie de travailler au calme dans une ambiance de village, loin du centre historique plus festif, vous allez adorer ce quartier aux airs de médina avec son réseau labyrinthique d'escaliers abrupts et ruelles tortueuses.
Moins connu mais tout aussi tranquille, le quartier de Graça, situé au nord de l'Alfama, s'étend doucement du château vers le nord-ouest (avenida Almirante Reis). Deux des plus beaux belvédères de Lisbonne s'y trouvent : le Miradouro da Graça et celui de Senhora do Monte. Plusieurs terrasses de café permettent d'ailleurs de travailler avec un bon wifi au niveau du Miradouro da Graça.

Avenidas Novas et le nord. Menant à la partie nord de la ville, l'avenida da Liberdade, que l'on compare souvent aux Champs-Élysées, est l'axe principal de Lisbonne. Reliant la ville basse à la place Marquês de Pombal et aux grandes avenues du nord, il présente des allées arborées et des pavements de mosaïques caractéristiques. Plus à l'ouest encore, l'avenue Almirante Reis est une longue artère très commerçante bordée de zones résidentielles tandis que l'avenida da República et l'avenida 5 de Outubro mènent d'abord à Campo Pequeno.
Toute cette zone de grandes avenues est un quartier d'affaires avec beaucoup d'espaces de coworking, parfaite pour les travailleurs nomades qui recherchent une ambiance studieuse et business.

Docas et Belém. Tout à fait à l'ouest de Lisbonne, Belém (contraction portugaise de Bethléem) était autrefois un village de bord de Tage, assez lointain. C'est à présent, avec sa promenade le long du Tage, ses monuments et ses vastes jardins, l'un des sites les plus visités autour de Lisbonne, notamment pour son superbe Mosteiro dos Jerónimos (monastère des Hiéronymites, du XVIe siècle), l'une des merveilles architecturales classées au patrimoine mondial de l'Unesco. Mais Belém n'a pas grand intérêt pour les travailleurs nomades, si ce n'est pour une visite, car c'est avant tout un site touristique…
Entre le centre-ville et Belém, à proximité du pont du 25-Avril, les Docas (les docks d'Alcântara et de Santo Amaro) sont des entrepôts réaménagés qui ont été transformés en bars branchés, restaurants à la mode, bureaux et espaces de coworking. C'est un quartier moderne et alternatif à l'image de l'espace Lx Factory à Alcantara qui plaira beaucoup aux travailleurs nomades créatifs, graphistes, designers, etc.

© ATERROM - STOCK.ADOB.COM

Ruelle du quartier d'Alfama.

Se loger

L'offre en hébergement est très vaste à Lisbonne ! Si vous voulez être au cœur de l'action, vous choisirez un hébergement plutôt dans la Baixa ou le Chiado (voire le Bairro Alto si vous voulez être au centre de la fête). Si vous avez le sommeil léger, alors vous privilégierez d'autres quartiers comme autour du château, Graça ou le quartier d'Avenidas Novas qui est plutôt un quartier business comme le quartier de Saldanha, autour Marquês de Pombal et du Parque Eduardo VII. Si vous cherchez un hôtel ou un logement bon marché, nous vous recommandons plutôt les quartiers Arroios et Anjos, qui sont assez populaires, avec une large population étudiante. Les quartiers de Graça et Alfama, sur les hauteurs de Lisbonne, sont plus pittoresques avec leurs ruelles étroites et leurs édifices d'influence mauresque, mais le prix des hébergements y est raisonnable contrairement à ce qu'on pourrait imaginer. Pour les petits budgets, vous avez les hostels qui sont en général très cosy, comme Destination Hostels ou Lisbon Lounge Hostels, et les pensions (souvent un peu vieillottes). Ensuite, les hôtels sont aujourd'hui pour la plupart 3 ou 4 étoiles et de bon standing, mais un peu chers pour du long terme. Mais la vraie bonne nouvelle à Lisbonne c'est que vous trouverez une importante offre d'hébergements conçus pour les séjours au long cours, du studio au 2 ou 3 pièces. Pour louer un appartement à Lisbonne, on vous recommande le site Travelingtolisbon mais aussi Uniplace, qui a l'avantage de proposer également des colocations. La plupart de ces appartements sont entièrement équipés et parfaitement adaptés aux travailleurs nomades ; les locations incluent tous les frais annexes (wifi, électricité...) et c'est ce qu'on vous recommande en priorité car si vous louez auprès d'un particulier un appartement comme vous le feriez en France, vous risquez d'avoir à payer l'électricité en plus (tarifs élevés au Portugal) et on vous demandera souvent d'avoir un NIF (numéro d'immatriculation fiscal) qui implique de déclarer vos impôts au Portugal, ce qui ne sera pas votre cas si vous êtes travailleur nomade.

Travailler

Lisbonne a toujours été très avant-gardiste dans le domaine du télétravail, sans doute car elle a très tôt été un véritable hub pour les startups européennes. Plusieurs organismes comme Startup Lisboa (https://www.startuplisboa.com) et Invest Lisboa (https://www.investlisboa.com) aident et conseillent les entrepreneurs qui lancent leur startup sur place ainsi que les travailleurs nomades s'installant à Lisbonne. La ville s'est tournée très tôt vers les hautes technologies, l'internet à haut débit, et une organisation du travail à l'américaine où le bien-être de l'employé est essentiel. La plupart des startups et des entrepreneurs installés à Lisbonne ont rapidement privilégié le télétravail plutôt que l'open space, persuadés que le cadre de travail influe sur la productivité. Vous trouverez donc beaucoup de cafés coworking à Lisbonne où vous pourrez vous installer à la journée en profitant de gâteaux et de snacks à la journée, avec boissons chaudes, pour environ 15 € la journée. Pour les espaces de coworking à proprement parler ils se concentrent essentiellement dans les quartiers business d'Avenidas Novas, de Parque das Nações, d'Avenida da Liberdade et aussi dans toute la zone d'Alcantara. Il faut compter en moyenne 200 € par mois pour un bureau sur place avec toutes les commodités (machine à café, imprimante, wifi, salles de réunion, téléphone, etc.).

Vie quotidienne

▶ **Courses et shopping**. Pour faire vos courses, vous trouverez plus ou moins les mêmes enseignes qu'en France. Pour faire des économies,

LX Factory.

© SERGEY POZHOGA - SHUTTERSTOCK.COM

Pont du 25-Avril.

on vous conseille de vous tourner vers les supermarchés low-cost comme Lidl et Aldi, qui sont répandues au Portugal et présentes à Lisbonne. Certaines chaînes de supermarchés comme Continent proposent par ailleurs un système de cartes de fidélité où on cumule des points ce qui permet d'avoir des bons d'achat offerts. Pour le shopping, et notamment l'achat de vêtements, vous trouverez les mêmes boutiques et marques que celles présentes en France. Pour un choix plus large, nous vous conseillons de vous rendre dans l'un des grands centres commerciaux de la ville dont le plus connu et le plus fourni reste le Corte Ingles.

▶ **Laver son linge**. Pour laver votre linge à Lisbonne, vous trouverez facilement des laveries en libre-service dans les principaux quartiers. Elles sont souvent accessibles 24h/24 et fonctionnent comme en France avec un système de jetons (prévoir de la monnaie pour le distributeur à jetons). Cependant, au Portugal, il est aussi possible de faire récupérer son linge à domicile pour le faire laver par des sociétés spécialisées. C'est rapide et bon marché. A Lisbonne, vous pourrez notamment faire appel aux services d'Artedengomar et de Passeaqui.

▶ **Système de santé/assurances**. En tant que Français, vous pouvez utiliser la carte européenne d'assurance maladie (CEAM) soit la carte vitale version européenne disponible sur simple demande auprès de la sécurité sociale (www.ameli.fr). Sur présentation de cette carte, vous n'aurez que le ticket modérateur de la consultation médicale à régler. Cela vaut pour toutes les consultations dans le secteur public mais seulement pour une partie des consultations dans le secteur privé ; seulement les prestataires de soins affiliés au Service National de Santé (SNS). En effet, si vous consultez un praticien non affilié au SNS, vous ne serez pas remboursé à votre retour en France. Par ailleurs, conservez bien les factures et les ordonnances pour les envoyer à votre caisse d'assurances maladie en rentrant.

Se restaurer

Le Portugal est un pays gastronomique où la nourriture est bonne et pas chère. Lisbonne, sa capitale, regorge de restaurants où tous les budgets trouveront de quoi se remplir qualitativement la panse ! Le mets à l'honneur est la morue. Surnommée « l'amie fidèle », c'est le plat national à ne pas manquer. Plus de 365 recettes avec de la morue sont préparées, y compris pour Noël. Les amateurs de soupe trouveront aussi leurs petits bonheurs. D'un montant maximal de 5 €, elles peuvent être aux légumes ou au poisson, mais si vous cherchez la soupe typique, demandez une açorda. Cette soupe née au Moyen Âge était bien souvent préparée par les paysans. La pâtisserie est également excellente ! L'incontournable est le pastel de nata, une sorte de tarte au flan saupoudrée de cannelle… Un délice ! Lisbonne compte une multitude de très bons restaurants dans tous les quartiers et vous trouverez nos coups de cœur dans notre carnet d'adresses. La plupart du temps, vous aurez un accès wifi offert dès lors que vous déjeunez ou dînez sur place, libre à vous d'apporter votre ordinateur portable si vous avez envie de travailler sur place.

S'aérer / se changer les idées

▶ **Parcs et jardins**. Lisbonne est une ville très verte et vous n'aurez aucun mal à trouver un parc ou un jardin pour faire une pause ! Nous vous en avons sélectionné quelques-uns pour vous aider à faire votre choix.

Les jardins de la Fondation Gulbenkian, dans les quartiers du nord de Lisbonne et d'Avenidas Novas, sont parfaits pour s'aérer l'esprit. Avec ses lacs et jardins zen, c'est un régal pour les yeux.

De temps à autre, vous pourrez admirer une sculpture moderne. Bancs et pelouses invitent à la détente. Parfois des concerts se jouent dans l'auditorium à ciel ouvert, dont le fameux festival Jazz em Agosto. Dans le quartier d'Estrela, les jardins da Estrela sont de magnifiques jardins à l'anglaise, dessinés en 1842, peuplé d'arbres centenaires magnifiques et de beaux massifs de fleurs. A l'entrée près de la basilique, vous trouverez une cafétéria proche d'un joli plan d'eau. C'est un des points de rencontre favori des Lisboètes après le travail ou le week-end. Vous pourrez ensuite continuer votre exploration en vous enfonçant un peu plus dans le parc. De l'autre côté, le parc termine par un kiosque et la sortie vous mènera à Rato. Adoré par les locaux, ce jardin est très fréquenté par les habitants du quartier, notamment le week-end, par les enfants qui y possèdent un espace, les joueurs de boules ou de cartes… Sa végétation luxuriante en fait un endroit particulièrement agréable en été car il vous abrite du soleil brûlant de Lisbonne. Vous pouvez y apercevoir, si vous avez de la chance, quelques perruches en liberté. L'été, beaucoup d'événements ont lieu comme des séances de cinéma en plein air ou des concerts, des cours de yoga mais aussi des marchés aux puces !

A voir/à faire. Si vous avez envie de faire une virée typique dans la capitale portugaise, on vous recommande d'embarquer à bord du fameux Tram n° 28. Avec son vieux wagon jaune en service depuis 1928, c'est même l'image emblématique de Lisbonne au travers de la ville. Ce vieil « electrico » affronte vaillamment les pentes raides des collines en traversant les principaux quartiers, depuis de la place Martim Moniz jusqu'à Campo de Ourique. Via ses 35 arrêts, vous passerez devant le château Saint-Georges, l'Alfama, la cathédrale, le Chiado, la basilique de l'Estrela et l'Assemblée nationale. Une visite pittoresque, mais prise d'assaut par les touristes l'été : optez pour le matin.

Partout au Portugal, et bien sûr à Lisbonne, vous remarquerez l'omniprésence d'azulejos. Pour bien comprendre l'histoire de ces jolis carreaux de faïence aux motifs colorés et raffinés, le Musée national de l'Azulejo est un immanquable. Installé dans le cloître de l'ancien couvent de Madre de Deus, le Museu do Azulejo retrace l'histoire des carrelages et carreaux de faïence, les azulejos, que l'on voit dans tout le Portugal. Il présente plus de 7 000 pièces couvrant depuis la Renaissance jusqu'au XXe siècle. La pièce maîtresse du musée est un panneau de 23 mètres de long, couvert de 1 300 azulejos représentant une vue de Lisbonne avant le séisme de 1755. À l'intérieur du musée, on trouve l'accès à l'église de la Madre de Deus. Dotée d'un portail manuélin, de parquets de bois brésiliens précieux, d'azulejos et de peintures flamandes, c'est un beau concentré de styles. Où que vous résidiez dans Lisbonne, les quartiers de l'Alfama et du Castelo São Jorge sont des incontournables où vous allez adorer vous promener, et pourquoi pas vous installer à la terrasse d'un café pour travailler. Ils sont tellement inspirants ! Enlacé à une colline, l'Alfama fait vibrer l'âme de la ville dans un décor aussi désuet que charmant. Son lacis de vieilles ruelles entremêle des façades dépareillées, de petites placettes et passages voûtés qui s'ouvrent sur des balcons fleuris où sèche du linge. On y trouve de nombreux magasins, cafés, restaurants et clubs de fado qui animent le quartier de jour comme de nuit. C'est également ici que siège l'imposant Castelo São Jorge en place dès l'époque médiévale : depuis ses hautes murailles, vous jouirez d'une vue à 360 degrés sur Lisbonne et le Tage. Vous pouvez

Monument aux Découvertes.

DANS LE MONDE

Le fado est un hymne à la saudade.

aussi y découvrir l'histoire de Lisbonne grâce à l'exposition permanente. Le temps fort de la visite sera certainement lorsque vous serez dans la Chambre Noire. Grâce à un instrument optique, vous observerez Lisbonne à 360° en temps réel. Un lieu unique et dynamique. A faire aussi pour décompresser entre deux séances de travail : une promenade en bateau sur le Tage. C'est très dépaysant et vous trouverez plusieurs prestataires offrant ce type de mini-croisière parmi lesquels Centro Tejo. Ne manquez pas d'aller vous balader du côté de la fameuse Tour de Belém. À l'ouest du pont du 25-Avril, Belém, contraction de Bethléem, est un quartier certes excentré de Lisbonne, mais qui compte de nombreux lieux touristiques. La tour de Belém est son monument phare, les volutes de son architecture manuéline sont dédiées à la gloire des conquêtes maritimes. Édifiée entre 1515 et 1521, cette tour servait alors à la défense du port, puis elle devint prison avant d'être restaurée en 1840 et classée monument national cinquante ans plus tard. Prêtez attention aux détails de sa façade d'inspiration africaine, vous découvrirez de nombreux animaux sauvages sculptés. Autre symbole du quartier de Belém, l'incontournable Mosteiro dos Jerónimos. Cet ensemble constitué d'une église, d'un cloître et d'un couvent, qui sont classés au patrimoine mondial de l'Unesco, est une perle de l'architecture manuéline ! Chaque détail mérite qu'on y porte attention. D'une blancheur immaculée à l'extérieur, la luminosité intérieure est mystique, surtout dans l'église où dort le corps de Vasco de Gama. A quelques encablures du monastère et de la tour de Belém se trouve le monument des Découvertes, érigé en 1960 sur ordre du dictateur Salazar pour commémorer la mort d'Henri le Navigateur. Cette immense proue de caravelle s'élance vers le Tage et les 32 personnages sculptés qui la surmontent ont tous participé à l'ère des Grandes Découvertes. Un ascenseur permet d'accéder au sommet pour admirer la vue sur le quartier de Belém et sur sa petite esplanade, on peut admirer la magnifique rose des vents en marbre offerte par l'Afrique du Sud. Si vous vous intéressez à l'art contemporain, vous apprécierez particulièrement la visite du Musée Berardo. Ouvert en 2007, le musée Berardo a installé les 900 œuvres issues de la collection de José Berardo au centre culturel de Belém. Ce collectionneur avisé a acquis des pièces maîtresses provenant de 70 courants artistiques différents avec de célèbres signatures telles que Marcel Duchamp, Pablo Picasso, Salvador Dali, Andy Warhol ou encore Francis Bacon pour ne citer qu'eux. L'art moderne prédomine avec des œuvres de Fluxus, du néo-constructivisme, du Body Art, de l'Arte Povera… On y admire également de l'Art déco, des céramiques portugaises et des œuvres numériques.

Jardins da Estrella.

© INTERPIXELS - SHUTTERSTOCK.COM

Palacio da Pena.

Pour changer complètement d'ambiance, vous pouvez aussi aller visiter l'Oceanarium en périphérie du centre-ville. Inauguré pour l'Exposition universelle de 1998, l'Oceanarium est le plus grand d'Europe et le troisième plus grand au monde. Construit sur un bassin d'eau fermé donnant sur le Tage, il s'agence en plusieurs espaces qui représentent les différents écosystèmes de tous les océans de la planète. Il rassemble en tout 10 000 plantes et 8 000 animaux de 500 espèces différentes : autant vous dire qu'on en prend plein les mirettes tout en prenant conscience de la préciosité de nos océans et de l'urgence de les protéger.

▶ **Sortir**. Pour saisir l'âme lisboète, il y a deux choses à faire : goûter aux pasteis de nata et assister à un spectacle de fado dans une petite tasca comme le Parreirinha de Alfama, le Clube de Fado ou encore Mascote da Atalaia. Le fado est hymne à la saudade de l'âme portugaise, une musique grave accompagnée par des solistes qui pleurent l'exil, la nostalgie ou l'amour... Ces chants, inscrits au patrimoine de l'Unesco, vous envoûteront par la vibration profonde de la voix des fadistes et toute l'émotion qu'ils transmettent. Vous n'en serez que plus inspiré pour travailler le lendemain !

Mais pour vraiment faire la fête, direction le Bairro Alto ! Situé à côté du Chiado, c'est le quartier alternatif de Lisbonne : tout ce qui se crée d'avant-gardiste prend sa source ici. Galeries d'art, concept stores et petits bistrots animent les journées du Bairro qui s'enflamme dès la nuit tombée. C'est le lieu où tous les fêtards se pressent pour faire la tournée des bars plus la plupart bondés, au point de déborder sur les trottoirs. Un joyeux bazar s'empare alors des ruelles : ça papote, ça rigole, ça trinque, ça « s'ambiance » avant de rejoindre les discothèques de la ville.

Escapades

Les escapades ne manquent pas à Lisbonne et dans ses environs pour s'aérer quelques heures ou même plusieurs jours.

▶ **Sintra**. A 30 km de Lisbonne, au pied de la serra da Sintra, la ville est entourée d'une végétation luxuriante qui entoure les demeures princières. C'est un paysage entier classé par l'Unesco au patrimoine mondial de l'humanité ! Antique petite ville nichée au-dessous de la vieille citadelle maure, Sintra a attiré les premiers rois du Portugal qui recherchaient sa fraîcheur en été, puis toute la cour qui vint y construire ses propres pavillons. Pour couronner le tout, le dernier prince consort du Portugal se fit construire un palais, genre château de Louis II de Bavière, mais 20 ans plus tôt (c'était un cousin !) peint de couleurs vives à la portugaise... Et ce palais féérique est une des principales attractions de la ville. Aujourd'hui, Sintra est le regroupement de plusieurs quartiers, séparés par des forêts et des parcs. Un monde à part très touristique en été, mais tellement romantique qu'on lui pardonne le fait de devoir faire la queue pour rentrer dans les palais.

▶ **Estoril**. C'est une des villes les plus courues de la Riviera de Lisbonne. De petits palais s'érigent au bord de la mer, certains sobres et blancs, décorés de tuiles peintes à la main, d'autres rappelant par leurs toits pentus et leurs pigeonniers les maisons de lieux de villégiature alors fort à la mode au début du siècle dernier. Aujourd'hui, cette ville résidentielle s'enorgueillit de son golf, son casino, son tournoi de tennis et ses villas aristocratiques. Ce qui se distingue dans ce décor cosmopolite, hormis la belle église de Santo António, c'est évidemment, la plage (les plages : praia da Azarujinha et praia da Poça à São João, São Pedro et Monte Estoril) propice à la pratique de nombreuses activités balnéaires.

CHAPITÔ À MESA €€

7 Rua Costa do Castelo - **LISBONNE**
✆ +351 21 885 55 50
http://chapito.org
Ouvert la semaine de midi à minuit, le week-end de 19h30 à minuit. Plats autour de 20 €. Terrasse.

Avec sa vue panoramique sur le Tage, le Christ-Roi, le pont du 25-Avril, la colline du Bairro Alto et la Baixa, l'établissement propose des plats surprenants et bons. Les produits sont de qualité et préparés de façon à conserver leurs caractéristiques naturelles, le tout présenté de manière étonnante et inspirée. De la cuisse de canard au four et ses citrus, à la morue ou encore la dorade cuite sous vide, c'est un vrai régal ! La carte des vins fait honneur à la maison avec sa sélection nationale hors des circuits de grande consommation.

DESTINATION HOSTELS €

17 Largo Duque de Cadaval - **LISBONNE**
✆ +351 21 346 64 57
www.followyourdestination.com
En dortoir à partir de 17,50 € (déjeuner, poste Internet, wifi et casiers compris).

Depuis 2011, le Lisbon Destination Hostel a investi un pan de la très centrale gare du Rossio. Vous aurez le choix entre l'un des dortoirs (pour 4, 6 ou 12 personnes) ou bien une chambre, avec ou sans salle de bains. Quelques rares pièces sont sans fenêtres, mais l'ensemble avec bar, cuisine et coin chill-out jouit d'une assez bonne isolation phonique, de beaux parquets et de la climatisation. Sachez qu'ils ont aussi un autre établissement en haut de la gare de Cais do Sodré avec un rooftop où des soirées en mode afterwork sont souvent organisées.

MERCADO DA RIBEIRA €

Avenida 24 de Julho - **LISBONNE**
✆ +351 213 462 966
Ouvert tous les jours de 10h à minuit, jusqu'à 2h du jeudi au samedi.

Ces très belles halles, anciennement consacrées aux étals alimentaires d'un marché ordinaire, ont été métamorphosées par la société Time Out. Résultat : une immense cantine un brin huppée où l'on concocte soi-même son repas. Sont juxtaposés ici une bonne vingtaine de restaurants – des reproductions miniature de restaurants connus de Lisbonne sélectionnés par *Time Out* – allant de la gastronomie créative portugaise aux pizzas et autres cuisines du monde. Nous vous recommandons les stands sur le côté qui portent des noms de chefs portugais.

TABERNA MODERNA €€

18A Rua Bacalhoeiros - **LISBONNE**
✆ +351 218 865 039
www.tabernamoderna.com
Ouvert le lundi 18h-23h, du mardi au samedi 12h-2h. Comptez 25 € pour un repas.

A côté de la Casa dos Bicos, cette taverne affiche une somme de petits détails charmants. Toutes les assiettes sont de couleurs différentes par exemple. Le concept de l'endroit ? Partager des plats qui mélangent inspiration portugaise et espagnole, comme l'original et savoureux thon braisé et salade de mangue. La grande spécialité de la maison se trouve dans les verres, avec plus de 60 sortes de gins différents. Le soir, les lumières tamisées et la musique électro en fond sonore plantent une ambiance chaleureuse ! Parfait pour un début de soirée animé.

THE INDEPENDENTE HOSTEL & SUITES €

81 Rua de São Pedro de Alcântara - **LISBONNE**
✆ +351 213 461 381
www.theindependente.pt
Dortoirs à partir de 13 €. Chambre double à partir de 88 €. Petit déjeuner inclus. Réception 24h/24.

Situé dans le quartier animé du Bairro Alto, cet ancien palais a été aménagé en hostel. Dès, l'entrée dans le grand hall de réception l'atmosphère nous plonge dans une ambiance rétro avec son grand escalier qui conduit aux trois étages. A droite de la réception, dans le fond, se trouve le restaurant *Decadente*. Il s'est fait un nom grâce à sa cuisine portugaise revisitée à déguster dans un cadre chaleureux, par beau temps la terrasse ombragée à l'arrière est un plus.

TRAVELLINGTOLISBON €€

3 Avenida 24 de Julho - **LISBONNE**
✆ +351 218 886 072 - www.travelingtolisbon.com
À partir de 70 €/nuit (linge de maison et ménage inclus). Informations/réservations téléphoniques de 10h à 22h.

Propose des appartements de charme et authentiques dans le centre-ville de Lisbonne. Allant du studio au T4, ils sont entièrement meublés et équipés. Une équipe vous accueillera en français pour vous faire visiter votre appartement. Elle partagera avec vous des bons plans et vous aidera à passer un séjour inoubliable en vous proposant des services supplémentaires, allant des transferts depuis l'aéroport au petit déjeuner dans l'appartement, en passant par des excursions personnalisées, location de voiture, ou, pour un séjour professionnel, un espace de coworking.

MIAMI

Qui n'a jamais rêvé de vivre à Miami ? La ville mythique de Floride est réputée pour ses plages de rêve, ses *beautiful* people, son ambiance *latina caliente* et son climat estival tout au long de l'année… Au-delà de ses atouts de carte postale, Miami est aussi une ville très dynamique qui n'a cessé de se réinventer ces dernières années avec la naissance de quartiers comme Wynwood ou Design district, qui attirent artistes et créateurs du monde entier. Plus récemment, c'est le quartier de Brickell, qui a connu une belle métamorphose avec la construction de nombreux gratte-ciel et l'installation de jeunes actifs dont beaucoup de nomades digitaux. Nul doute, la foisonnante Miami est bel et bien une ville aux apparences multiples, insaisissable, à la lisière du rêve, où tout semble possible. Et si vous vous laissiez tenter par un séjour de travailleur nomade à l'américaine, les pieds dans le sable chaud, face à une mer turquoise avec du wifi partout ? Cap sur Miami !

Formalités

Citoyen européen, vous avec le droit de résider 90 jours en tant que touriste aux Etats-Unis et donc à Miami. Vous pouvez parfaitement vous installer 3 mois à Miami en tant que travailleur nomade. N'oubliez pas qu'il faut cependant demander votre ESTA en ligne au moins 72h avant votre vol et avoir un ESTA en statut « approuvé » avant le départ de votre vol (https://esta.cbp.dhs.gov/). Cependant si vous souhaitez prolonger votre séjour en tant que touriste, au-delà des 90 jours, il faudra régulariser votre situation en amont et faire une demande de visa de travail. C'est mission impossible en tant que free-lance car le seul visa de travail qui peut être accordé dans ces cas-là c'est le visa d'investisseur et il faut être capable d'investir à hauteur de 100 000 euros… Et si vous télétravaillez pour une entreprise étrangère, rien ne justifie que vous restiez au-delà des 90 jours autorisés aux Etats-Unis. En fait, contrairement à beaucoup de pays, les Etats-Unis n'ont mis en place aucun dispositif spécifique destiné à favoriser l'accueil des travailleurs nomades sur leur sol. En conclusion, si vous souhaitez faire un séjour de travailleur nomade aux Etats-Unis, le plus simple est sans doute de rester dans le délai de visa touristique de 90 jours. Mais ne vous amusez pas à le dépasser car cela vous mettrait dans l'illégalité et vous risqueriez d'être banni du territoire américain par la suite…

© ALEXANDER DEMYANENKO - SHUTTERSTOCK.COM

Cabine de sauveteur, South Beach.

Bon à savoir

- **Langue**. A Miami, on parle anglais comme dans tout le reste des Etats-Unis, mais aussi l'espagnol en raison de l'importante communauté latino-américaine présente sur place.
- **Décalage horaire**. Moins 6 heures par rapport à Paris. Attention, les Etats-Unis ont également des heures d'été et des heures d'hiver. Mais ils changent d'heure une semaine ou quinze jours après la France (cela dépend des années). Pendant ce laps de temps, le décalage horaire est donc de 5h.
- **Monnaie**. On paie en dollars à Miami comme partout aux Etats-Unis. A l'automne 2021, 1 € = 1,18 US$.
- **Transports publics**. A South Beach, le South Beach Local est un bus qui dessert l'île ; le trajet ne coûte que 25 cents et sa fréquence est régulière. Downtown est desservi par le Metrorail et surtout le Metromover, véritable attraction à lui tout seul, qui permet de découvrir gratuitement le quartier à travers de petites navettes surélevées. Miami est desservie par des bus mais leur fréquence n'est pas toujours pratique, ils ne vont pas partout et ne sont pas toujours bien fréquentés…

© DRAZEN_ - ISTOCKPHOTO.COM - ISTOCKPHOTO.COM

La solution la plus pratique pour se déplacer à Miami reste les VTC comme Uber et Lyft car l'attente aux transports en commun peut être longue... Et si vous louez une voiture, ce sera l'enfer pour vous garer ; tous les stationnements sont payants (et chers !).

Coût de la vie

Le coût de la vie sur place est 30 % plus cher qu'en France.

Quelques idées de prix à Miami. -Un repas simple dans une cafeteria ou un snack : 10-15 € (+15 à 20 % de pourboire obligatoire pour le service) ; un repas dans un bon restaurant : environ 50 € (+15 à 20 % de pourboire obligatoire pour le service) ; une nuit dans un hôtel 3 à 4 étoiles : de 80 à 200 € ; Loyer moyen d'un studio à Miami : à partir de 1 500 € à South Beach, Brickell, Coral Gables ou Coconut Grove, 1 000 € à Wynwood ou Little Haïti et en périphérie ; prix d'un forfait prépayé d'un mois avec appels illimités dans le pays et forfait 4G : à partir de 60 €, puis il faut charger la recharger le forfait au fur et à mesure ; bureau partagé dans un espace coworking : à partir de 250 € par mois ; tarif café coworking : 20 € la journée.

Les quartiers

Voici un descriptif de plusieurs quartiers de Miami intéressants pour les travailleurs nomades. Nous avons volontairement mis de côté les quartiers de Miami qui ont peu d'intérêt pour télétravailler mais vous aurez le temps de les découvrir pendant votre séjour sur place.

Miami Beach. Situé entre la baie de Biscayne et l'océan, au sud de l'île de Miami Beach, South Beach est le cœur vibrant de Miami. Construit le long de la mer, près des plages de sable fin sublimes, ce quartier est vraiment très agréable. Si vous choisissez d'y télétravailler, vous pourrez vous baigner le matin, ou faire une pause farniente près des fameux cabanons colorés des sauveteurs, avant d'attaquer votre journée. Plutôt pas mal ! Et l'avantage c'est qu'on peut sillonner ce quartier très facilement à pied, ce qui lui donne des airs de village. South Beach est également le berceau des bâtiments Art déco, construits dans les années 1920 et 1930, magnifiquement restaurés, et qui donnent un charme fou à ce quartier ! Et pour travailler, les cafés agréables avec bon wifi ne manquent pas mais c'est souvent un peu plus cher qu'ailleurs à Miami car vous êtes dans une zone touristique... Cependant, les travailleurs nomades, qui aiment les villes à taille humaine et la plage, vont adorer South Beach ! Pour plus de tranquillité encore, vous pouvez opter pour Mid-Beach et North Beach, qui sont essentiellement des zones résidentielles avec des cafés aux tarifs plus abordables pour travailler et des plages qui ne sont jamais bien loin.

Downtown et Brickell. Downtown Miami est le centre-ville à proprement parler de Miami, avec plus de buildings qu'ailleurs et regroupant tous les bâtiments administratifs. La partie connue sous le nom de Downtown s'étend de NE 6th Street au nord, Biscayne Bay à l'est et de la rivière Miami à l'est et au sud. Au sud de Downtown se trouve Brickell, connu pour abriter le quartier financier constitué d'immenses buildings de verre et d'immeubles résidentiels de standing ou d'hôtels huppés. Mais Brickell est désormais un quartier de plus en plus résidentiel, et plus seulement d'affaires. Il est même très animé le soir grâce au complexe de Mary Brickell Village et des bars de nuit comme Blackbird Ordinary.

A Downtown et à Brickell, il y a une atmosphère business que vous ne trouverez pas à South Beach et c'est sans doute l'endroit idéal pour avoir un bureau dans un espace de coworking car l'adresse apparaîtra à vos interlocuteurs comme sérieuse et professionnelle. Les coworkings sont nombreux dans ces quartiers et ils correspondent à des travailleurs nomades dans le monde du commerce et des startups.

Wynwood. C'est le quartier artistique de Miami par excellence puisqu'il compte une multitude de galeries d'art et c'est un musée à ciel ouvert pour le street art en raison des centaines de fresques splendides qui tapissent ses murs. Le quartier compte plusieurs cafés très chaleureux pour travailler comme le Panther Coffee et aussi plusieurs espaces coworking. Ce quartier coloré et vivant est très inspirant. C'est vraiment l'endroit rêvé pour les travailleurs nomades créatifs, artistes indépendants, designers, graphistes, ... et même pour ceux qui ont envie de changer d'air et de travailler dans un cadre plus détendu.

Se loger

L'offre en hébergement est très vaste à Miami ! Mais vous ne trouverez que très peu d'appart'hôtels comme on en trouve en France et ils sont relativement chers avec des tarifs équivalents à ceux des hôtels 4 ou 5 étoiles. La plupart du temps, ce sont d'ailleurs des appart'hôtels installés au sein même d'un hôtel. Pour un séjour d'un mois ou plus, sachez cependant que beaucoup d'hôtels de moyenne gamme ainsi que des hostels proposent des tarifs long séjour à leurs clients et que cela peut être très intéressant ; vous pouvez réussir à négocier une chambre individuelle à 50 € la nuit. Cependant, testez votre hostel quelques jours avant d'opter pour un séjour long et vérifiez que ce n'est pas un repaire de fêtards afin de pouvoir dormir la nuit... Cependant, si vous avez choisi de rester au moins 3 mois à Miami, on vous recommande de louer un appartement entièrement équipé auprès d'agences sur place. Les quartiers les moins chers sont un peu éloignés de la mer à savoir Downtown, Wynwood et Little Haiti. Cependant, à Wynwood et Little Haiti, il convient d'éviter de marcher seul la nuit pour des raisons de sécurité, rentrez plutôt en taxi. Quant à South Beach ou Brickell, les logements sont vraiment hors de prix en général. L'offre Airbnb est assez dense à Miami mais ce n'est pas toujours légal et certaines adresses sont vraiment trop chères pour les prestations offertes...

© MEINZAHN - ISTOCKPHOTO.COM

Immeuble de style art déco sur Ocean Drive.

Travailler

Miami n'est pas une ville novice dans le domaine du télétravail car, avec le développement d'internet et l'excellente couverture numérique de la ville, beaucoup de travailleurs nomades venus des quatre coins des Etats-Unis et de la planète, se sont installé à Miami pour y travailler. Séduits par la météo ensoleillée, les belles plages et la qualité de vie sur place, ces travailleurs nomades, sont de plus en plus nombreux à Miami ces dernières années. Avec leur arrivée, les espaces coworking et les cafés cosy avec wifi où il fait bon travailler se sont multipliés. Comme partout dans le monde, le concept des espaces de coworking est le même : vous prenez un pass pour une durée bien déterminée (heure, demi-journée, journée, semaine, mois, année) et vous avez accès au wifi, à des bureaux, des imprimantes, des salles de conférence... Et dans tous les cas, vous avez à votre disposition, à volonté : des boissons chaudes/froides, des gâteaux, des fruits et des snacks. Parmi les espaces coworking les plus chaleureux, les plus spacieux et les mieux équipés de Miami, on vous recommande Ampersand Studio dans Downtown, qui propose aussi bien des bureaux à partager qu'un pass coworking à la journée. D'autres espaces de coworking proposent uniquement des bureaux à partager, comme par exemple Pipeline Workspaces qui dispose de plusieurs adresses à Miami (Brickell, Coral Gables). Concernant les cafés, le Miam Café à Wynwood et I think she is à Brickell sont aussi deux adresses très agréables avec un très bon wifi.

Vie quotidienne

Courses et shopping. Pour faire vos courses, vous aurez tout ce qu'il vous faut à Miami car ce ne sont pas les supermarchés qui manquent. Les prix sont généralement identiques à ceux pratiqués en France. Seules les quantités sont beaucoup plus importantes... Mais en cherchant bien dans les rayons, vous devriez trouver des produits adaptés aux célibataires. Si vous travaillez tard et que vous avez faim en

© LAZYLLAMA - SHUTTERSTOCK.COM

South Beach.

pleine nuit, sachez enfin que les épiceries 7-eleven sont ouvertes 7 jours sur 7 et 24h/24. C'est aussi le cas de certaines enseignes de supermarchés comme par exemple Walgreens mais contrairement aux 7-eleven, ils ne sont pas disséminés partout à travers la ville.

Pour le shopping, et notamment l'achat de vêtements, vous trouverez les mêmes boutiques et marques que celles présentes en France mais aussi toutes les marques américaines bien sûr. Pour un choix plus large, nous vous conseillons de vous rendre dans l'un des grand malls de la ville, Aventura Mall est sans doute le plus fourni et vous y trouverez absolument tout. L'avantage c'est que les malls organisent régulièrement des opérations promotionnelles donc vous pouvez faire les soldes à l'avance en quelque sorte.

Laver son linge. Pour laver votre linge à Miami, il suffit d'aller dans l'un des nombreux lavomatics de la ville. Les tarifs sont les mêmes qu'en France soit autour de 5 euros le lavage.

Système de santé/assurances. En tant que travailleur nomade en free-lance ou travaillant à distance pour une entreprise basée en France, on vous recommande vivement de prendre une assurance santé avant de vous installer aux Etats-Unis en général. En effet, les frais médicaux sont très élevés dans ce pays en cas de souci de santé grave, d'opération, d'hospitalisation ou de rapatriement. Beaucoup d'assurances basées en France proposent désormais des contrats d'assurance santé adaptés aux nomades digitaux.

Se restaurer

Si Miami possède des restaurants à la cuisine venue du monde entier, la grande révélation en matière de nourriture reste la cuisine cubaine. Les Cubains, très fiers de leur cuisine, la servent en grande quantité et tout spécialement con sabor. Vous trouverez de la nourriture cubaine principalement à Little Havana. Il y a bien une poignée de restaurants cubains à South Beach et au-delà de Biscayne boulevard, mais pour faire une véritable expérience con sabor, vous devrez vous rendre à Little Havana. L'autre mode culinaire à Miami, c'est un aspect fusion très branché qui consiste à associer deux voire trois types de gastronomie. Une cuisine thaïlandaise avec une French touch ou une cuisine brésilienne mélangée à des recettes japonaises… Mais la dernière tendance en date à Miami, ce sont vraiment les food markets, à savoir des marchés branchés avec différents restaurants version miniature où l'on peut déguster des spécialités d'établissements bien connus ou des cuisines de différents pays du monde. Parmi les marchés les plus populaires : le 1-800-Lucky à Wynwood et le St Roch Market à Design District. Ces marchés sont très pratiques si vous êtes un travailleur nomade pas très à l'aise en cuisine ; les prix des plats sont abordables et les produits de qualité.

S'aérer / se changer les idées

Les plages. Elles sont la véritable raison d'être de Miami Beach et qui s'en étonnera ? Toute l'économie de Miami Beach est d'ailleurs centrée sur les plaisirs balnéaires en raison de ses magnifiques plages. Ce sont donc 10 miles (16 km) de sable libre qui s'offrent à vous de South Pointe Park (et 1st Street) jusqu'à 192nd Street (Sunny Isles).

Certaines plages sont cependant surveillées par des maîtres-nageurs en raison de courants sous-marins qui risquent d'emporter les nageurs au large (même expérimentés). Leurs postes de sauvetage sont bariolés de couleurs pastel, pour répondre aux belles façades Art déco de South Beach !

A voir/à faire. Une des visites incontournables à faire à Miami c'est bien entendu celle de Miami Beach. Cette station balnéaire construite le long d'une plage de sable fin, au début des années 1930, est devenue un véritable décor bling bling : starlettes en bikini, luxueuses limousines tape-à-l'œil... Chacun rivalise de m'as-tu-vu ! Ocean Drive s'étire jusqu'à South Beach où vous verrez les plus grandes folies Art déco des années 1920-30, une époque pleine de dollars et d'imagination. Ce style a été gratifié par une « pastel touch » typique de Floride que l'on appelle le Tropical Art Déco. C'est le plus grand quartier du genre au monde, il compte près de 800 bâtiments qui, pour la plupart, s'illuminent la nuit à coup d'énormes néons kitchissimes. Entre autres démesures, vous remarquerez la Casa Casuarina où vécut et mourut Gianni Versace, elle n'est pas moins que la réplique de l'Alcazar de Colón, à Saint-Domingue.
Miami nourrit par ailleurs une passion pour les arts que l'on découvre notamment au Design District, animé par pléthore de galeries, d'antiquaires et salles d'exposition. En outre, la ville dispose de nombreux musées pour tous les goûts. Le Perez Art Museum et le MoCa se consacrent à l'art moderne et contemporain, le Wolfsonian FIU est dédié à l'Art déco, History Miami relate l'histoire de la ville, le Miami Children's Museum est génial pour les enfants, le Miami Science Museum dévoile tous les mystères de l'univers quand le World Erotic Art Museum se dédie à d'autres mystères... Les travailleurs nomades qui sont dans le domaine de la culture vont adorer ! Parmi les quartiers à vraiment découvrir à Miami : Little Havana. C'est le quartier emblématique de la population cubaine qui est arrivée ici, à la fin des années 1950, pour fuir le régime de Castro. Il s'organise autour de Calle Ocho, absolument dépaysante avec ses restaurants et magasins cubains, la musique latine de toute part, les odeurs de cigares, les peintures murales et les maisons au style méditerranéen. Faites un tour vers Domino Park pour observer les anciens qui jouent aux dominos et suivez les traces du Walk of Fame du quartier où figure Julio Iglesias ! Autre quartier à ne pas manquer : Wynwood. Cette ancienne zone industrielle s'est totalement métamorphosée dans les années 2000 en s'imposant comme le quartier le plus arty de la ville, autrement dit un véritable repaire à hipsters! Les murs ont été entièrement bombés par les street artistes, portant à présent des fresques monumentales qui forcent l'admiration. Cet étonnant décor urbain a très vite attiré les galeries d'art, les ateliers d'artistes, les lieux événementiels, les bars et restaurants branchés.

Sortir. Si vous avez envie de faire la fête à Miami en fin de semaine, après de longues heures de télétravail, vous allez vraiment pouvoir vous amuser ! Les bars et clubs les plus branchés se trouvent à South Beach, mais c'est à Wynwood et à Brickell que vous croiserez le plus de locaux et c'est là que nous vous conseillons de sortir pour vous faire de nouveaux amis à Miami. A South Beach, vous croiserez surtout des jet-setteurs ou des touristes en goguette... Enfin si vous aimez les lieux nocturnes alternatifs, on vous conseille sans hésiter Wynwood où les bars rivalisent de créativité dans le cadre arty de ce quartier désormais à la mode.

Escapades

Les escapades ne manquent pas dans la région. Et si vous avez passé la semaine devant votre

Calle Ocho, Little Havana.

© BENNYMARTY

Key West.

ordinateur, vous trouverez vraiment de quoi vous changer les idées dans les environs de Miami.

Les Everglades. Couvrant 611 000 hectares à moins d'une heure de Miami, le parc national des Everglades est unique par son écosystème composé de marais, de forêts subtropicale et de mangrove. Il abrite 14 espèces rares et menacées comme la panthère de Floride, le lamantin des Caraïbes mais surtout le crocodile américain, la star du parc. On y dénombre plus de 300 espèces d'oiseaux et autant de poissons qui évoluent dans ses eaux. Inscrit au Patrimoine de l'UNESCO, les Everglades sont une expérience à vivre que l'on peut aisément organiser depuis Miami.

Les Keys. Les Keys forment un archipel d'îlots de corail qui s'étend sur 160 km depuis Miami jusqu'à Key West, devenue légendaire grâce à Hemingway. En empruntant l'Overseas Highway, les principales attractions des Keys sont la plongée sous-marine aux abords de Key Largo, la magnifique plage de Bahia Honda et la ville de Key West. Néanmoins, les îles les plus belles ne sont accessibles qu'en bateau comme Dry Tortugas. Kayak et canoë peuvent être une chouette alternative pour visiter ce trésor écologique marin.

Hollywood. Plutôt que de vous proposer une escapade vers la très cossue Palm Beach, nous avons choisi de vous orienter vers Hollywood qui est une agréable ville balnéaire aux tarifs beaucoup plus abordables que ceux de Palm Beach... A seulement 1h de route au nord de Miami et avec près de 10 kilomètres de plages de sable fin, elle est bordée d'une très jolie promenade entièrement piétonne de 4 kilomètres. Baptisée le « broadwalk » (de broad qui signifie « large » pour signifier la longueur de ce boardwalk dans un jeu de mots), elle est jalonnée de nombreux restaurants, de boutiques, de petits hôtels... La station balnéaire par excellence mais où le tourisme est avant tout familial - loin des chichis et des bimbos de South Beach -, et... québécois. Eh oui, tout au long de l'année des milliers de touristes québécois viennent passer leurs vacances ici. Autre particularité de la ville, elle est très verte puisqu'elle compte environ 60 parcs dont plusieurs terrains de golf mais également environ 600 hectares de mangrove, un véritable paradis pour les amoureux de nature.

© ZANTHRA - ISTOCKPHOTO

Alligator des Everglades.

1-800-LUCKY €

143 NW 23rd Street - **MIAMI**
✆ +1 305 768 9826
www.1800lucky.com
Ouvert de 12h à 2h, le week end jusqu'à 3h. Comptez environ 20 US$ le repas.

C'est une des adresses les plus *hype* du moment à Miami. Ce grand marché au cœur de Wynwood, en grande partie à ciel ouvert et avec sa déco éclectique branchée, regroupe plusieurs enseignes de cuisine asiatique pour des tarifs abordables : PokeOG, Hayato Miami, Myumi, Cake Thai... On y mange aussi bien des spécialités thaïes que japonaises, c'est très varié. Le soir, l'ambiance bat son plein : le grand bar, très fréquenté par les *hipsters* de Miami, s'anime avec souvent de la musique *live*. Le patio est très agréable pour danser ou boire un verre. On recommande !

CAFÉ PRIMA PASTA €€

414 71st Street - **MIAMI**
✆ +1 305 867 0106
www.primapasta.com
Ouvert du lundi au samedi de 17h à minuit, le dimanche de 16h à 23h. Comptez 25 US$ le repas.

Dans un bistrot aux airs de bar de nuit, avec lumières tamisées et musique festive en fond sonore, vous vous régalerez de bons petits plats typiquement italiens. L'atmosphère est conviviale et la cuisine savoureuse. La *mama* des propriétaires d'origine italienne n'aurait pas à rougir des plats préparés ici, c'est certain. On vous recommande tout particulièrement le *Risotto Porcini* et les *Fiocchi Rapera*. Ne manquez pas d'observer les photos en noir et blanc des stars qui sont venues manger sur place (une petite salle leur est réservée).

FREEHAND MIAMI €€

2727 Indian Creek drive - **MIAMI**
✆ +1 305 531 2727
thefreehand.com
Nuit en dortoir à partir de 35 US$ (dortoir de 8 lits) et 45 US$ (dortoir de 4 lits). Chambre double de 109 à 159 US$.

Le Freehand, anciennement l'Indian Creek hotel, est un *hostel* chic, de style très bobo, qui offre aussi bien des dortoirs que des chambres doubles. Partout, la déco est *vintage* ; elle associe merveilleusement bien le style Art déco de l'ancien établissement à un design recherché et original. La piscine dans le jardin tropical, avec son mobilier de jardin à l'ancienne, est agréable pour une séance de bronzette ou pour bouquiner après avoir piqué une tête. Le bar The Broken Shaker plaît beaucoup grâce à sa large carte de cocktails et son ambiance conviviale.

PANTHER COFFEE

2390 NW 2nd Avenue
MIAMI
✆ +1 305 677 3952
Ouvert de 7h à 21h. Wifi gratuit.

Amateurs de bon café espresso, ne cherchez plus, c'est bien au Panther Coffee que vous devez faire une petite halte. Oubliez le café américain trop allongé du Starbucks et le Nespresso de George ; ici, on vous propose du café fait sur place par de vrais pros. Les meilleurs grains de café du monde sont sélectionnés par le couple de propriétaires (qui se sont justement rencontrés dans un séminaire sur le café à Minneapolis !). C'est aussi un endroit très agréable pour venir travailler avec son ordinateur, dans la petite salle ou en terrasse.

UNDER THE MANGO TREE €

714 6th Street
MIAMI
✆ +1 786 558 5103
Ouvert de 8h à 19h du lundi au vendredi, de 10h à 18h le samedi, le dimanche de 9h à 17h.

Bar à jus et *smoothies* où l'on peut grignoter des snacks et sandwichs dans un cadre bohème et coloré. Pour végétariens et amateurs de produits bio, c'est parfait ! C'est aussi un restaurant très inspirant avec du bon wifi pour travailler. Il est donc fréquenté par des nomades digitaux également. Le jus sur place vous donnera vraiment de l'énergie pour recharger les batteries. C'est une très bonne adresse de Miami à ne pas manquer de découvrir sur place et où vous pourrez donc soit travailler, soit vous détendre et recharger les batteries.

WYNWOOD PLACE €

3412 NW 2nd Avenue Miami
MIAMI
www.wynwoodplacemiami.com
Appartements à partir de 100 US$.

Un des rares hébergements dans Wynwood et c'est une vraie aubaine ! Avec sa belle façade bleue recouverte d'une magnifique fresque de style mythologique où une jeune fille tombe amoureuse d'un faune sous le regard coquin de nymphettes cachées dans les bois, le ton est donné tout de suite : vous êtes dans un établissement tendance arty, ce qui cadre parfaitement avec le quartier de Wynwood. Les 8 appartements sont spacieux et tous dotés d'une grande cuisine parfaitement équipée avec deux grandes chambres doubles, un salon et une salle de bains.

MONTRÉAL

Deuxième ville du Canada après Toronto, place financière et commerciale particulièrement dynamique, Montréal est la quatrième ville francophone du monde. Elle est la seule ville du Canada à avoir su concilier les influences du Vieux Continent et la modernité nord-américaine, à avoir pu réunir les communautés anglophone et francophone que l'histoire a longtemps opposées, et à avoir réussi à intégrer une mosaïque ethnique issue de l'immigration. En tant que travailleur nomade fraîchement débarqué à Montréal, vous n'aurez donc aucune difficulté d'adaptation d'autant plus que tout le monde parle français et que les Québécois sont très chaleureux avec les nouveaux venus. Si on ajoute à cela, la très bonne couverture numérique de Montréal, ses nombreux cafés et espaces de coworking, et le cadre de vie agréable, Montréal se positionne comme une destination de choix pour les travailleurs nomades.

Formalités

Les voyageurs français sont acceptés pour six mois et doivent avoir complété leur demande d'autorisation de voyage électronique (AVE). Ils doivent être en possession d'un passeport valide, d'un billet de retour (idéalement) et disposer d'une somme d'argent suffisante pour assurer leur séjour. Vous pouvez donc parfaitement vous installer jusqu'à 6 mois au Canada en tant que travailleur nomade avec ce statut de visiteur. Depuis 2016, les visiteurs n'ayant pas besoin de visa doivent remplir une AVE (autorisation de voyage électronique) avant leur voyage. L'AVE coûte 7 CAN $ par personne et est valable cinq ans ou jusqu'à l'expiration du passeport. Cette demande en ligne permet de recueillir les renseignements personnels de base et permet de passer plus rapidement les contrôle à l'arrivée. Attention, de nombreux sites frauduleux pullulent sur la toile. Certaines compagnies, sans lien avec le gouvernement, proposent d'apporter leur aide pour une demande d'AVE. Mais celle-ci est très simple à faire (et accessible en français). Pour plus de renseignements : canada.ca/fr/immigration-refugies-citoyennete/services/visiter-canada/ave.html. Si vous souhaitez prolonger votre séjour de travailleur nomade au-delà des 6 mois autorisés, vous devez demander une prolongation de séjour au moins 30 jours avant l'expiration de votre statut de visiteur. Pour toute autre question concernant les formalités d'entrée au Canada et pour les coordonnées de l'Ambassade du Canada en France : france.gc.ca

Bon à savoir

- **Langue**. Le Canada a pour langues officielles l'anglais et le français. Le Québec, quant à lui, a le français pour langue officielle, mais l'anglais est aussi parlé largement à Montréal et dans ses environs (ainsi qu'à quelques autres endroits dans la province).
- **Décalage horaire**. Moins 6 heures par rapport à la France. Le changement d'heure (printemps et automne) ne se fait toutefois pas au même moment que la France.
- **Monnaie**. On paie en dollars canadiens (taux de change favorable pour les Français en raison de la force de l'euro).
- **Transports publics**. La région métropolitaine de Montréal est la plus développée en termes de transport en commun (stm.info). Le métro dessert Montréal, Laval et Longueuil, et chaque ville du Grand Montréal a son propre réseau de bus urbains. On retrouve également six lignes de trains de banlieue en partance de Montréal (exo.quebec/fr). À surveiller entre 2022 et 2024 : la mise en service graduelle du Réseau express métropolitain, un métro léger de 26 stations reliant Montréal à la banlieue (Montérégie, Laval et Laurentides) ainsi qu'à l'aéroport Montréal-Trudeau (rem.info/fr).

Si vous préférez conduire, vous pouvez aussi utiliser le service Communauto (communauto.com) qui vous donne accès à des voitures à louer à petit prix (à partir de 2 € l'heure). Enfin, vous pouvez aussi vous déplacer à vélo grâce au réseau Bixi (bixi.com) similaire au système Vélib' à Paris (comptez 18 € par mois). Si vous aimez pédaler, ce mode de transport est à privilégier aux beaux jours mais pas pendant l'hiver en raison de la neige abondante et des températures glaciales…

Coût de la vie

Le coût de la vie est globalement moins élevé à Montréal par rapport à la France, notamment en matière de logement. Cependant, les abonnements pour téléphone mobile et l'Internet sont très chers. Les prix des produits gourmands, comme par exemple l'alcool et les fromages, sont aussi plus élevés.

Quelques idées de prix à Montréal : un repas simple dans une cafeteria ou un snack : 5-7 euros ; un repas dans un bon restaurant : de 20 à 40 euros (entrée, repas, dessert – sans l'alcool) ; une nuit dans un hôtel 3 à 4 étoiles : de 70 à 130 € ; loyer moyen d'un studio à Montréal : à partir de 600 € ; prix d'un forfait prépayé d'un mois avec appels illimités dans le pays et forfait 4G : à partir de 40 €, puis il faut recharger le forfait au fur et à mesure. Virgin Plus est une compagnie fiable avec un bon réseau partout dans le pays (même en zones reculées) ; bureau partagé dans un espace coworking : à partir de 250 € par mois ; tarif café coworking : à partir de 20 € la journée.

Les quartiers

Le centre-ville. Situé juste au sud du mont Royal, le centre-ville de Montréal est le lieu par excellence des affaires et du shopping. La rue Sainte-Catherine, qui le traverse d'est en ouest (portion piétonne entre les rues de Bleury et Saint-Laurent en été), est l'artère principale du centre où se concentrent les grands noms de la mode, les restaurants et bars, ainsi que les boutiques en tout genre. Le centre-ville englobe plusieurs « sous-quartiers » : le Centre des affaires, le Quartier du Musée (au nord-ouest ; on y trouve également de nombreuses galeries d'art), le Quartier International et Chinatown (qui côtoient le Vieux-Montréal), et enfin le Quartier des Spectacles (qui englobe de nombreuses salles autour de la Place des Arts ainsi que dans le Quartier latin).

Le Vieux Montréal. Situé au sud du centre-ville et près du port, le Vieux-Montréal est le lieu de fondation de Ville-Marie en 1642. Malgré les nombreux incendies ayant fait disparaître les plus anciens bâtiments, plusieurs travaux de restauration et d'aménagement ont donné un nouveau souffle à la vieille ville et au port qui accueille dorénavant des milliers de touristes charmés par ce style européen et historique. Boutiques, restaurants, musées et galeries d'art, places et promenades... Le Vieux Montréal compte bien sûr de nombreux cafés avec wifi qui sont parfaits pour travailler et c'est vraiment un quartier inspirant pour les travailleurs nomades quel que soit leur domaine.

Plateau Mont-Royal et Mile-End. Composé de quatre anciens villages autonomes (Saint-Jean-Baptiste, Saint-Louis du Mile End, Coteau-Saint-Louis et Côte-de-la-Visitation), ce quartier de Montréal – le Plateau comme on l'appelle familièrement – a connu un développement rapide au début du siècle. Il est aujourd'hui habité par une population assez jeune et très branchée. Beaucoup de ses vieilles résidences ont été rénovées ou sont en passe de l'être. La rue Saint-Denis, et l'avenue du Mont-Royal qui la croise, en sont les principales artères. Quant au Mile End, qui fait partie de l'arrondissement du Plateau, c'est le repaire des hipsters et d'artistes en tout genre, en plus de compter parmi les secteurs les plus bilingues de la ville. Restos et cafés branchés, ateliers de designers et lofts d'artistes y sont omniprésents. Ses principales artères sont le boulevard Saint-Laurent, la rue Saint-Urbain et l'avenue du Parc (axe nord-sud), et l'avenue Laurier, l'avenue Fairmount, la rue Saint-Viateur et la rue Bernard (axe est-ouest). Les travailleurs nomades qui ont une fibre artistique, ou qui aiment faire la fête, se sentiront comme des poissons dans l'eau dans ces quartiers.

Les façades du Square Saint-Louis.

Vue sur Montreal.

Se loger

A Montréal, l'idéal pour se loger, dans le cadre d'un séjour longue durée, c'est la colocation. Elle est répandue. Pour une chambre, avec charges incluses et Internet compris, cela vous coûtera environ 300 € par mois. Mais si la colocation n'est pas votre fort et que vous avez tout de même un budget confortable pour vous loger, vous trouverez par ailleurs beaucoup d'offres d'appartements pour des séjours longue durée sur Airbnb. Pour un séjour plus cosy mais un peu plus cher, on vous recommande les lofts du Vieux Port. Ce sont de superbes lofts du Vieux Montréal ; les tarifs évoluent en fonction du loft choisi (www.loftsduvieuxport.com)

Travailler

La couverture numérique est excellente à Montréal et vous n'aurez aucun mal à vous connecter au réseau internet pour travailler où que vous vous trouviez en ville. Les cafés cosy avec wifi et les espaces coworking les plus agréables se trouvent dans le centre-ville, le Plateau Mont-Royal et le Mile-End. On vous conseille notamment Montréal Cowork ou la Halte 24-7 au cœur du quartier du Plateau-Mont-Royal.

Vie quotidienne

Courses et shopping. Vous pourrez faire vos courses alimentaires aux supermarchés des enseignes IGA, Metro et Provigo ; vous en trouverez dans toute la ville. Il existe aussi quatre grands marchés de producteurs à Montréal (www.marchespublics-mtl.com), sans oublier les marchés éphémères qui s'installent dans les différents quartiers de la ville, comme le Marché Angus. Les épiceries ethniques sont également un bon plan pour faire vos courses ; vous les trouverez dans les quartiers multiculturels comme par exemple Mile End, La Petite Italie, Parc-Extension, Villeray et Saint-Michel.

Pour le shopping, rendez-vous au centre-ville où vous trouverez une multitude de boutiques alors que les fripes et designers locaux sont davantage dans les quartiers du Plateau-Mont-Royal et Mile End, par exemple.

Laver son linge. La plupart des appartements que vous louerez à Montréal sont déjà équipés de machines à laver et sécher le linge. Et si vous êtes en colocation, l'utilisation de la machine à laver et du sèche-linge sera incluse dans les charges. Vous trouverez par ailleurs des laveries automatiques, qu'on appelle « buanderies » au Québec, partout à Montréal.

Système de santé/assurances. Le système de santé est coûteux au Québec, il vaut donc mieux souscrire à une assurance santé avant de partir à Montréal pour éviter la ruine sur place en cas de gros pépin de santé.

Se restaurer

Laissez de côté le cliché de la culture nord-américaine du fast food et de la restauration rapide. En effet, Montréal est aussi un paradis pour le gourmand en quête d'excellents produits régionaux québécois. Nombreux sont les marchés et les boutiques spécialisées qui proposent sur leurs étals des fruits et légumes, des viandes et charcuteries, des poissons et fruits de mer, des produits transformés de toutes sortes… Plusieurs tables mettent également l'accent sur le terroir d'ici sans compter que plusieurs producteurs ont établi leur quartier général dans la métropole. Bref, même si la ville affiche un côté très cosmopolite, il est facile de mettre le Québec dans son assiette ! Ceci dit, les restaurants ethniques abondent également dans leurs quartiers respectifs, les bistrots de cuisine française ou du marché prolifèrent aux quatre coins de la ville, les grandes tables ne cessent de se renouveler en créativité… Montréal est décidément savoureuse ! Parmi les grandes spécialités à ne pas manquer : la poutine ! Tout le monde en parle, tous veulent y goûter ! Ce sont des frites garnies de fromage en grains, le tout nappé d'une sauce gravy. Il en existe dorénavant une foule de déclinaisons, comme par exemple la poutine au foie gras du resto Au Pied de Cochon. Le restaurant La Banquise est LE grand spécialiste en ville avec une trentaine de variétés. Il y a également le smoked meat. C'est une viande de bœuf fumée sur du pain de seigle (ou en sandwich), accompagnée de cornichons à l'aneth. On peut la demander maigre, mi-maigre ou grasse. La viande fumée de Montréal est très renommée dans toute l'Amérique du Nord. Ne manquez donc pas de faire un arrêt chez Schwartz's, LA place en ville ! Bon à savoir : on déjeune le matin, on dîne à midi, on soupe le soir, vers 17h ou 18h. Midi et soir, la table d'hôte (souvent appelée « menu du jour » le midi) désigne le menu accompagné généralement d'une entrée et parfois d'un dessert et du café. Attention : pour les repas, il faut ajouter aux 14,975 % de taxes, 15 % pour le service. Pour savoir ce que vous devez payer, il faut donc majorer les prix de près de 30 % !

S'aérer / se changer les idées

Les loisirs en extérieur. Bien évidemment, à chaque saison ses activités. En été, les nombreux parcs de la ville comme les environs immédiats sont prétextes à de nombreux sports de plein air. Mais Montréal est avant tout la ville du vélo. Un réseau impressionnant de voies cyclables est à la disposition des amateurs (près de 1 000 km), en pleine ville, dans les parcs ou le long du canal de Lachine, du fleuve Saint-Laurent ou de la rivière des Prairies, par exemple. Les activités nautiques (rafting, surf…) et la baignade (plusieurs plages et pis-

A vélo sur l'avenue du Mont-Royal.

cines publiques) ont aussi la cote en saison. En hiver, les Montréalais sortent skis, patins et raquettes, toujours pour profiter de la nature, mais sous un autre angle. Le meilleur spot est sans conteste le parc du Mont-Royal. Il est couvert de pistes de ski de fond et de raquettes, sans oublier ses glissades sur neige et sa patinoire, le tout en plein cœur de la métropole.

A voir/à faire. Situé au sud du centre-ville, le Vieux-Montréal longe le fleuve, ou plutôt le port, car l'ancienne rive a été comblée par la construction du port actuel. La rue de la Commune, qui constitue la limite sud du Vieux-Montréal, correspond aux délimitations de l'enceinte des anciennes fortifications. Les murs d'enceinte, assez fragiles, se sont avérés encombrants pour les commerçants et ont été détruits.Le Vieux-Port a été converti en parc de loisirs ; il s'étend sur plus de 2 km et offre une vue imprenable sur le majestueux fleuve Saint-Laurent. Les activités y sont nombreuses, en été comme en hiver. Quant au canal de Lachine, qui débute dans l'ouest du Vieux-Port, son réaménagement a permis la revitalisation des berges qui servent maintenant de terrain de jeux aux Montréalais (kayak, vélo, etc.).

A voir également : la partie cachée du centre-ville car il ne se trouve pas qu'en surface... Une ville souterraine s'étend sous vos pieds à Montréal : plus de 30 km de couloirs et passages piétonniers empruntés chaque jour par pas moins de 500 000 personnes. Pour découvrir ce quartier et ses centaines de services et points d'intérêt, téléchargez l'application Montréal à la carte – Centre-ville, disponible gratuitement sur l'App Store et Google Play. Parmi les monuments de Montréal, ne manquez pas de visiter la basilique Notre-Dame de Montréal, une des plus belles basiliques d'Amérique du Nord. Bâtie dans un style néogothique, entre 1824 et 1829, par un architecte irlandais immigré à New York, James O'Donnell, dont le corps est enseveli sous l'un des piliers de la basilique. La décoration intérieure constitue son attrait majeur : abondance de sculptures, boiseries et dorures, retable du chœur, orgue monumental dû aux frères Casavant de Saint-Hyacinthe et qui serait l'un des plus grands du monde (concerts d'orgue)... Le Parc olympique de Montréal mérite également une visite. Il a accueilli les J.O. d'été de 1976 et fait figure de lieu emblématique de la ville. Pendant deux semaines, la ville s'est à nouveau transformée et ce, seulement 9 ans après l'exposition universelle, en capitale du monde. Le Parc olympique est un ensemble architectural atypique comprenant le Stade, le Centre de natation et le Vélodrome, le tout signé par l'architecte français Roger Taillibert. Le plus surprenant reste la Tour du stade, plus haute tour inclinée au monde, achevée bien après les Jeux, soit en 1987... Côté musées, Montréal ne manque pas de possibilités... On vous conseille d'aller visiter le Musée des beaux-arts de Montréal (www.mbam.qc.ca) et Musée d'art contemporain de Montréal (macm.org – réouverture prévue à l'automne 2021 après de longs travaux de rénovation) ainsi que le Biodôme de Montréal qui est sans doute le plus original. C'est en effet un musée « vivant » situé dans l'ancien Vélodrome de Montréal, construit pour les J.O. d'été de 1976.

© VLADONE

Station Tremblant.

Dans cet « espace pour la vie », les écosystèmes les plus divers des Amériques ont été reconstitués : le golfe et l'estuaire du Saint-Laurent, l'érablière des Laurentides, la forêt tropicale humide, et même les régions subpolaires des côtes du Labrador et des îles subantarctiques. L'idée est de sensibiliser la population à la fragilité de notre environnement et à la nécessité de préserver la biodiversité.

Sortir. Les soirées montréalaises offrent une multitude de possibilités pour vous détendre après une longue journée de travail devant votre ordinateur ! Entre les grandes salles de concert, les boîtes de nuit, les afterhours, les comédies clubs, les festivals et les cinémas indépendants, la liste est longue. On peut facilement aller voir un petit concert dans un bar pour moins de 10 € ou même gratuitement. Les spectacles de la Place des Arts, le plus grand complexe culturel de la ville, ou encore ceux du Centre Bell, qui fait également office de domicile pour l'équipe de hockey des Canadiens de Montréal, sont bien plus chers, surtout si vous allez voir un opéra, une star de la pop ou l'Orchestre symphonique de Montréal.

Escapades

Pour se changer les idées autour de Montréal, une des activités phares consiste à louer un chalet en bord de lac. C'est un incontournable en toute saison. Les régions des Laurentides et de Lanaudière ont une offre particulièrement étoffée en la matière. Et comme il y a presque toujours le wifi dans les chalets, ça fait une belle occasion de télé-travailler dans un superbe cadre naturel !

Le Mont-Tremblant. Mont-Tremblant est un parc national, le premier jamais créé au Québec. On y retrouve également la station de sports d'hiver la plus haute et la plus importante des Laurentides ainsi que de superbes terrains de golf. Tremblant, comme on l'appelle, propose une multitude d'activités quatre saisons dans son village à vocation touristique. Le Vieux-Tremblant, quant à lui, est un village pittoresque qui regorge d'auberges, maisons et chalets en rondins. La rivière du Diable, qui coule à proximité, est régulièrement descendue par les amateurs de rafting : elle ne porte pas son nom sans raison...

Ottawa. Trop souvent esquivée par les touristes francophones, préférant se rendre dans un grand centre urbain comme Toronto ou dans la célèbre ville de Québec, Ottawa mérite d'être découverte. En 2017, à l'occasion du 150e anniversaire de la Confédération canadienne, la ville a redoublé d'efforts afin d'attirer les visiteurs... Les musées se sont refait une beauté, les restaurants ont fleuri, les hôtels aussi, et le dernier quartier tendance de Wellington dispose de toutes les attractions culturelles et gastronomiques du moment. Ottawa doit son indéniable cachet au Premier ministre sir Wilfrid Laurier qui rêvait d'en faire la Washington du Nord. Les édifices historiques, notamment les bâtiments néogothiques du Parlement (sur la colline qui domine la rivière Outaouais), ainsi que les nombreux espaces verts, la distinguent des autres villes nord-américaines.

LA BANQUISE €

994, rue Rachel Est - **MONTRÉAL**
✆ +1 514 525 2415
www.labanquise.com
Ouvert 24h/24, 7j/7. Menu à la carte : moins de 20 CAN $. Terrasse.

À toute heure du jour ou de la nuit, on y vient pour déguster l'une des 30 sortes de poutines figurant au menu. Plus que des frites, du fromage et de la sauce *gravy*, ici la créativité donne des résultats parfois surprenants, comme la Savoyarde au bacon, oignons, fromage suisse et crème sure. On y trouve aussi une sélection de sandwichs, clubs sandwichs, burgers et autres petits plats, à accompagner d'une bière de microbrasserie. Bon choix également de petits déjeuners copieux à prix dérisoires. Un passage obligé dans la métropole !

GANDHI €

230, rue Saint-Paul Ouest - **MONTRÉAL**
✆ +1 514 845 5866
www.restaurantgandhi.com
M° Place-d'Armes ou Square-Victoria. Lundi-vendredi, 12h-14h & 17h30-22h30 ; samedi-dimanche, 17h30-22h30. Midi : 20 CAN $ et moins, soir : moins de 30 CAN $.

Discrètement situé dans le Vieux-Montréal, ce resto propose une cuisine indienne fine et légère, variée et très parfumée. Les crevettes tandoori (crevettes marinées aux épices et rôties au four d'argile) et l'agneau tikka (tranches d'agneau tendre marinées aux épices et rôties au four tandoori) sont frais et allient un subtil mélange de saveurs. Et ce dépaysement dans l'assiette est très agréable. C'est une bonne adresse au cœur de Montréal en somme. Cerise sur le gâteau : le service est souriant et attentif.

GÎTE DU PLATEAU MONT-ROYAL €

185, rue Sherbrooke Est - **MONTRÉAL**
✆ +1 514 284 1276
www.hostelmontreal.com
Voir site web pour les tarifs. Petit déjeuner inclus. Cuisine équipée, buanderie, programme d'activités et de sorties.

Une auberge mythique qui attire bon nombre de voyageurs de tous âges depuis des années. Sa localisation est plus qu'idéale, à deux pas du Plateau, du Quartier latin et du Quartier des spectacles, et sa superbe et ô combien invitante terrasse sur le toit offre un panorama digne de la vie bouillonnante de ces quartiers. L'équipe est aux petits soins et saura vous faire découvrir la ville et ses petits bijoux. Ils tiennent également une autre auberge à deux pas du parc La Fontaine.

LOFTS DU VIEUX-PORT €€

97, rue de la Commune Est - **MONTRÉAL**
✆ +1 514 876 0081
www.loftsduvieuxport.com
Tarifs variables selon le type d'unité choisi. Promotions offertes.

Véritable coup de cœur pour ces superbes lofts du Vieux-Montréal. Non seulement la localisation est extraordinaire, la vue en témoigne, mais chaque unité offre un cachet sans pareil avec une touche de modernité ne faisant pas défaut au style d'origine. Studios, lofts, appartements de deux chambres et lofts luxueux, à vous de choisir. Ils sont tous entièrement équipés et offrent de nombreux services (service de voiturier, accès gratuit à un gym, restauration au loft, accès au bar à vin et à la terrasse de l'Auberge du Vieux-Port, etc.). Une adresse à retenir !

MONTRÉAL COWORK

4388 R. Saint-Denis
✆ +1 5146642087
montrealcowork.com/
A partir de 20 € par jour.

Montréal CoWork est un espace de travail collaboratif créé par des entrepreneurs sur le Plateau Mont-Royal. Le but de cet espace est d'aider les entrepreneurs et des travailleurs autonomes aux grandes entreprises d'ici et d'ailleurs à s'établir et à se développer à Montréal grâce à des installations modernes, une communauté chaleureuse et un soutien adapté et sur mesure. Un bon espace de travail pour les nomades digitaux en tous genres avec des formules qui s'adaptent aux besoins de chacun. Parfait pour trouver l'inspiration !

SCHWARTZ'S €

3895, boulevard Saint-Laurent - **MONTRÉAL**
✆ +1 514 842 4813
www.schwartzsdeli.com
Dimanche-jeudi, 8h-0h30 ; vendredi, 8h-1h30 ; samedi, 8h-2h30. Carte : moins de 30 CAN $.

Connu et reconnu pour le goût unique de son ***smoked meat***, un pastrami spécialement préparé de façon traditionnelle avec un mélange d'épices et d'herbes, Schwartz's fait profiter depuis 1928 sa clientèle de l'ambiance de *La Main*, avec sa longue file d'attente. La viande fumée est servie en version maigre, mi-maigre ou pas maigre du tout. Une telle institution à Montréal qu'une comédie musicale consacrée à son histoire a même été créée. Pour la petite histoire, Céline Dion et son défunt mari René Angélil font partie du conglomérat qui a racheté le restaurant en 2012.

NAPLES

Dominée par le Vésuve, dotée de l'une des plus belles baies du monde et bercée par la mer Tyrrhénienne, Naples est une ville mythique de la Méditerranée marquée par le passage de nombreux peuples. La ville, solaire et frénétique, regorge de petits bijoux, comme son magnifique lungomare, ses ruelles vivantes, ses multitudes de places animées et ses nombreux quartiers si différents les uns des autres. Enfin, Naples ne serait pas Naples sans le peuple napolitain, à la fois agité, indomptable et tellement attachant. Vous le verrez rapidement, Naples est une ville de contrastes, entre tradition et modernité, entre agitation et dolce vita. Et bonne nouvelle, la couverture numérique est de bonne qualité donc vous pourrez travailler partout. Tous les ingrédients sont réunis pour rendre votre séjour de travailleur nomade exaltant et inspirant !

Formalités

En tant que citoyen européen, vous pouvez résider en Italie sans faire aucune démarche particulière pendant une période de 3 mois. Un passeport ou une carte d'identité en cours de validité suffisent. Cependant, pour les séjours d'une durée supérieure à 3 mois, il est nécessaire d'obtenir un certificat de résident. Pour obtenir ce certificat, il faut remplir différents formulaires en ligne auprès de la mairie de votre domicile, en l'occurrence la mairie de Naples.

Bon à savoir

- **Langue**. A Naples, on parle italien mais aussi napolitain, le dialecte local. Cependant, de nombreux Napolitains maîtrisent l'anglais ou le français.
- **Décalage horaire**. Il n'y a pas de décalage horaire entre la France et l'Italie.

© PEETER VIISIMAA - ISTOCKPHOTO

Dans les rues de Naples.

- **Monnaie**. A Naples, on paie en euros comme partout en Italie.
- **Transports publics**. A Naples, vous n'aurez pas forcément besoin de vous déplacer en transports en commun. En effet, même si c'est une métropole très étendue, son centre historique se parcourt très bien à pied. Prévoyez cependant des chaussures de marche confortables car, en ville, on aligne les kilomètres sans s'en apercevoir et certaines rues sont en pente, en escalier ou présentent un trottoir irrégulier. Mais, en cas de fatigue, vous pourrez aussi prendre le métro ou les funiculaires qui sont très pratiques. Les taxis sont aussi une bonne option mais il faut payer en espèces (sauf si vous le commandez à l'avance). Sachez par ailleurs que les VTC, comme Uber par exemple, n'existent pas à Naples.

Coût de la vie

Le coût de la vie à Naples est 20 % moins cher qu'en France.

- **Quelques idées de prix à Naples**. Un repas simple dans une cafeteria ou un snack : 7 € ; un repas dans un bon restaurant : environ 25 € ; une nuit dans un hôtel 3 à 4 étoiles : 60 € ; loyer moyen d'un studio à Naples : 500 € ; prix d'une carte SIM prépayée pour les appels dans le pays : à partir de 5 €, puis il faut charger la recharger la carte au fur et à mesure ; tarif café coworking : 15 € la journée.

Les quartiers

Voici un descriptif de plusieurs quartiers pour vous aider à vous repérer pendant votre séjour de travailleur nomade à Naples.

- Le centre historique. Le Centre historique est le quartier le plus important et le plus ancien de Naples. Il est cerné à l'est par la gare et à l'ouest par Chiaia et la colline du Vomero. C'est également dans ce quartier que l'on trouve le plus de points d'intérêt : des églises, des palais, des statues, qui affichent des styles différents, baroque ou Renaissance, plantés les uns à côté

© SALVATORE MICILLO - ISTOCKPHOTO

Vue sur le golfe de Naples et sur le Vésuve.

des autres, dans un mélange habile et harmonieux. Si vous êtes un travailleur nomade qui aimez le bouillonnement urbain et les atmosphères populaires, vous allez adorer l'activité stimulante du centre historique de Naples. Il est riche en monuments et palais somptueux mais c'est un quartier vibrant d'énergie qui ressemblerait davantage à un théâtre à ciel ouvert, ayant comme décor une diversité architecturale étonnante.

Mercato. Tout proche du Centre historique, le Mercato est un quartier à la fois populaire et historique. Si vous avez envie de faire un séjour de travailleur nomade loin des touristes, vous apprécierez car vous côtoierez les vrais Napolitains dans ce quartier où l'ambiance est encore plus authentique que dans le centre historique. Le Mercato est encerclé d'un côté par le littoral, de l'autre par le corso Umberto I et, à l'est, par le corso Garibaldi. Le Mercato a connu des temps difficiles et est en pleine réhabilitation ces dernières années. Plusieurs grands travaux ont été entrepris le long du port et autour de la gare. Il reste néanmoins encore beaucoup à faire pour que le quartier du Mercato puisse rivaliser avec ses voisins du centre et de Chiaia, même si plusieurs hôtels chics et design y ont déjà élu domicile, preuve de ce renouveau. L'avantage c'est que les tarifs de l'hébergement y sont plus bas qu'ailleurs.

Chiaia et le lungomare. Derrière la piazza Plebiscito, au sud-ouest de la ville, s'étale le quartier de Pizzofalcone, désigné sous ce nom car, au XIIIe siècle, Charles Ier d'Anjou y pratiquait la chasse au faucon (falcone en italien). C'est sur cette colline que seront posées les fondations de Parthénope (future Naples) au VIIe siècle av. J.-C. par les colons grecs. Du sommet de la via Monte di Dio, on peut admirer un superbe panorama sur la ville, le golfe de Naples et le Vésuve.
Plus bas, Santa Lucia, délimitée par la via Santa Lucia et la via Nazario Sauro, est désormais extrêmement chic ; elle n'était pourtant, à la fin du XIXe siècle, qu'un village de pêcheurs. C'est l'engouement pour les bains de mer par les classes les plus aisées qui a précipité son expansion. La zone accueille désormais restaurants et autres boutiques touristiques qui entourent le petit port. De son côté, Chiaia constitue l'un des quartiers les plus élégants de la ville, avec une population plus bourgeoise et beaucoup de boutiques de luxe ainsi que de nombreux bars, restaurants et discothèques. Enfin, le long de la promenade de bord de mer, le lungomare, vous apprécierez la sublime beauté du golfe de Naples avec le Vésuve et les îles en toile de fond.

Les hauteurs de Naples. Cette zone est constituée de plusieurs quartiers dont le Vomero et Capodimonte. Au nord-ouest de Naples, sur les hauteurs dominant le golfe, le quartier du Vomero a longtemps été un quartier résidentiel chic, habité par la bourgeoisie napolitaine dès la fin du XIXe siècle. Vous y trouverez le Castel Sant'Elmo et la Chartreuse de San Martino, avec une des plus belles vues sur Naples et son golfe. Le Vomero a aussi une vie nocturne animée. C'est donc un bon compromis si vous souhaitez travailler au calme en journée et profiter des bars à proximité en soirée.
Capodimonte, toujours sur les hauteurs de Naples a su conserver un vrai espace de verdure et un héritage historique, en l'occurrence celui des Grecs, qui y ont laissé des sépultures. Il présente également de nombreux styles architecturaux différents. C'est le quartier parfait si vous souhaitez être au calme et au vert pendant votre séjour de travailleur nomade.

© ZUMMOLO - ISTOCKPHOTO.COM

La véritable margherita cuite au feu de bois.

Se loger

L'offre en hébergement est importante à Naples. Les prix sont un peu plus élevés sur les hauteurs de la ville et dans les quartiers de Chiaia et de Santa Lucia. Il y a énormément de choix dans le centre historique, avec de nombreux B&B où vous pouvez négocier pour obtenir un tarif intéressant si vous restez plusieurs semaines. Si vous avez un profil de travailleur nomade créatif, on vous recommande le Super Otium, qui est un B&B qui fait aussi résidence d'artiste et accueille régulièrement des designers, graphistes ou peintres dans différentes chambres qui leur sont réservées. Vous trouverez, dans le quartier du Mercato, des hébergements à des prix plus bas, surtout autour de la gare, mais dans une zone peu sécurisante le soir. N'hésitez pas à regarder les sites Internet de plateformes d'hébergement napolitaines comme Camera con Vista ou Rent a Bed qui proposent des appartements confortables dans la ville.

Travailler

Naples n'est pas vraiment une ville business, branchée ou connectée. Rien à voir avec des grandes villes comme Rome ou Milan par exemple. Cependant, nous avons choisi de vous la proposer car elle offre un cadre de vie plus agréable que la plupart des grandes villes italiennes, sans pour autant manquer de couverture numérique. Vous trouverez donc quelques cafés et espaces coworking à Naples, mais la ville n'est est qu'à ses débuts dans ce domaine. Vous pourrez vous y installer à la journée en profitant de gâteaux, de snacks et boissons chaudes pour environ 15 € la journée. La meilleure option pour travailler à Naples, c'est sans doute de s'installer à l'une de ses nombreuses terrasses de cafés où le wifi est offert aux clients. On vous recommande notamment le café Nea Art Gallery sur la Piazza Bellini, un café installé dans une bibliothèque et une galerie d'art avec une belle terrasse en prime.

Vie quotidienne

- **Courses et shopping**. Pour faire vos courses à Naples, vous trouverez facilement des supermarchés, dont certaines enseignes françaises comme Carrefour. Pour le shopping, et notamment l'achat de vêtements, il existe les mêmes boutiques et marques que celles présentes en France. Pour faire le plein de vêtements dans le centre historique, descendez la via Toledo, la plupart des marques internationales s'y trouvent ainsi que des marques napolitaines. Dans le Vomero, vous trouverez les plus grandes marques de mode et beaucoup de boutiques ; les artères commerçantes sont la via Scarlatti et toutes les rues autour de la piazza Vanvitelli.
- **Laver son linge**. A Naples comme partout en Italie, vous trouverez facilement des laveries automatiques.
- **Système de santé/assurances**. En tant que Français, vous pouvez utiliser la carte européenne d'assurance maladie (CEAM), soit la carte vitale version européenne disponible sur simple demande auprès de la sécurité sociale (www.ameli.fr). Sur présentation de cette carte, vous n'aurez que le ticket modérateur de la consultation médicale à régler dans les centres de soins affiliés, il s'agit généralement d'établissements publics. Si vous consultez un praticien non affilié, vous ne serez pas remboursé à votre retour en France. Par ailleurs, conservez bien les factures et les ordonnances pour les envoyer à votre caisse d'assurance maladie en rentrant.

Se restaurer

Ce n'est pas à Naples que vous risquez la fringale : que ce soit dans le centre historique, le long de la commerçante via Toledo ou dans le quartier de Chiaia, l'offre abonde et il y en a pour tous les goûts, de la street food à la trattoria typique ou au restaurant gastronomique. Bien sûr, vous ne pourrez faire l'impasse sur la fameuse pizza napolitaine, à découvrir et à déguster dans l'une des bonnes adresses que nous vous conseillons. La richesse et la qualité des produits du terroir alliées au savoir-faire et à la passion de ses chefs font de cette cuisine l'une des plus appréciées d'Italie.

S'aérer / se changer les idées

▶ **Les plages**. Naples n'a pas à proprement parler de plage. Mais le long du littoral, plusieurs endroits sont accessibles à la baignade. Les plages les plus agréables sont situées aux abords de Posillipo vers Marechiaro. Il est préférable de louer un transat, car le sol n'est pas en sable mais en béton. A Mergellina, des petites embarcations font la navette (5 €) vers les plages privées de Marechiaro. Enfin, certains Napolitains n'hésitent pas à se baigner le long de la côte de Mergellina.

Ne manquez pas d'aller faire un tour au Bagno Elena. Cet établissement balnéaire historique de Naples a ouvert ses portes en 1840 et fut fréquenté par diverses personnalités telles que le comédien Totò, Oscar Wilde ou encore Richard Wagner. Situé dans le quartier de Posillipo, au pied du Palazzo Donn'Anna, il fait face au golfe de Naples, au Vésuve et à la silhouette de l'île de Capri. Il se compose d'une plage et d'une grande plateforme sur pilotis où s'alignent les chaises longues. Snack-bar, restaurant, connexion wifi, tout est prévu pour pouvoir y passer quelques heures - ou la journée ! Et si vous emportez votre ordinateur portable, vous pourrez bien sûr y travailler à l'ombre grâce à la connexion wifi.

▶ **Parcs et jardins**. Avec ses 134 hectares, le parc de Capodimonte , sur les hauteurs de Naples, est le poumon vert de la ville et le lieu idéal pour effectuer son footing avant d'attaquer votre journée de télétravail. Egalement appelé Real Bosco di Capodimonte, il fut aménagé en 1734 sur volonté de Charles de Bourbon, et se compose de jardins et de zones boisées agrémentés de fontaines, de pavillons et d'allées bien entretenues, avec des vues sur le golfe de Naples. Très apprécié des Napolitains et de tous ceux qui souhaitent se mettre au vert, le parc constitue une étape de choix pour une belle promenade ou simplement s'adonner au farniente à l'ombre d'un arbre.

▶ **A voir/à faire**. Le centre historique est indéniablement le joyau de Naples. Il réunit la plus importante concentration de monuments, palais et sites d'intérêt de la ville. Plusieurs peuples y ont séjourné, notamment les Grecs et les Romains, on peut encore y observer des traces de leur passage respectif : Napoli Sotterranea, la ville souterraine creusée dans l'Antiquité, en est le meilleur exemple. Spaccanapoli et les decumani sont les ancêtres des via Anticaglia, via Tribunali et via San Biagio dei Librai, qui ont conservé le tracé de ces voies romaines. Spaccanapoli signifie tout simplement « fend-Naples », car elle coupe le quartier au milieu. Dans le reste du quartier, chaque rue et ruelle est marquée par l'Histoire et par les différentes invasions de la ville. Sur la piazzetta Nilo notamment, la statue du dieu Nil rappelle l'occupation du quartier par une colonie d'Egyptiens d'Alexandrie.

Musée de Capodimonte.

On retrouve aussi dans le centre historique des incontournables comme le Duomo et les reliques de San Gennaro, l'église del Gesù Nuovo et l'explosion du baroque par excellence, le superbe monastère de Santa Chiara et son cloître en majolique. On flânera également dans la populaire et caractéristique via San Gregorio Armeno, qui propose les plus beaux santons du monde, et la via Tribunali réputée pour ses pizzerias à tomber par terre. Sans oublier l'art avec le Musée archéologique national et sa collection de sculptures et de vestiges de Pompéi et, pour l'art contemporain, le musée Madre. Ce quartier, petit par la taille, est en outre riche en restaurants, boutiques, épiceries fines et bars, il présente donc autant d'attraits de jour que de nuit. Il affiche en prime un dédale de ruelles qui guident le promeneur dans son parcours architectural, et lui laissent le bonheur de déambuler et de se perdre dans un petit labyrinthe d'authenticité. Dans le quartier de Mercato, du côté de la piazza Municipio, vous trouverez le Castel Nuovo. Admirez cet imposant château qui témoigne du passé de Naples et des nombreux peuples qui ont voulu se l'approprier. C'est de ce côté-là que se situe le Molo Beverello, d'où les bateaux partent vers les îles d'Ischia, Procida et Capri. Cependant, de l'autre côté, le quartier tend à se dégrader au fur et à mesure que l'on se rapproche de la gare. Il est d'ailleurs recommandé d'éviter cette partie de la ville à la tombée de la nuit car elle peut s'avérer dangereuse. A l'inverse, en journée, ne manquez pas la zone autour de la via Carbonara qui possède quelques monuments de grand intérêt, et surtout l'église San Giovanni a Carbonara, l'une des plus belles de la métropole. Quand vous serez sur le lungomare, profitez-en pour visiter le Castel dell'Ovo (château de l'Œuf) fondé par les premiers colons grecs. Il ressemble à une forteresse qui continue de protéger la cité parthénopéenne. Déambulez également dans le Borgo Marinaro, un petit havre de paix, loin de la confusion du centre-ville où voitures et scooters aboient sans cesse. Sur les hauteurs de Naples, ne manquez pas de visiter le musée de Capodimonte qui allie art ancien et œuvres modernes, notamment d'artistes napolitains au cœur d'un parc de plusieurs hectares.

Sortir. Après une longue semaine de travail, les yeux rivés sur votre ordinateur, on vous encourage vivement à sortir boire un verre dans Naples et à profiter de la vie nocturne napolitaine qui est une expérience extraordinaire ! Les rues sont très animées et vous vous ferez facilement de nouveaux amis car les Napolitains sont chaleureux, très spontanés et ils vous aborderont facilement.

Le centre historique est la zone idéale pour profiter des nuits napolitaines. Autour de la piazza Bellini, les nombreux bars sont fréquentés par la jeunesse bohème de Naples. Le soir, la piazza San Domenico Maggiore et sa voisine la piazzetta Nilo sont parfois noires de monde ; les jeunes s'y retrouvent, une bouteille de bière à la main. Un peu plus bas, du côté de San Giovanni Maggiore et de Santa Maria la Nova, vous pénétrerez dans le quartier étudiant avec ses bars animés. Sur les hauteurs, vous pourrez également sortir dans le quartier du Vomero où la vie nocturne ne cesse de se développer. Les environs regorgent de petits bars, de pubs et de clubs de jazz où les

Vue de Capri.

© LUSO - ISTOCKPHOTO

Temple d'Appolon à Pompéi.

plus grands noms se sont produits. Bref, des établissements tous plus attractifs les uns que les autres pour prendre un verre et écouter de la bonne musique.

Escapades

Les escapades ne manquent pas à Naples et dans ses environs et vous aurez vraiment de quoi déconnecter du bouillonnement urbain napolitain !

▸ **Pompéi**. Pompéi est un site archéologique exceptionnel inscrit au Patrimoine mondial de l'Unesco à visiter au moins une fois dans sa vie ! Et votre séjour nomade est l'occasion rêvée de le faire. Situé à environ 1h de Naples, Pompéi est dans un état de conservation incroyable car la ville a été ensevelie pendant des siècles sous des cendres, puis des sédiments, suite à l'éruption du Vésuve. Les fouilles archéologiques ont ainsi permis de découvrir une des villes romaines les mieux conservées de la planète. Idéalement placée sur le versant méridional du Vésuve, en haut d'une colline surplombant la vallée du Sarno, Pompéi regroupait les caractéristiques favorisant l'agriculture, le commerce et l'industrie à l'époque antique. Terre fertile des pentes du volcan, à proximité de la mer et des grandes cités de la Campanie, c'était une cité prospère comme l'attestent les belles demeures romaines et la splendide place du forum.

▸ **Capri**. C'est une île mythique à découvrir absolument avec une vraie ambiance de dolce vita. Elle est devenue le repaire de la jet set italienne et internationale depuis les années 1950, mais ses deux villages, Capri et Anacapri, ont toujours autant de charme avec leurs maisons blanchies à la chaux et leurs jolies ruelles pavées. Vous pourrez facilement aller de Naples à Capri grâce aux ferrys depuis le port de Naples. Sachez cependant que c'est en été que l'animation bat son plein sur l'île et que les tarifs de l'hébergement y sont les plus élevés. On vous recommande donc d'y aller plutôt au printemps ou en automne car les tarifs sont plus raisonnables et que vous serez moins étouffé par les touristes.

Néanmoins, dans la ville de Capri, le charme opère encore, même en plein été, notamment sur la « Piazzetta », lieu iconique de la dolce vita où se sont arrêtés les plus grands noms de la littérature, du cinéma, de la mode et de la politique. Anacapri, sur les hauteurs de l'île, est moins envahie de touristes l'été. Pour découvrir la cuisine locale et vous faire plaisir, on vous recommande de déjeuner à l'Olivo, situé au Capri Palace à Anacapri, si vous êtes un fin gourmet. Enfin, pour un repas dans une ambiance festive et jet set en été, ne manquez pas de tester Il Riccio Club, l'établissement posé sur une falaise offre une vue imprenable sur la mer et le littoral. Si vous avez peu de temps à consacrer à Capri, on vous conseille cependant de faire un tour complet de l'île en bateau car vous pourrez voir l'essentiel de ce qu'elle a à offrir. Vous pourrez admirer quelques merveilles naturelles de près comme les faraglioni, des formations rocheuses impressionnantes en pleine mer, ou la grotta azzurra, une grotte maritime dont l'eau a des reflets bleus incroyables. Enfin, pendant votre balade en bateau, vous apercevrez aussi la Villa Malaparte, la fameuse villa rouge qui fut le décor du film le Mépris, long-métrage mythique de Jean-Luc Godard avec Brigitte Bardot et le regretté Michel Piccoli.

B&B SUPEROTIUM €€

Via Santa Teresa degli Scalzi 8 - **NAPLES**
✆ +39 081 544 2071
www.superotium.it
Chambre double à partir de 100 €. Wifi, air conditionné, petit déjeuner compris.

Un « Art Concept Hotel » de sept chambres, lieu d'accueil pour les voyageurs, mais aussi résidence d'artistes. Installé dans un élégant palais du XIXe siècle à l'arrière du Musée Archéologique, l'appartement, vaste et lumineux, mêle meubles vintage, créations de designers et œuvres léguées par les anciens résidents. Le résultat, un écrin harmonieux et soigné, où tout est pensé pour faire naître la rencontre et l'échange. Une adresse qui se veut l'antithèse du concept de tourisme de masse et qui s'insère dans la vie culturelle napolitaine.

CAMERA CON VISTA €

Vico Secondo della Quercia, 4 - **NAPLES**
✆ +39 3493 577 095
www.cameraconvistanapoli.it
Appartements de 2 à 5 personnes. A partir de 50 € la nuit et 290 € la semaine. Wifi gratuit.

Vous serez accueilli par la chaleureuse Valentina, qui propose trois appartements à la décoration simple mais soignée et sans fautes de goût. Tous sont bien équipés, avec un petit coin cuisine (prévoir cependant poivre, sel, sucre et liquide vaisselle, pas toujours fournis). C'est la solution idéale pour un séjour en famille. Situation centrale entre la via Toledo et la piazza del Gesù, non loin de la station de métro Dante. La structure met en location deux bicyclettes pour ses hôtes et a conclu des conventions avec certains bars et restaurants du quartier.

CONTE CAVOUR €

Piazza Cavour, 152
NAPLES
✆ +39 081 292 116
www.bbnapoli.info
Chambre double de 69 à 95 €, petit déjeuner inclus.

Emplacement stratégique pour ce B&B, situé entre le centre historique et le quartier de la Sanità, à deux pas du musée archéologique et de la station de métro Cavour. La structure occupe le second étage d'un palais du XVIIIe siècle et on y accède par la jolie cour intérieure au bel escalier monumental. Les chambres y sont soignées et douillettes, à la décoration classique. Elles disposent de tv, minibar, connexion Internet, et certaines possèdent un petit balcon. Petit déjeuner à l'italienne, personnel serviable et accueillant.

DIMORA DEI GIGANTI €

Vico Giganti, 55 - **NAPLES**
✆ +39 338 926 4453
www.dimoradeigiganti.it
Chambre double à partir de 85 €, avec petit déjeuner (en self-service).

Idéalement situé au creux d'une ruelle perpendiculaire à la via Tribunali, ce grand appartement réserve cinq chambres très agréables et chaleureuses, aux tissus colorés et lumières tamisées, toutes avec salle de bains. La terrasse fleurie et ensoleillée mérite amplement les cinq étages sans ascenseur. Idéale à l'heure du petit déjeuner ou pour une pause durant la journée. Pour le calme, les volumes, la propreté et l'accueil personnalisé de Raffaele, cette adresse affiche un prix raisonnable, surtout vu son emplacement, et vous promet un bon séjour à Naples.

GINO SORBILLO €

Via dei Tribunali, 32 - **NAPLES**
✆ +39 0810 331 009
www.sorbillo.it
Ouvert midi et soir. Fermé dimanche. Pizzas de 3 à 9 €.

Pizzeria historique de Naples, installée au n° 32 de la rue depuis 1935. Venez un peu avant 13h ou avant 20h pour éviter la queue car, malgré la concurrence, son succès ne se dément pas. En lisant le menu, vous en saurez plus sur la famille Sorbillo, dont les photos en noir et blanc illustrent les débuts de la pizzeria. Les pizzas portent le prénom des nombreux enfants de la famille : tout de même 21 pizzas au choix ! Notre préférée, la Carmela : faite de *friarielli*, sorte de brocolis n'existant qu'à Naples, et de petits morceaux de saucisses… divin !

SPAZIO NEA

Via S. Maria di Costantinopoli, 53
NAPLES
✆ +39 081 451 358
www.spazionea.it
Ouvert tous les jours de 9h à 2h du matin.

Café et salon de thé pendant la journée, bar à cocktails à l'heure de l'apéro, salle de concerts en été mais surtout, à n'importe quelle heure, espace consacré à l'art contemporain. Avant d'arriver au comptoir, traversez la salle des expositions pour y découvrir les œuvres d'artistes locaux et internationaux. Une fois installé, pas besoin de demander le menu, il est imprimé sur les premières pages du livre de philosophie ou de poésie devant vous... Pour compléter ce cadre idyllique, du bon son sélectionné par les propriétaires, passionnés de musique indépendante.

PLAYA DEL CARMEN

Mondialement connue, Playa del Carmen, aménagée en lieu et place de l'exubérante forêt du Yucatán, est située au bord d'une eau cristalline et chaude à souhait. Située dans le Quintana Roo, Playa del Carmen était un village de pêcheurs à l'origine mais c'est aujourd'hui une grande ville de 200 000 habitants et une des plus belles stations balnéaires du Mexique. Son essor s'est fait assez soudainement il y a une vingtaine d'années quand des investisseurs et des promoteurs immobiliers s'y sont intéressé suite à son succès grandissant auprès des touristes des quatre coins de la planète. A la fois cool, festive, branchée et sportive (pour la plongée), c'est une ville agréable au quotidien et les travailleurs nomades la fréquentent depuis plusieurs années déjà en raison de l'incroyable qualité de vie sur place et de la bonne couverture numérique qui permet de travailler sans difficultés entre deux séances de baignade.

Formalités

Les ressortissants de l'Union européenne n'ont pas besoin de visa pour se rendre au Mexique. La seule formalité pour entrer sur le territoire mexicain est de remplir la carte de touriste de l'Etat mexicain (Forma Migratoria Multiple/FMM), fournie à l'arrivée à l'aéroport au Mexique. Elle donne le droit de rester au maximum 180 jours sur le territoire. Il faut veiller à ne pas la perdre car elle est demandée au moment du départ. Il faut également pouvoir présenter un billet aller-retour et avoir un passeport valide pour toute la durée du séjour. Si vous souhaitez rester plus de 180 jours, vous devrez faire une demande pour un visa de résident temporaire qui est adapté aux travailleurs nomades à condition de travailler uniquement pour des entreprises situées à l'étranger. Ce visa est destiné à ceux qui souhaitent vivre au Mexique entre 6 mois et 4 ans. Cette demande est à faire au consulat du Mexique dans votre pays d'origine.

Bon à savoir

- **Langue**. Au Mexique, on parle espagnol mais une multitude de dialectes sont aussi parlés à travers le pays. Dans les régions touristiques et les stations balnéaires comme Playa del Carmen, les Mexicains parlent généralement bien l'anglais. Cependant, nous vous conseillons d'apprendre quelques rudiments d'espagnol, cela enchantera les locaux avec votre joli petit accent "frenchy" et vous rendra plus sympathique que les gringos américains qui ne parlent pas un mot d'espagnol.
- **Décalage horaire**. Au Mexique, il faut compter 7 heures en moins (heure d'été) et 6 heures en moins (heure d'hiver) par rapport à la France. La région du Quintana Roo garde la même heure toute l'année.
- **Monnaie**. La monnaie mexicaine est le peso mexicain (noté $). Ne changez surtout pas vos pesos en dollars (US$), vous y perdrez au change, l'euro étant plus fort que le dollar.

Playa del Carmen.

Transports publics. A Playa del Carmen, tout est accessible à pied et pas besoin de transports publics vu que l'essentiel des commerces, cafés, hébergements, activités se concentrent dans le centre-ville et au niveau de la plage. Cependant, si vous avez trop chaud, vous pouvez toujours prendre un taxi mais prenez les taxis "officiels" (voiture blanche écriture turquoise). Les prix ne sont pas affichés et varient selon la distance de votre course (30 à 60 $ est un bon prix pour se déplacer dans Playa Del Carmen par exemple). Pensez à demander le prix en montant dans le véhicule et à négocier immédiatement (les prix sont généralement doublés automatiquement quand vous avez l'air d'un touriste)...

Coût de la vie

Le coût de la vie à Playa del Carmen est 45 % moins élevé qu'en France, même s'il reste un peu plus cher que dans le reste du Mexique dans la mesure où c'est une station balnéaire.

Quelques idées de prix à Playa del Carmen : un repas simple dans une cafeteria ou un snack : 6 € ; un repas dans un bon restaurant : 12 € ; une nuit dans un hôtel 3 à 4 étoiles : de 40 à 70 € ; loyer moyen d'un studio à Playa del Carmen : à partir de 350 € ; prix d'un forfait prépayé d'un mois avec appels illimités dans le pays et forfait 4G : à partir de 70 €, puis il faut recharger le forfait au fur et à mesure ; bureau partagé dans un espace coworking : à partir de 150 € par mois ; tarif café coworking : 10 € la journée.

Les quartiers

Playa Del Carmen est comme un grand "rectangle". Les calles (rues) sont perpendiculaires à la mer et sont numérotées de 2 en 2 (calle 2-4-6-8...). Les avenidas (avenues) sont parallèles à la mer et sont numérotées de 5 en 5 (Avenida 1-5-10-15...). La Quinta Avenida (5ta) est la plus célèbre, elle est piétonne et il y a de nombreux magasins, cafés, bars et restaurants. L'Avenida Juárez et la Constituyentes sont des artères principales, elles ne sont donc pas numérotées. Pour être au cœur de l'action, on recommande aux travailleurs nomades de loger en ville. Les cafés avec wifi sont nombreux ainsi que les espaces coworking. Playacar est la zone résidentielle de Playa Del Carmen ; elle compte peu d'endroits où travailler mais vous pouvez choisir d'y loger pour y travailler au calme.

Se loger

Vous trouverez un bon nombre d'offres à Playa del Carmen sur Airbnb, Booking, Expedia pour des courtes ou longues périodes. Les meilleures offres se trouvent sur les groupes Facebook comme « les français à Playa del Carmen ». Sur place, en vous promenant en centre- ville, à pied ou à vélo, vous trouverez des pancartes «en location» à tous les coins de rues. La meilleure zone pour se loger va de l'avenue 10 à l'avenue 30, calle 2 jusqu'à la calle 38 environ. Sinon la zone de Playacar est aussi très agréable mais plus chère et un peu plus éloignée du centre.

Travailler

C'est en ville que vous trouverez les cafés avec wifi et le plus grand nombre d'espaces coworking. On vous recommande Nest et Bunker Coworking qui sont particulièrement agréables pour travailler. Dans la zone résidentielle de Playacar, on vous conseille l'espace Cowork-in.

Playa del Carmen.

© CAVAN IMAGES - ISTOCKPHOTO.COM

Cénote Azul.

Vie quotidienne

Courses et shopping. Pour les courses alimentaires à Playa del Carmen, les supermarchés Chedraoui qui ont plusieurs adresses sur place, ou encore le Walmart, feront parfaitement l'affaire. Pour vos achats de fruits et légumes, on vous conseille plutôt d'aller au marché de fruits et légumes DAC.

Pour le shopping en général, notamment pour l'achat de vêtements, vous trouverez votre bonheur aux centres commerciaux Centro Maya et Paseo del Carmen. En ville, les magasins sont nombreux sur la Quinta Avenida.

Laver son linge. Vous pourrez laver votre linge dans une laverie pour environ 15 $/kilo soit moins d'1 €. Il y a des laveries pratiquement à chaque coin de rue.

Système de santé/assurances. Pas de vaccin spécifique à faire avant votre départ au Mexique mais assurez-vous que toutes vos vaccinations de base sont à jour. Rappelez-vous aussi que l'eau du robinet n'est pas potable au Mexique, ce qui vous évitera une vilaine turista.

Pour couvrir vos soins de santé au Mexique et le rapatriement éventuels, on vous encourage vivement à prendre une assurance santé pour votre séjour nomade au Mexique. En général, les soins sont meilleurs dans les hôpitaux et cliniques privés donc ils sont à privilégier surtout en cas de pépin de santé sérieux.

Se restaurer

Phénomène de mode, la cuisine mexicaine a fait son apparition en Europe il y a déjà quelques années, sous l'appellation « tex-mex ». Mais les plats « mexicains » que l'on mange en France ou en Europe n'ont rien à voir avec la véritable cuisine mexicaine… A Playa del Carmen, qui est une ville très touristique et cosmopolite, vous trouverez facilement des restaurants proposant des plats internationaux. Mais si vous voulez manger local, vous trouverez plusieurs établissements proposant une cuisine authentique. Vous pourrez notamment y manger les fameuses tortillas, ces galettes de maïs servies à tous les repas. La plupart des antojitos (sortes d'amuse-gueules) sont confectionnés à partir de tortillas, et les tacos sont des tortillas roulées, farcies de viande ou de légumes. Parmi les spécialités mexicaines mondialement connues, vous ne manquerez pas non plus de vous régaler avec du bon guacamole fait maison ! Cette purée d'avocat est mélangée à de l'oignon, avec du chile verde, du cerfeuil et une tomate verte, le tout légèrement arrosé d'un filet de citron vert.

Comme les Etats-Unis, le Mexique est un pays de propina (pourboire). Certains travailleurs ne vivent que des pourboires ou comptent sur ces derniers pour compléter leur salaire extrêmement bas. Dans les cafés et restaurants, nous vous conseillons de laisser entre 10 et 15 % de l'addition (si le service n'est pas compris).

S'aérer / se changer les idées

Les plages. Les plus belles plages de Playa del Carmen se trouvent à Playacar ou à Punta Esmeralda. Si vous souhaitez une ambiance beach club, Mamitas et le Carolina feront votre bonheur. A 30 minutes de Playa del Carmen, on vous recommande également la plage Xpu-ha qui est splendide. Les plages de Tulum, à 1h de route de Playa del Carmen, sont également réputées pour être les plus belles de la région.

© LUNA MARIA

Ruines de l'ancien temple Maya de Tulum.

A voir/à faire. On vous encourage à partir à la découverte des cenotes dans la région de Playa del Carmen car ce sont des phénomènes naturels propres à la Riviera maya. Il s'agit de piscines naturelles d'eau douce creusées dans la roche. Les cenotes les plus connus sont entre Puerto Morelos et Tulum. Ne manquez pas de visiter les cenotes Azul, le cenote Cristalino, et le cenote Calavera qui sont parmi les plus beaux de la région.

Côté musées, on vous conseille le musée 3D Museum of Wonders. Inauguré en 2016, il expose l'œuvre de l'américain Kurt Wenner. Ses peintures créent de formidables illusions en 3D, par un subtil jeu de perspective et de géométrie. On peut s'asseoir dans une bulle ou faire semblant de donner la main à un ange. On se retrouve dans des situations surprenantes. Hilarant et unique au monde ! Enfin, si vous êtes un travailleur nomade amoureux de la nature et protecteur des animaux, rendez-vous à The Jungle Place, un refuge pour singes monté par Joel et Heidi, deux vétérinaires. Ils ont recueilli une vingtaine de singes-araignées orphelins, qui ne peuvent pas être réintroduits dans leur milieu naturel… De façon à obtenir de l'argent pour nourrir ces animaux, ils ouvrent leur maison au public. Une occasion unique d'interagir avec ces petits êtres malheureusement en voie d'extinction, et d'en apprendre un peu plus sur cette espèce.

Sortir. Playa del Carmen est une destination festive et les travailleurs nomades amateurs de fiesta vont adorer. Parmi les adresses incontournables, le Fusion beach bar propose régulièrement des concerts et même un spectacle de feu en face de la mer, le cadre est idyllique ! Pour faire la fête jusqu'au bout de la nuit pendant le week-end, on vous conseille le Tequila Barrel, une discothèque très fréquentée de Playa Del Carmen.

Escapades

Tulum. Tulum (nom originel maya : Zamma) est une ancienne cité préhispanique située à environ 60 km de Playa del Carmen. A l'époque de la Conquête, elle était encore occupée et constituait un port important sur la route du commerce maritime maya. Un sable blanc, fin et poudreux, une eau aussi transparente qu'un glaçon et une mer turquoise dominée par des ruines magiques font de Tulum un endroit véritablement paradisiaque.

Réserve du Sian Ka'an. Située à quelques kilomètres au sud de Tulum, la réserve du Sian Ka'an dont le nom très poétique signifie « Là où naît le ciel » fut créée en 1986 et incorporée au patrimoine naturel mondial de l'UNESCO. C'est une des plus grandes zones protégées du Mexique avec 652 000 hectares. Elle est composée de forêts tropicales humides, de mangroves, de lagunes reliées par des canaux, de cours d'eau douce et de cenotes. La réserve est un sanctuaire pour plus de 300 espèces d'oiseaux et 103 espèces de mammifères (ocelots, singes, pumas, jaguars…) qui évoluent parmi les 27 vestiges archéologiques recensés.

LA BRIOCHE DE PLAYA €€

Calle 38 Norte y 5 Avenida - **PLAYA DEL CARMEN**
✆ +52 984 149 1118
www.labriochedeplaya.com
Ouvert tous les jours de 7h à 22h. Petit-déjeuner à partir de 110 $, croissant 25 $, brioche 30 $.

Un petit bout de France dans cette boulangerie artisanale située en pleine Quinta Avenida de Playa. Des produits frais et faits maison comme on les aime. C'est un bon endroit pour prendre son petit-déjeuner à la française, avec des combos incluant jus de fruit, du pain et un croissant croustillant ou la spécialité de la maison, la brioche. On est servi rapidement, avec le sourire. De nombreuses pâtisseries, des pains au chocolat, quiches, croque-monsieur et divers sandwichs proposés. Une bonne adresse pour se faire plaisir dans cette rue bouillonnante.

GREEN WINGS EXCURSIONS

Calle 28 Norte
PLAYA DEL CARMEN
✆ +52 1 984 179 7182
www.greenwingsmx.com

Une agence en ligne fondée en 2017 par Carole, une Bretonne. Sa passion pour les voyages et la nature l'a orientée vers un tourisme respectueux de l'environnement. Les excursions et plongées se font en petits groupes, encadrés par des équipes professionnelles francophones. Les incontournables de la région sont proposés. On recommande chaudement la rivière souterraine et Sian Ka'an Aventure. Le site web est facile de navigation, il vous dévoile infos utiles et bons plans, avec des prix attractifs et des combos promotionnels, allez-y !

LONCHERIA DOÑA MARY €

Av 30 con calle 28, colonia Gonzalo Guerrero
PLAYA DEL CARMEN
✆ +52 984 142 2882
Tous les jours sauf le lundi de 18h à 1h. Caldos dès 50 $ et délices populaires mexicains entre 10 et 20 $.

Le cadre n'est pas folichon avec ses tables en plastique et sa déco Coca-Cola, mais l'accueil est chaleureux et typique dans cette gargote à l'angle de deux rues. C'est un endroit à connaître si vous souhaitez à la fois goûter à la cuisine authentique de la péninsule du Yucatán et vous plonger dans une ambiance bien plus locale et familiale que celle des quartiers touristiques. Ici, les *caldos de pollo* font fureur et on trouve *empanadas, salbutes et panuchos* au rapport qualité-prix imbattable. De bons licuados au melon ou à la fraise aussi, pour se rafraîchir.

NEST

Calle Avenida 10 entre calle 12 y 14
PLAYA DEL CARMEN
✆ +52 984 267 2365
www.nestcoworking.com.mx
A partir de 12 € le pass coworking journalier.

Un superbe espace de coworking à l'atmosphère cosy. La connexion wifi est très bonne et les bureaux sont spacieux et lumineux. On peut y prendre un pass à la journée, à la semaine ou au mois. Tout dépend de votre rythme de travail mais les formules sont souples et permettent de bien tester les lieux avant de prendre un long abonnement sur la durée. Parmi les services à disposition : imprimantes, photocopieuse, snacks à volonté, thé et café à volonté. C'est vraiment un bon plan pour travailler sur place et votre productivité en sera améliorée.

POSADA FREUD €

5ta avenida, entre les calles 8 y 10 norte
PLAYA DEL CARMEN
✆ +52 984 873 0601
www.posadafreud.com
Suivant la saison, la chambre standard oscille entre 33 et 48 US$.

La Posada Freud est située en plein cœur de Playa del Carmen, dans la 5ta avenida, et à deux pas de la plage. Petit bar agréable, donnant sur la rue piétonne. C'est un hôtel original où toutes les chambres sont différentes, soignées, et ont un réel cachet. C'est une adresse particulièrement bien adaptée aux travailleurs nomades qui prévoient de rester longtemps sur Playa del Carmen et qui n'ont pas envie de s'isoler dans un appartement pour autant. Dans cet établissement, vous aurez la possibilité de travailler tout en profitant des loisirs à proximité.

LA VAGABUNDA €€

5ta Avenida entre calle 24 y 26
PLAYA DEL CARMEN
✆ +529848733753
Entre 150 et 250 pesos

Vous trouverez dans la fameuse 5ta Avenida, deux adresses de ce restaurant mexicain haut en couleur (entre calle 4 et 6, et entre calle 24 et 26). Le restaurant était l'un des cinq premiers de Playa del Carmen, ce qui montre son succès. La décoration est très sympa et la carte variée à souhait. On y retrouve les plats typiques mexicains (fajitas, quesadillas, burritos etc..) mais aussi des plats mexicains de viandes ou de fruits de mer, moins connus par chez nous mais tout aussi savoureux. Si vous voulez changer, il y aussi des *fettuccini* faits à la main.

RIGA

Située sur les rives du fleuve Daugava, la capitale de la Lettonie est à taille humaine à seulement 3 heures de vol de Paris. La perle de la Baltique est vraiment une belle destination pour un séjour de travailleur nomade à prix doux. Son vieux centre pittoresque aux rues pavées, inscrit au patrimoine mondial de l'Unesco, vous garantit un dépaysement culturel immédiat. Sa ville nouvelle et son quartier Art nouveau continueront de vous surprendre tandis que l'offre de restauration contemporaine et les lieux de sortie branchés et à prix bas vous enchanteront. Pour vous la couler douce, il sera alors temps de vous balader côté rive gauche où vous attendent d'anciennes maisons de bois restaurées et de beaux espaces verts... Cerise sur le gâteau, la couverture internet est excellente à Riga. Si on met de côté la météo, plutôt morose en dehors de l'été, la capitale lettone est une destination de choix pour les travailleurs nomades.

Formalités

Pour les ressortissants d'un pays membre de l'Union européenne, depuis le 1er mai 2004, il suffit d'une simple carte d'identité pour entrer dans le pays et y séjourner 3 mois. Si le séjour doit excéder 90 jours dans l'année calendaire, il est nécessaire d'obtenir un permis de résidence temporaire. Il existe deux types de permis de résidence temporaire : un permis avec autorisation de travail, ce dernier faisant office de permis de travail ; un second sans autorisation de travail (c'est celui qu'il vous faudra si vous télétravaillez pour une entreprise basée en France). Le permis de résidence peut être obtenu auprès du service de l'immigration. Toute personne étrangère appelée à exercer une activité professionnelle en Lettonie doit être munie d'un permis de travail.

Façades colorées du Vieux Riga.

Bon à savoir

- **Langue**. La langue officielle est le letton, mais le russe, l'anglais et l'allemand sont aussi des langues très répandues. Toutes les personnes entre 20 et 40 ans parlent un anglais parfait, contrairement aux personnes âgées.
- **Décalage horaire**. Le décalage avec la France est toujours d'une heure. Quand il est 13h à Paris, il est 14h à Rīga. Le changement d'heure est pratiqué en Lettonie comme en France.
- **Monnaie**. Depuis le 1er janvier 2014, la monnaie en circulation en Lettonie est l'euro.
- **Transports publics**. Le réseau des transports urbains de Riga comprend 11 lignes de tramway, 23 trolleys et de nombreux bus qui circulent de 5h30 à minuit. La desserte est bonne et elle se fait essentiellement dans la ville nouvelle et dans le vieux centre, à l'exception des nombreuses rues piétonnes. La rive gauche est desservie par quelques bus mais c'est assez limité ; il vous sera plus simple d'y aller en taxi ou à pied. A noter la présence de microbus : ce mode de transport collectif privé, très utilisé en Lettonie, est apparu en 1992 alors que les transports municipaux n'étaient plus assurés. Les microbus desservent les grands axes des villes ainsi que la périphérie. Ils empruntent souvent les mêmes itinéraires que les bus palliant la faible fréquence de ces derniers dans certains quartiers. Pour plus d'informations : www.rigassatiksme.lv

Coût de la vie

Le coût de la vie à Riga est 30 % moins cher qu'en France.

- **Quelques idées de prix à Riga**. Un repas simple dans une cafeteria ou un snack : 10-15 € ; un repas dans un bon restaurant : environ 35 € ; une nuit dans un hôtel 3 à 4 étoiles : de 60 à 80 € ; loyer moyen d'un studio à Riga : à partir de 400 € sur Vecriga, 350 € dans la ville nouvelle et sur la rive gauche ; prix d'un forfait prépayé d'un mois avec appels illimités dans le pays et forfait 4G : à partir de 6 €, puis il faut recharger le forfait au fur et à mesure ; bureau partagé dans un espace coworking : à partir de 110 € par mois ; tarif pass coworking : à partir de 10 € la journée.

Les quartiers

Vecrīga. Vecriga, qui signifie « vieille ville » est le centre historique de Riga. Il compte de très nombreux monument historiques et architecturaux dispersés dans un labyrinthe de ruelles moyenâgeuses et c'est vraiment le quartier carte postale de la capitale lettone. En raison de ses ruelles pittoresques et animées qui comptent beaucoup de bars, de restaurants et de boutiques, le vieux Riga est donc LE quartier touristique de la ville par excellence, d'autant plus qu'il est très facile de s'y déplacer à pied et qu'un grand nombre de ses rues sont piétonnes. C'est une sorte de grand village typique où tout est à proximité y compris les bars animés avec beaucoup d'enterrements de vie de garçons et des étudiants qui font la fête. Les travailleurs nomades avides de vie urbaine effervescente, de beau patrimoine, et qui veulent se faire des amis vont adorer ce quartier.

Centrs et la ville nouvelle. Pour schématiser, la ville nouvelle, construite à partir du XIXe siècle, entoure le vieux centre de Riga. Son noyau dur, c'est ce quartier central, qu'on appelle à juste titre le Centrs, qui commence à partir d'Aspasijas bulvaris qui longe le vieux centre jusqu'à Valdamara iela et la Daugava. C'est avant tout le quartier Art nouveau qui fait la réputation du Centrs. Rīga est d'ailleurs connue pour être la ville européenne possédant le plus grand nombre de chefs-d'œuvre architecturaux de style Art nouveau (environ 700 maisons de ce style). Tout autour du Centrs, on trouve les quartiers résidentiels et commerçants de Skanste, Brasa, Grizinkalns et Avotu iela. C'est en réalité dans ces parties de la ville que vivent la plupart des habitants de Riga, qui ont largement déserté le vieux centre devenu trop cher et trop touristique ces dernières années.

Les travailleurs nomades qui souhaitent vivre « à la locale », loin des touristes du centre, et travailler dans des cafés en compagnie des Lettons préfèreront ce quartier à celui de la vieille ville. Cependant, il faut bien reconnaître qu'en dehors du très joli quartier Art nouveau, les autres zones de la ville nouvelle ne sont pas vraiment charmantes et font très soviétiques.

Rive gauche. Les locaux appellent la rive gauche « la Pardaugava » ce qui signifie en letton « par-delà le fleuve Daugava ». Et c'est exactement cela en pratique. Tandis que le centre-ville, constitué du vieux centre et de la nouvelle ville, se trouve concentré sur la même rive de la Daugava, à savoir la rive droite, et donc à l'ouest, la Pardaugava est juste en face, au-delà du fleuve, sur la rive gauche, et donc à l'est de la ville. La rive gauche est principalement constituée du quartier d'Agenskalns. C'est le pont d'Akmens Tilts qui relie le quartier d'Agenskalns au vieux centre. C'est une partie très verdoyante de Riga avec de nombreux parcs et surtout des maisonnettes en bois très typiques, des maisons où logeaient les ouvriers au XVIIIe siècle. Avec le développement urbain, ces maisons ont été restaurées et la plupart sont désormais résidentielles.

Se loger

L'idéal pour loger à Riga c'est de louer un appartement car les tarifs sont très abordables et plus vous restez longtemps, plus les tarifs baissent. Plusieurs plateformes proposent des locations d'appartements à partir de 40 € la nuit dans tout Riga, comme par exemple Lilija Plus (https://www.lilarealty.lv/). Les appartements sont un peu moins chers dans la ville nouvelle et sur la rive gauche par rapport au Vieux Riga mais ils sont beaucoup moins charmants. On vous recommande donc plutôt de rester dans le vieux Riga si vous voulez profiter au quotidien de cette très jolie vieille ville. Mais si vous voulez faire des économies, vous pouvez loger dans la ville nouvelle ou la Rive gauche ; vous rejoindrez facilement le vieux Riga en tramway, en bus, ou taxi.

Travailler

A Riga, il y a du wifi absolument partout en ville grâce au réseau wifi public gratuit. Il suffit de vous asseoir sur un banc du centre-ville pour pouvoir travailler ! Mais pour plus de confort, vous trouverez beaucoup d'espaces coworking avec pass à la journée ou bureau à partager. Ils se concentrent essentiellement dans le vieux Riga et la ville nouvelle (Oracule Tang Space, TechHub Riga...) mais vous en trouverez également dans le Vieux Riga. Autre possibilité : prendre un abonnement à la bibliothèque nationale de Lettonie située sur la rive gauche. Elle est ultra moderne et le wifi est d'excellente qualité. Lumineuse avec des bureaux spacieux, elle offre le cadre idéal pour de longues et studieuses séances de travail.

Vie quotidienne

Courses et shopping. Les deux principales chaînes de supermarchés en Lettonie sont Maxima et Rimi. Les prix sont très corrects et souvent moins chers qu'en France. Pour vos achats de produits frais, rendez-vous au Marché Central de Riga, juste derrière la gare ; vous y trouverez un large choix de fruits, légumes, fromages et spécialités traditionnelles lettones.

Laver son linge. Vous trouverez facilement des laveries automatiques pour laver et sécher votre linge. Les tarifs sont les mêmes qu'en France soit environ 5 € pour faire une machine.

Vue sur la ville de Riga.
© EKATERINA ELAGINA - ADOBE STOCK

Système de santé/assurances. Les services médicaux sont sûrs et les prix fixes. En tant que Français, vous pouvez utiliser la carte européenne d'assurance maladie (CEAM) soit la carte vitale version européenne disponible sur simple demande auprès de la sécurité sociale (www.ameli.fr). Sur présentation de cette carte, vous n'aurez que le ticket modérateur de la consultation médicale à régler dans certains centres de soins affiliés. Par ailleurs, conservez bien les factures et les ordonnances pour les envoyer à votre caisse d'assurances maladie en rentrant.

Se restaurer

La cuisine traditionnelle lettone garde les empreintes de son histoire : elle marie la cuisine suédoise, la cuisine allemande et la cuisine slave. Parmi les spécialités, on ne manquera pas de goûter au rupjmaize, un pain noir de seigle très populaire ; au kupinatas zivis, du poisson fumé aux oignons qui se déguste froid ou chaud ; ou encore au piradzini, un chausson chaud fourré aux oignons et au bacon, ou au chou et aux oignons. Les pommes de terre, très répandues dans les plats lettons, sont souvent accompagnées de crème fraîche. Le poisson occupe par ailleurs une part importante dans le menu traditionnel letton et on retrouve l'essentiel des poissons pêchés en Lettonie au marché central de Riga : hareng, sprat, saumon proviennent de la mer Baltique mais on retrouve aussi des poissons en provenance de rivières ou de lacs comme les perches, les sandres, les brèmes, les brochets et les carpes. Côté boissons, la vodka est très populaire même si le vin a tendance à la détrôner parfois, dans des milieux un peu plus chics ou branchés, comme le montre le développement récent des bars à vin à Riga tels que Vina Studija. En matière de restaurants à Riga, vous trouverez aussi bien des établissements traditionnels lettons, où le folklore est très présent, que des restaurants de cuisine internationale, principalement des restaurants asiatiques ou italiens. La tendance en matière de gastronomie de nos jours à Riga, c'est de faire une cuisine lettone revisitée de façon contemporaine avec une influence internationale mais toujours à base de bons produits locaux et de saison. Dans le vieux Riga, vous pourrez déguster cette cuisine d'avant-garde notamment chez Muusu, au 3 Pavaru, et au Fish restaurant Dome. Mais la nouvelle ville compte aussi de très bonnes tables dans le même esprit. En résumé, Riga est vraiment une ville qui plaira aux travailleurs nomades amateurs de bons petits plats !

S'aérer / se changer les idées

Les parcs et jardins. D'une superficie de 40 hectares, le parc de la victoire est un important poumon vert de la rive gauche de Rīga. C'est l'idéal pour une promenade ou un footing aux beaux jours ou à l'automne. En hiver, une piste de ski de fond y est installée grâce à de la neige artificielle. Le parc porte ce nom car un monument qui commémore la victoire soviétique s'y trouve. Un obélisque de 79 m de haut, érigé en 1985, célèbre en effet la victoire de l'armée soviétique contre l'Allemagne nazie à la fin de la Seconde Guerre mondiale.

A voir/à faire. Le centre historique est vraiment la partie la plus charmante de Riga avec ses jolies ruelles pittoresques, ses nombreux monuments et églises. En quelques heures de visite, vous comprendrez aisément pourquoi il est inscrit au patrimoine mondial de l'Unesco. Parmi les incontournables à faire absolument : la place et l'église du Dôme, le musée d'histoire et de navigation de Riga.

Façade d'un immeuble réalisée par Eisenstein, quartier art nouveau.

© MARYNA LOGVYNENKO

Maison des Têtes noires.

La ville nouvelle est riche en visites intéressantes et vous ne vous y ennuierez certainement pas. On vous recommande vivement de visiter le quartier Art nouveau et le Musée national des Arts de Lettonie qui font clairement partie des incontournables de la ville, sans oublier le Musée de l'Occupation et l'immeuble du KGB qui vous permettront de mieux comprendre une période sombre de l'histoire de la Lettonie. La rive gauche, essentiellement résidentielle, est en plein essor ces dernières années, mais ce n'est pas là que se concentrent les plus importants points d'intérêt. Cependant, la Bibliothèque nationale de Lettonie et le marché très typique de Kalnciema, même s'ils sont récents, font désormais partie des incontournables à Riga. Ne manquez pas non plus de vous balader dans le quartier d'Agenskalns, réputé pour ses jolies maisons en bois. Et puis si vous avez le temps, on vous recommande tout de même de visiter le musée de l'histoire du train letton et de vous promener dans le Parc de la victoire.

▶ **Sortir**. Le vieux Riga est propice à la fête. Pour des tout petits prix et jusque très tard, vous pourrez faire la tournée des bars dans une ambiance animée avec une clientèle souvent très imbibée. Vous ne repartirez probablement pas tout à fait sobre, mais sans doute avec de nouveaux amis originaires de différents pays car ce sont avant tout des touristes qui seront vos compagnons de fiesta dans le Vecriga.

Pour des sorties plus calmes et culturelles, on vous recommande d'aller vous familiariser avec l'art du ballet à l'opéra de Riga. Si la ville n'a pas la réputation de Moscou, l'opéra programme tout de même de nombreux ballets classiques de qualité et les prix des places sont très bon marché... Profitez-en !

Escapades

Si vous avez passé la semaine devant votre ordinateur, vous trouverez vraiment de quoi vous changer les idées dans les environs de Riga.

▶ **Mezaparks**. Situé au bord du lac Kīšezers, à 25 minutes de la vieille ville, le Mežaparks (littéralement « parc de la forêt ») est un lieu de promenade et de détente très fréquenté par la population de Rīga. De magnifiques résidences en bois y rappellent la période florissante d'avant-guerre. Des terrains de jeux pour les enfants, un zoo, et un auditorium où ont lieu des concerts et des festivals de chant en plein air agrémentent le parc. Vous pouvez louer des rollers et des vélos pour vous balader. L'été, vous pouvez aussi vous baigner dans le lac.

▶ **Jurmala**. Considérée comme la côte d'Azur de la Lettonie, Jūrmala (« le rivage » en letton) est une succession de quinze petits villages de pêcheurs rassemblés administrativement en 1959. Située à 25 km à l'ouest de Rīga, Jūrmala s'étend sur une bande de terre de 30 km, entre ses longues plages de sable blanc, ses dunes et ses forêts de pins, et la rivière Lielupe qui longe jusqu'au bout la côte. Jūrmala est connue depuis le XVIIIe siècle comme une station thermale réputée pour la richesse minérale de ses eaux. Jūrmala séduit par son atmosphère paisible, le charme de ses longues allées de pinèdes parsemées d'élégantes maisons en bois, l'air vivifiant qui la baigne, les promenades qu'offrent ses plages interminables de sable blanc.

ALEPONIJA

22 Ernesta Birznieka-Upīša iela
RĪGA
Ouvert de 17h à 1h, vendredi et samedi jusqu'à 5h du matin. Fermé le lundi.

Bienvenue dans le bar de hipsters le mieux caché de Rīga ! À l'adresse indiquée, ne paniquez pas si vous ne voyez pas le bar immédiatement. Allez vers la maison en bois qui ne paye pas de mine mais qui est généralement éclairée par quelques petites lampes la nuit. Si vraiment vous ne trouvez pas, demandez à la vieille dame qui est dans le petit kiosque sur le parking. Poussez la porte principale et vous arriverez immédiatement dans un bar très cosy où tout est en bois avec de grands sofas comme dans un chalet branché. Bonne musique alternative.

LIDO - ALUS SĒTA €

Tirgoņu iela 6
RĪGA
© +371 672 22 431
www.lido.lv
Ouvert tous les jours de 11h à 22h. Compter 15 €.

Il fait parti des Lido, une chaîne de restaurant qu'on trouve dans les pays baltes et qui est bien pratique : ambiance cafétéria et self-service, c'est rapide, avec de grandes plages horaires et, surtout, c'est un peu le bon plan économique. Ce restaurant juste en bordure de la place du Dôme est très sympathique le soir, avec sa formule de grillades au feu de bois et sa terrasse qui ne désemplit pas. Vous y trouverez un self-service comme au Lido bien qu'il soit de taille beaucoup plus modeste et un large choix de bières brassées maison.

DODO HOTEL €

Jersikas iela 1 - **RĪGA**
© +371 672 40 220
www.dodohotel.lv
Chambre simple ou double à partir de 32 €. Petit déjeuner à 5 € par personne. Wifi.

A 20 min de marche du centre ville, cet hôtel se vente d'avoir le meilleur rapport qualité-prix de la ville. S'il se trompe, il n'est pas loin de la vérité ! Les 109 chambres de cet hôtel sont impeccables, un peu petites, mais dotées d'une décoration très agréable. C'est une très bonne affaire pour un séjour de travailleur nomade car vous aurez tout ce qu'il vous faut sur place sans vous ruiner. Pour une durée d'un mois, les tarifs sont équivalents à ceux des appartements à Riga finalement. Un bon plan que se refilent précieusement les nomades digitaux.

MUUSU TERASE €€

Eksporta iela 1A - **RĪGA**
© +371 266 999 66
www.muusu.lv
Du mardi au vendredi de 12h à 22h, le samedi de 10h30 à 22h. Fermé dimanche et lundi. Comptez entre 30 et 40 € le repas.

Installé sur une magnifique terrasse en bord de mer, qui donne sur la marina des yachts, ce beau restaurant est la version balnéaire chic du Muusu dans le vieux Rīga. Grâce à ses airs d'hacienda, on se sent tout de suite en vacances et c'est un voyage spécial gourmets qui commence ici. On retrouve les bons produits locaux lettons, si bien mis en valeur par le chef Kaspars Jansons, dans un menu original. Aux beaux jours, un gril à ciel ouvert sur la terrasse permet d'assister à la préparation de certains plats. Une très bonne adresse.

ENTRESOL €€

Elizabetes iela 22 - **RĪGA**
© +371 20 122 220
www.entresol.lv/
Ouvert de 12h à 23h. Comptez de 25 à 35 € le repas en moyenne.

C'est l'opus de Raimonds Zommers, un des chefs qui a reçu le plus de récompenses pour son travail d'orfèvre de la gastronomie lettone. Installé dans un grand loft chic, vous dégusterez une cuisine inventive où les produits, de saison, sont préparés de manière à préserver leur saveur au maximum et où l'on redécouvre les plats classiques lettons. On vous recommande de prendre un assortiment de *knapas*, des petites assiettes aux recettes délicieuses et variées qui donnent un bon aperçu du savoir-faire du chef. Une adresse gastro très plaisante.

THE NAUGHTY SQUIRREL €

Kalēju iela 50 - **RĪGA**
© +371 672 20 073
www.thenaughtysquirrel.com
Lit en dortoir à partir de 8 €, chambre simple à partir de 30 €, double à partir de 32 €. Wifi.

À 300 m de la gare et en plein centre historique de Rīga, cette auberge de jeunesse est réputée pour être une des meilleures de la ville, notamment en raison de ses nombreuses animations. Les propriétaires, originaires d'Australie et de Lettonie, ont réussi à y créer une atmosphère conviviale et des voyageurs du monde entier y résident. Les chambres sont propres, assez spacieuses et confortables. Une cuisine, un lave-linge, un sèche-linge, des serviettes sont à la disposition des clients. Un bon plan hébergement pour les petits budgets !

TAMARINDO

Situé au Costa Rica, à une quinzaine de kilomètres au sud de Huacas, Tamarindo est une petite ville balnéaire splendide avec une longue plage de sable blanc dans la zone protégée de Las Baulas. Cette station balnéaire incontournable du Guanacaste doit son nom aux tamariniers qui la bordent. Fameuse pour le surf ou la planche à voile, Tamarindo est certainement une des villes les mieux développées au Costa Rica. Même si elle est très américanisée, ce qui lui a valu le surnom de « Tamagringo », elle offre un cadre de vie agréable, hippie chic et à deux pas de la plage, qui plaira beaucoup aux travailleurs nomades qui rêvent d'une vie bohême et ont envie de profiter de la plage au quotidien. La couverture numérique de qualité permet en outre de travailler facilement sur place, entre deux séances de baignade ou de surf. Voilà de quoi faire votre bonheur si vous rêvez d'une destination balnéaire pour télétravailler !

Formalités

Le visa n'est pas exigé pour les ressortissants français qui se rendent au Costa Rica si le séjour n'excède pas 90 jours. Donc vous pouvez très bien télétravailler sur place pendant 3 mois sans avoir à gérer des formalités supplémentaires. Personne ne vous demandera rien. Cependant si vous voulez rester au-delà de 3 mois, il vous faudra un visa. La bonne nouvelle c'est que le pays a mis en place un visa pour travailleurs nomades en 2021. Ce visa vous permet de rester jusqu'à 1 an sur place et vous pouvez le prolonger d'un an supplémentaire. Il permet notamment de conduire au Costa Rica avec son permis national, de ne pas avoir à payer d'impôts sur le revenu dans le pays et d'ouvrir un compte bancaire sur place. Pour obtenir ce visa pour nomades digitaux, il faut cependant pouvoir justifier de 3 000 dollars de revenus mensuels pour une personne seule, et de 5 000 dollars si vous êtes en famille. Enfin, on vous demandera l'attestation de votre assurance santé couvrant vos soins médicaux au Costa Rica.

Bon à savoir

▸ **Langue**. La langue officielle du Costa Rica est l'espagnol mais la plupart des habitants maîtrisent aussi langlais, surtout dans les zones et villes touristiques comme Tamarindo.

▸ **Décalage horaire**. En hiver, comptez 7 heures de moins au Costa Rica par rapport à la France ; quand il est 17h à Paris, il est 10h à San José. En été : comptez 8 heures de moins ; quand il est 18h à Paris, il est 10h à San José.

▸ **Monnaie**. On paie en colones au Costa Rica.

▸ **Transports publics.** Il n'y a pas de transports publics à Tamarindo, tout simplement car tout se fait à pied. Il faut à peine 30 minutes de marche pour parcourir la ville de bout en bout en longeant le bord de mer.

Coût de la vie

Le coût de la vie au Costa Rica est assez élevé et comparable à celui de la France. A Tamarindo, qui est une ville touristique, c'est même sensiblement plus cher.

▸ **Quelques idées de prix à Tamarindo** : un repas simple dans une cafeteria ou un snack : 8-10 € ; un repas dans un bon restaurant : environ 40 € ; une nuit dans un hôtel 3 à 4 étoiles : de 100 à 200 € ; loyer moyen d'un studio à Tamarindo : à partir de 700 € ; prix d'un forfait prépayé d'un mois avec appels illimités dans le pays et forfait 4G : à partir de 40 €, puis il faut recharger le forfait au fur et à mesure ; bureau partagé dans un espace coworking : à partir de 140 € par mois ; tarif café coworking : 10 € la journée.

Les quartiers

Tamarindo est une petite ville balnéaire qui tient dans un mouchoir de poche. Le centre-ville se concentre finalement autour du bord de mer. Donc c'est très facile de vous repérer et vous vous y déplacerez très facilement à pied. Les cafés avec wifi et les rares espaces coworking de la ville sont faciles à rejoindre à pied où que vous décidiez de loger en ville.

Se loger

Pour des séjours longue durée, vous trouverez quelques hôtels pour backpackers à 30 € la nuit mais le vrai bon plan c'est le Selina Hotel qui a aussi un espace coworking directement sur place avec des formules à la journée, à la semaine ou au mois. Pour louer un appartement, rendez-vous sur la plateforme Airbnb ou sur le groupe Facebook Tamarindo Chit Chat où vous pouvez passer une petite annonce et où les locaux, dont beaucoup d'expatriés, se feront un plaisir de vous aider.

Travailler

Pour travailler, vous trouverez des cafés avec bon wifi en ville mais aussi deux hôtels le Selina

Surfers sur la plage de Tamarindo.

hotel et le In the Shade hotel-qui ont des espaces coworking où vous pouvez souscrire à un forfait pour travailler à la journée, à la semaine ou au mois.

Vie quotidienne

Courses et shopping
Pour vos courses alimentaires, vous trouverez plusieurs supermarchés en ville où vous pourrez faire les achats de denrées essentielles : Super Compro Tamarindo, Auto Mercado Tamarindo, Vindi Tamarindo… Pour les achats de vêtements et autres, vous trouverez plusieurs boutiques en ville. Cependant, les prix affichés sont un peu élevés. Rappelez-vous que vous êtes dans une station balnéaire.

Laver son linge. Vous ne trouverez pas de laveries automatiques à Tamarindo mais plusieurs blanchisseries, comme Fast Clean Laundry ou Lavanderia las Olas, où vous pourrez laver et sécher votre linge contre une somme modique.

Système de santé/assurances. Aucun vaccin n'est obligatoire au Costa Rica mais les vaccins contre le tétanos, la diphtérie et l'hépatite A (à moins d'être immunisé) sont recommandés. Les plus prudents et les plus aventureux devront y ajouter l'hépatite B ainsi que la fièvre typhoïde. Planifiez vos vaccinations plusieurs semaines avant le départ. Il est également nécessaire de prendre ses précautions contre la dengue et le paludisme (mettre du produit anti-moustiques, un t-shirt à manches longues et un pantalon dans les zones à risques, près des eaux stagnantes). Enfin si l'eau est potable, les corps fragiles veilleront à n'en consommer qu'en bouteille. Les soins de santé sont plutôt de qualité au Costa Rica mais ils sont coûteux. Il est donc fortement recommandé de prendre une assurance médicale qui couvrira vos soins dans le pays et votre éventuel rapatriement.

Se restaurer

En plus des restaurants plutôt gourmets des hôtels, on trouve de très bons restaurants de poisson et fruits de mer, des pizzerias, des adresses asiatiques, des restaurants aux menus créatifs et surprenants, aux différentes inspirations internationales, et évidemment, des restaurants rapides et pas chers un peu partout. Vous aurez vraiment de quoi recharger les batteries à Tamarindo, pas d'inquiétude.

S'aérer / se changer les idées

Les plages. La plage de Tamarindo est Playa Grande. Elle est fréquentée par des leatherback turtles (tortugas baulas en espagnol, les tortues luth en français) qui viennent enfouir leurs œufs depuis des millénaires. Peu de plages au monde ont l'honneur de recevoir la visite de ces mastodontes (il n'est pas rare que quelques spécimens atteignent 500 kg pour 2 m de longueur), mais il y en a trois rien qu'au Costa Rica. Les baulas pondent entre décembre et mars sur cette plage, étroite et venteuse, sinistre quand il pleut. À l'entrée, un avertissement en anglais et en espagnol rappelle que, les tortues choisissant toujours le même endroit pour pondre leurs œufs, il est interdit de dégrader la plage, de quelque façon que ce soit, sous peine de ne plus jamais revoir les reptiles. C'est pourquoi l'accès de Playa Grande est contrôlé par des gardiens. Playa Grande est aussi un des spots préférés des surfeurs (que l'on soit débutant ou expert) en raison de ses vagues excellentes.

© IRINAK - SHUTTERSTOCK.COM

Petite tortue luth.

Les sports nautiques. Plusieurs options sont envisageables pour jouer avec les vagues de l'océan Pacifique pendant votre séjour de travailleur nomade : jetski, surf, paddle, kayak...
Vous pourrez notamment faire de la plongée sous-marine avec l'agence Scuba Dive Costa Rica. C'est un petit centre de plongée Padi 5 Étoiles, situé à Playa Potrero, avec un point de vente à Tamarindo. Le centre accueille 8 à 10 plongeurs maximum par jour, avec un guide pour 4 à 5 personnes, pour plus de plaisir et de sécurité. L'excursion la plus populaire pour les plongeurs certifiés se trouve aux îles Las Catalinas, où la faune marine est impressionnante. A une dizaine de mètres de profondeur, on peut voir orques, raies mantas, requins-baleines, des murs de poissons... La sécurité est une priorité, avec des équipements et des bateaux de première qualité. Le centre de plongée offre également des cours (Padi Open Water, Discover scuba, Advanced, Rescue...) mais aussi des expériences en snorkeling. Si cela vous tente, vous pourrez également vous initier au paddle surfing à Tamarindo. L'agence Costa Rica Stand Up Paddle Adventures vous louera le matériel de paddle et des moniteurs vous donneront des cours d'initiation si besoin.

A voir/à faire. Si vous êtes amateur de visites culturelles, vous risquez d'être déçu à Tamarindo car vous n'y trouverez ni musée, ni site culturel… Les activités à Tamarindo sont avant tout nautiques : surf, planche à voile, baignade, jetski, etc ; vous trouverez de nombreuses boutiques pour louer ou acheter des planches. Vous pouvez aussi faire des excursions pour partir observer les tortues marines en mer mais, attention, la plupart des « tortues tours » organisés au départ de Tamarindo sont souvent chers (40 US$ au moins).
Sortir. Impossible de s'ennuyer le soir à Tamarindo. Il suffit d'aller dans le centre-ville, vous trouverez des dizaines de bars ouverts tard ; quelques-uns font discothèque. On vous recommande notamment d'aller prendre un verre à El Vaquero ou à Monkey La-La où l'ambiance bat son plein, surtout en fin de semaine.

Escapades

Si vous aimez la plage, vous trouverez beaucoup de belles plages dans les environs de Tamarindo et pourrez varier les plaisirs !

Playa Avellanas. Cette belle plage de sable blanc, non loin de la mangrove, est réputée pour être un des meilleurs spots de surf de la côte. Ce n'est pas par hasard qu'on l'a surnommée « le petit Hawaii ». Cette plage, tout comme sa voisine Playa Negra, est bien plus préservée que Tamarindo plus au nord ; les constructions sont rares et dispersées. Le paysage change soudainement et on renoue avec la nature sauvage de la côte Pacifique, ce n'est pas plus mal...

Playa Negra. Playa Negra est réputée comme l'un des sites les plus emblématiques pour les surfeurs, grâce à ses vagues mythiques. Ces plages ont notamment été utilisées pour le tournage du film Endless Summer II. Voilà de quoi taquiner les vagues si vous êtes un travailleur nomade passionné de surf.

Playa Junquillal. Une superbe plage de sable gris qui se prête au surf mais pas à la baignade car les courants sont vraiment forts. C'est aussi une plage où les tortues luth aiment bien pondre de juillet à novembre, et les braconneurs ne sont pas rares en cette période, hélas ! Certes, les autorités essaient d'endiguer le trafic mais ce n'est pas très efficace pour l'instant d'après les associations écologistes. Mais les braconneurs opèrent généralement la nuit donc vous ne risquez rien sur cette plage, à part peut-être faire une bonne séance de surf.

CABINAS MARIELOS €

Rue principale, à 200 m de l'hôtel Deria
TAMARINDO
✆ +506 2653 0141
www.cabinasmarieloscr.com
A partir de 55 US$ la chambre simple. Cuisine commune avec réfrigérateur. Wifi gratuit.

Ce petit hôtel se trouve dans un jardin tropical (peuplé de fleurs, de cactus et d'orchidées) où viennent jouer singes hurleurs, iguanes et colibris. Idéal pour les surfeurs. Il n'y a que la route à traverser pour se retrouver sur la plage. N'hésitez pas à négocier, quelle que soit la saison, si vous sentez que l'hôtel est un peu vide. Une cuisine est à disposition et permet de se mitonner les petits poissons pêchés ! Une bonne adresse pour un séjour à petit prix qui intéressera tous les travailleurs nomades en quête d'un hébergement à Tamarindo.

EL COCONUT €€

Route principale - **TAMARINDO**
✆ +506 2653 0086
elcoconut-tamarindo.com/
Formule avec trois plats : comptez de 25 à 30 US$.

Grand deck de bois couvert, lueurs de petites bougies, éclairage savamment dosé, mobilier sobre de bois, le Coconut affiche un décor soigné et enchanteur. La cuisine, orchestrée par une équipe féminine menée par Katharina, une Norvégienne polyglotte et francophile, se fait en fonction de la pêche du jour. Des spécialités créatives de fruits de mer et de poisson frais s'affichent à l'ardoise, telle la langouste tropicale qui s'accompagne d'ananas, de raisins et de gingembre, ou les crevettes panées à la noix de coco servies avec une sauce mangue-passion.

ESTRELLAS DEL PACIFICO €€

En face du « parque de los niños », après la banque BAC
TAMARINDO
✆ +506 2653 0875

Dans un esprit Costa Brava espagnole au confort basique, les appartements ne sont pas tout neufs mais sont une bonne option pour une location entre amis. Proche du centre et de la plage de Tamarindo, piscine à disposition pour terminer la journée. Les appartements avec 1 à 3 chambres sont équipés d'une cuisine avec frigo, machine à café et vaisselle, on imagine préparer les cocktails du soir, sortir les bières du frais et préparer les repas dans la bonne humeur. Eau chaude, climatisation et téléviseur. En résumé, c'est un logement à petit prix convenable.

MONKEY LA-LA

Hotel Pasatiempo
TAMARINDO
✆ +506 2653 0096
www.hotelpasatiempo.com/monkey-la-la
Ouvert tous les jours de 11h30 à 19h30.

Le bar-restaurant de l'hôtel Pasatiempo est ouvert aux non-résidents, qui ont aussi accès à la piscine. Cette adresse continue d'attirer du monde et on comprend pourquoi. Ambiance cocktail tropical autour de la piscine, du *snacking* à prix bas, de bons tacos, des petites brochettes de poulpes, c'est rapide et gourmet à la fois. Un bon plan qui permet de passer un bon moment en appréciant de vraies frites maison. Le Monkey La-La (du nom de son cocktail emblématique) est le premier établissement à proposer des cocktails au pichet à Tamarindo.

SEASONS €€€

Hôtel Arco Iris - **TAMARINDO**
✆ +506 8368 6983
www.seasonstamarindo.com
Ouvert du lundi au samedi de 17h30 à 22h. Comptez de 25 US$ à 30 US$ par personne.

C'est tout simplement l'une des meilleures tables de la ville. Situé au cœur de l'hôtel Arco Iris, le chef Shlomy, d'origine israélienne et ancien de la Pachanga, propose une cuisine savoureuse aux inspirations méditerranéennes, digne des meilleurs restaurants du pays. Risotto vert pour les régimes végans, filet mignon sauce au vin rouge ou encore pâtes de la mer accompagnées de sa sauce vinaigrette au citron. Sans oublier la très bonne crème brûlée. Qualité et exigence sont au rendez-vous. Une valeur sûre en termes de gastronomie à Tamarindo.

SELINA TAMARINDO €

Calle Langosta
✆ +506 4020 5512
www.selina.com/costa-rica/tamarindo/
A partir de 30 € la nuit.

Cet hôtel en bord de mer et à petit prix est l'hébergement rêvé pour les travailleurs nomades. Il permet d'allier travail et loisirs car il possède un bel espace coworking et propose une multitude de loisirs sur place : cours de yoga, cours de surf, piscine, animations et évènements divers, musique live, salle de cinéma, cours de salsa, sortie snorkeling ou plongée sous-marine etc. Vraiment, les travailleurs nomades trouvent leur bonheur sur place pour se détendre. Quant aux chambres, elles sont simples mais confortables : individuelles ou en dortoir.

TANGER

Nombreux sont les artistes à avoir succombé au charme de Tanger la blanche, une belle ville marocaine au bord à la fois de l'océan Atlantique et de la mer Méditerranée. En parcourant la médina animée ou la Kasbah, vous suivez les traces des peintres Delacroix ou Matisse, des écrivains Paul Morand, des musiciens Saint-Saëns ou Mick Jagger. Longtemps baptisée « Tanger l'Internationale » parce qu'elle aimantait des artistes du monde entier, Tanger n'a rien perdu de sa superbe et attire aujourd'hui des travailleurs nomades amoureux de la qualité de vie qu'elle procure, de ses plages. Laissée un temps en déshérence, Tanger a bénéficié d'intenses travaux de rénovation ces dernières années ce qui la rend d'autant plus attractive. Certes, la couverture wifi n'est pas optimale et les espaces coworking manquent mais elle est tellement plus agréable à vivre que des villes marocaines plus business comme Casablanca…

Formalités

Pour les ressortissants de l'Union Européenne, pas besoin de visa pour aller au Maroc pour un séjour pouvant aller jusqu'à 90 jours. Pour un séjour supérieur à 3 mois, il faut demander une carte de résident à la direction générale de la sûreté nationale.

Bon à savoir

- **Langue**. La langue de l'administration et des médias est l'arabe classique mais la langue parlée tous les jours est l'arabe dialectal. La plupart des Tangérois parlent le français, mais maîtrisent également l'espagnol et l'anglais.
- **Décalage horaire**. En été, il y a deux heures de décalage avec la France : quand il est 10h à Tanger, il est 12h à Paris. En hiver, on compte seulement une heure de décalage entre la France et le Maroc : lorsqu'il est 10h à Tanger, il est 11h à Paris.

© DEEPBLUEPRODUCTIONS - ISTOCKPHOTO

Vue sur la vieille ville de Tanger depuis la mer.

- **Monnaie**. La monnaie du Maroc est le dirham.
- **Transports publics**. Le réseau de bus Alsa Tanger opère dans la ville et dans la région de Tanger grâce à 44 lignes, dont 27 lignes urbaines et 17 lignes périurbaines, qui desservent la majorité des quartiers, villes et villages tangérois. Cependant dans le centre-ville, vous n'aurez pas vraiment besoin de bus et pourrez tout faire à pied, tous les points d'intérêt et commerces étant très concentrés.

Coût de la vie

Le coût de la vie à Tanger est 40 % moins cher qu'en France.

- **Quelques idées de prix à Tanger.** Un repas simple dans une cafeteria ou un snack : 6-8 € ; un repas dans un bon restaurant : environ 25 € ; une nuit dans un hôtel 3 à 4 étoiles : de 80 à 110 € ; loyer moyen d'un studio à Tanger : à partir de 250 € ; prix d'un forfait prépayé d'un mois avec appels illimités dans le pays et forfait 4G : à partir de 5 €, puis il faut charger la recharger le forfait au fur et à mesure, bureau partagé dans un espace coworking : à partir de 150 € par mois.

Les quartiers

- **La Médina**. C'est le centre historique de la ville de Tanger et sa partie la plus effervescente. Avec son dédale de ruelles colorées, son superbe patrimoine historique exceptionnel, ses nombreux commerces, cafés et restaurants traditionnels qui attirent des visiteurs toute l'année, vous serez au cœur de l'action si vous souhaitez travailler à une terrasse de café avec un bon thé à la menthe, ou si vous souhaitez simplement y vivre. Par la porte Bab Bhar, vous profiterez d'une superbe vue sur le détroit et la ville de Tanger avec, par temps clair, un aperçu de la côte espagnole. Autre avantage : la kasbah de Tanger n'est pas envahie par les touristes comme d'autres villes du Maroc, elle est authentique, préservée et toute blanche, tellement belle ! Les travailleurs nomades ne peuvent qu'y être inspirés, d'autant plus s'ils sont dans le domaine des arts et qu'ils ont une fibre créative.

Le quartier du Boulevard. Le boulevard est la longue avenue qui longe la mer Méditerranée sur plusieurs kilomètres, à l'est du port. Il commence au Sour Al Maâgazine (le « mur des fainéants », surnommé ainsi car c'est là que de nombreux badauds s'assoient pour flâner et se reposer) et c'est la partie moderne de Tanger par rapport à la médina. Vous y trouverez des boutiques de mode, des cafés, des restaurants, des bars, des banques... C'est un quartier très vivant de jour comme de nuit et vous l'apprécierez d'autant plus si vous êtes un travailleur nomade dans le domaine du commerce ou des affaires.

Le quartier de la plage de Tanger. Du port jusqu'à Malabata, le long de la plage, vous trouverez des cafés, des restaurants, des clubs et des discothèques où la jeunesse dorée vient faire la fête. Si vous êtes un travailleur nomade adepte de farniente et de baignade, mais aussi amateur de fiesta, c'est dans cette zone que nous vous recommandons de télétravailler ou de vous loger.

Se loger

Pour vous loger à Tanger, on vous recommande soit une chambre d'hôte dans la médina, qui vous coûtera environ 40 € la nuit si vous négociez avec le propriétaire pour votre séjour longue durée, soit de louer un studio via une agence immobilière. Sachez cependant qu'il n'existe pas de plateformes de location d'appartements tangeroise pour les séjours de plusieurs semaines ou plusieurs mois. Si c'est vraiment ce que vous cherchez, vous trouverez ce qu'il vous faut sur des plateformes internationales comme Airbnb.

© SAIKO3P - FOTOLIA

Dans les rues de Tanger.

Travailler

Si Tanger est une ville très agréable pour télétravailler, ce n'est pas une ville bien équipée en espaces coworking. Vous ne trouverez donc pas de lieux où vous pouvez prendre un pass à la journée et travailler dans une ambiance de bureaux. Cependant, il existe un espace coworking baptisé le bureau Ibn Batouta Mall où il est possible de louer un bureau individuel ou partagé au mois. Pour le reste, il vous faudra aller vous installer à la terrasse des cafés si vous voulez travailler en dehors de chez vous. Tournez-vous plutôt vers les cafés d'hôtels où le wifi est de bonne qualité. Attention, dans la médina, la qualité de la connexion est très aléatoire... Renseignez-vous au préalable.

DANS LE MONDE

© ASTONMARTIN5

Le Grand Socco.

Vie quotidienne

Courses et shopping. Pour faire vos courses alimentaires, vous trouverez bon nombre de supermarchés à Tanger. On vous recommande notamment Carrefour et Marjane où vous trouverez tout ce qu'il vous faut.

Concernant le shopping et l'achat de vêtements, les malls gigantesques se sont multipliés ces dernières années et vous pourrez y acheter de tout, y compris des produits et tenues de marques internationales. Pour vos séances de shopping, on vous recommande notamment le Mall du Socco Alto, Tanger Mall, Tanger City Center etc.

Laver son linge. Vous trouverez quelques laveries automatiques à Tanger mais, le plus souvent, vous pourrez faire laver votre linge avec séchage et livraison à domicile. En vous renseignant dans le quartier, vous devriez trouver facilement un pressing qui le fait ou un individuel pour moins cher.

Système de santé/assurances. A Tanger et au Maroc en général, vous n'aurez aucune difficulté à trouver un médecin ou un hôpital. Pour une consultation médicale, vous pouvez vous rendre dans un établissement public mais l'attente peut être longue… Attention, en cas de gros pépin de santé, il vaut mieux vous tourner vers une clinique privée car les soins seront de meilleure qualité.

On vous conseille vivement de prendre une assurance couvrant vos soins à l'étranger car votre carte vitale ne vous couvrira pas directement au Maroc. Vous pourrez cependant vous faire rembourser les consultations médicales et les soins éventuels en envoyant tous les justificatifs à la sécurité sociale en rentrant.

Se restaurer

Située au bord de l'Atlantique et de la Méditerranée, la cuisine de Tanger fait bien sûr la part belle au poisson. Qu'il soit simplement grillé ou saupoudré d'épices, vous êtes assuré de sa fraîcheur. Les restaurants locaux proposent souvent du poisson mais privilégient aussi les piliers de la cuisine marocaine et vous ne pourrez couper au couscous roboratif ou au tajine délicat. Il subsiste de son passé livré aux influences européennes une tradition de saveurs occidentales. A Tanger plus qu'ailleurs au Maroc, vous pourrez débusquer de délicieux bars à tapas, des trattorias italiennes, des restaurants français. Seule la cuisine anglaise ne semble pas avoir laissé de trace indélébile… Les cuisines asiatiques tentent une percée, car les Tangérois, comme le reste du monde, succombent à son appel.

S'aérer / se changer les idées

Les plages. Tanger compte pas mal de plages en ville et dans sa périphérie, vous aurez donc de quoi vous relaxer et bronzer, entre deux séances de télétravail. Ce sont des plages de sable fin à l'eau cristalline et on se sent vraiment en vacances. On vous conseille notamment la plage Achakkar, à 20 km de Tanger et à proximité du Cap Spartel, et la plage municipale, non loin du vieux port de Tanger.

A voir/à faire. Souvent démolie à la suite de ses innombrables prises, Tanger ne compte que peu d'édifices très anciens. Ils sont tous concentrés dans la médina et la Kasbah et rares sont ceux antérieurs au XVIIIe siècle. On peut citer les remparts et bastions de la ville, ainsi que le palais Dar el Makhzen dont l'édification a démarré après l'abandon de la ville par les Anglais

Phare du Cap Spartel.

Dans les ruelles de Chefchaouen.

en 1684. La médina contenue dans les remparts diffuse le charme alambiqué des vieilles villes arabes. L'entrelac de ruelles, les culs-de-sac et les escaliers forment un véritable labyrinthe où il fait bon se perdre. Il y règne une atmosphère chaleureuse et animée, typique des villes méditerranéennes. La ville nouvelle compte de nombreux palais de style colonial qui remontent à l'âge d'or diplomatique de la « Perle du Détroit » au XIXe siècle. Les musées sont peu nombreux, mais celui de la Kasbah mérite le détour pour ses collections et son jardin de style andalou.

▶ **Sortir.** Tanger est une ville d'atmosphère plus qu'une ville de fête débridée. On vous recommande de faire une halte au Café Hafa, qui fait partie des cafés incontournables de la ville. Perché au-dessus d'une falaise, il offre une vue superbe sur le détroit de Gibraltar et vous pourrez y siroter un bon thé à la menthe comme les nombreuses personnalités qui l'ont fréquenté, parmi lesquelles Paul Bowles. Les soirées animées et alcoolisées ne font pas vraiment partie de la culture marocaine, sauf dans les cabarets (appellation locale des bars de nuit avec le plus souvent des prostituées) mais ce n'est probablement pas ce que vous rechercherez pour vous changer les idées à l'occasion de votre séjour de travailleur nomade… Le cinéma occupe la première place des activités de loisirs, avec plusieurs salles, dont certaines remontent aux années 1930. Le plus célèbre est la Cinémathèque de Tanger, campée sur le Grand Socco, qui propose des cycles ou des documentaires de qualité. Enfin, une boîte de nuit digne de ce nom, le 555 produit des DJ venus de l'étranger et des concerts (beaucoup de rap) qui font chavirer la jeunesse tangéroise et d'ailleurs. Sa situation sur la Marina permet de ne déranger personne.

Escapades

Si vous avez passé la semaine devant votre ordinateur, vous trouverez vraiment de quoi vous changer les idées dans les environs de Tanger.

▶ **Les Grottes d'Hercule.** Ce sont des grottes naturelles calcaires ouvertes sur la mer, dans lesquelles cette dernière pénètre à marée haute. A l'intérieur de ces grottes, un couloir principal conduit vers plusieurs salles. Des ouvertures aux formes caractéristiques se découpent dans les parois et permettent d'apercevoir l'océan. L'ouverture la plus fameuse a la forme de la carte de l'Afrique ! On peut même y remarquer Madagascar ! Une véritable attraction

▶ **Tétouan.** A environ 50 km de Tanger, Tétouan possède une très belle médina, parmi les plus célèbres du Maroc avec ses larges remparts datant du XVe siècle et ses ruelles pittoresques. Elle est au croisement de deux identités, marocaine et espagnole. Ville métisse où l'espagnol y est parlé plus qu'ailleurs, elle est située près de Ceuta, territoire espagnol, et compte environ 380 000 habitants. C'est également une ville moderne, respirant la prospérité avec ses ruelles animées autour de la place Moulay el Mehdi.

▶ **Chefchaouen.** Chefchaouen est un grand village perché à 600 m d'altitude dans les montagnes. Inscrit au Patrimoine immatériel de l'humanité de l'Unesco, il abrite l'une des plus jolies médinas du Maroc, aux multiples teintes bleutées, où se perdre dans ses ruelles étroites est un réel plaisir.

On ne peut s'empêcher au détour de chaque virage de prendre des photos de ses jolies portes et maisons. La place de la Kasbah, ocre vestige d'un passé révolu, est une invitation à laisser défiler les heures.

ALI BABA €

136, avenue Mohamed VI - **TANGER**
✆ +212 5 39 94 13 76
www.alibabalibanais.com
Ouvert tous les jours de 8h à minuit. A partir de 60 DH le plat.

Depuis 1989, le restaurant accueille les amoureux de la bonne cuisine. La carte est bien fournie, allant des pizzas et chawarma à la sole grillée et médaillon de bœuf aux pommes. L'établissement est également réputé pour ses spécialités libanaises et marocaines, à l'instar de ses bonnes grillades libanaises et de son délicieux tajine de viande aux pruneaux. Il s'ouvre sur de grandes baies vitrées, offrant une vue panoramique sur la Méditerranée. Le propriétaire est très aimable et adore discuter avec ses clients. Bon rapport qualité-prix.

CAPPUCCINO

6 Avenue Mohamed VI
TANGER
✆ +212 5 39 30 26 63
Ouvert tous les jours de 7h à minuit.

Le Cappuccino pousse le concept du coffee shop à sa limite. Installé dans une maison de style californien, on vient y déguster à toute heure une glace, un expresso ou un café frappé, un jus de fruits frais ou une pâtisserie délicate. Le concept fait plus que séduire. La salle immense occupe deux étages, et il arrive souvent de ne plus trouver de place. Toute la bonne société tangéroise amatrice de bling-bling se retrouve ici pour déguster une douceur sucrée ou une salade ou un club-sandwich. Les tarifs élevés permettent de filtrer la clientèle.

LE BISTROT DU PETIT SOCCO €

Rue de la marine
TANGER
Ouvert du lundi au samedi de 11h à 23h. Compter 200 DH pour un repas.

Le restaurant se reconnaît à ses nappes colorées et à ses chaises flashy installées sur la rue. L'endroit est idéal pour s'installer et profiter du spectacle pittoresque de la vieille ville tout en dégustant un verre de thé. Pour une escale plus prolongée, prenez d'assaut la terrasse à l'étage sous les canisses. Vous pourrez puiser dans le répertoire marocain, à base de couscous, de tagines, mais aussi de poisson grillé aux épices, le tout à un prix très raisonnable.

DAR OMAR KHAYAM €

28, rue El-Antaki - **TANGER**
✆ +212 6 59 35 08 38
www.daromarkhayam.com
A partir de 30 € pour une chambre double et 46 € pour une suite, petit déjeuner compris.

Joli immeuble jaune datant du XIXe siècle et classé au patrimoine architectural national, le Dar Omar Khayam ne manque pas d'histoire, ayant été église à la base, hôpital de convalescence à la Première Guerre mondiale et même couvent pendant la colonisation espagnole. Aujourd'hui ce pensionnat, situé à 50 m de la plage et à 10 minutes à pied de la médina, propose des chambres basiques, propres et à des prix imbattables. Grand salon intérieur et extérieur, dans un petit jardin. L'hôtel faisant peau neuve au fur et à mesure, demandez les chambres rénovées !

CAFÉ HAFA

Avenue Mohammed Tazi
TANGER
Ouvert du lever au coucher du soleil.

Des chaises en plastique, des tables en bois rongées par la mer… Le café Hafa ne cherche pas à se donner des faux airs, et c'est ce qui fait son charme. Depuis 1921, tous les Tangérois se retrouvent dans cette adresse incontournable de la ville. Mohamed Choukri et Paul Bowles sirotèrent plus d'un thé à la menthe dans ce café populaire accroché à flanc de falaise. Totalement en extérieur, le café Hafa offre une vue magnifique sur le détroit. Il est surtout l'endroit où l'on découvre la fameuse et singulière atmosphère tangéroise. Incontournable.

LA TERRASSE [HOTEL HILTON TANGER]

Place du Maghreb Arabe
TANGER
✆ +212 5 39 30 95 00
Ouvert tous les jours de 9h à 23h. Boissons et cocktails à partir de 100 DH.

Parmi tous les hôtels de chaîne qui ont pris d'assaut la corniche de Malabata, le Hilton se distingue par ses fenêtres miroir qui reflètent indifféremment le bleu de la mer ou du ciel. Mais c'est surtout sa splendide terrasse installée au 13e étage de l'édifice qui attire clients de l'hôtel et visiteurs extérieurs. Installée au bord de la piscine panoramique, vous pouvez y boire un verre à toute heure de la journée. Elle est souvent prise d'assaut au coucher du soleil.

TBILISSI

Tbilissi est plus encore que la capitale géorgienne. C'est indéniablement le joyau architectural du Caucase. Vestiges de l'histoire, charme, diversité, mode de vie : la cosmopolite mégapole se situe quelque part entre le village géorgien, Saint-Pétersbourg, Ispahan, Istanbul et Naples. Bâtie à l'un des carrefours les plus stratégiques de la Transcaucasie, c'est aussi une capitale où il fait bon vivre. A taille humaine, elle offre de beaux boulevards, de jolies ruelles, des charmantes cours intérieures et des caves à vin… C'est sans aucun doute la destination à privilégier pour les travailleurs nomades en Géorgie, qui y trouveront des hébergements modernes et du wifi de qualité pour travailler. Et si on ajoute à cela, l'accueil chaleureux des Géorgiens, le coût de la vie modique et le visa touristique d'un an, Tbilissi est sans conteste une destination de choix pour télétravailler dans le monde.

Formalités

En tant que citoyen de l'Union Européenne, on peut rester 1 an sur le territoire géorgien sans visa, avec un passeport en cours de validité.

Bon à savoir

▸ **Langue**. La langue officielle est le géorgien mais la plupart des habitants de Tbilissi parlent anglais. Ceci dit, essayez d'apprendre quelques mots de base en géorgien, vous n'en serez que plus apprécié.

▸ **Décalage horaire**. Par rapport à la France, comptez 3 heures de plus en Géorgie en hiver et 2 heures de plus en été.

▸ **Monnaie**. On paie en laris en Géorgie.

▸ **Transports publics**. Le centre-ville de Tbilissi, avec les principaux points d'intérêt, se parcourt aisément à pied. Le fleuve Koura sépare la ville en deux, avec la vieille ville rive droite et le centre moderne de la ville, dont le cœur est la place Mardjanichvili, rive gauche.
Si vous n'avez pas envie de marcher, vous pouvez aussi prendre le métro qui parcourt la ville en 23 stations réparties sur deux lignes, le taxi ou un VTC (Uber, Bolt, etc).

Coût de la vie

Le coût de la vie en Géorgie est 50 % moins élevé qu'en France.

▸ **Quelques idées de prix à Tbilissi** : un repas simple dans une cafeteria ou un snack : 4-6 € ; un repas dans un bon restaurant : environ 20 € ; une nuit dans un hôtel 3 à 4 étoiles : de 60 à 90 € ; loyer moyen d'un studio en Géorgie : à partir de 250 € ; prix d'un forfait prépayé d'un mois avec appels illimités dans le pays et forfait 4G : à partir de 3 €, puis il faut recharger le forfait au fur et à mesure ; bureau partagé dans un espace coworking : à partir de 140 € par mois ; pass coworking à la journée : à partir de 8 €.

Les quartiers

▸ **La vieille ville**. La vieille ville de Tbilissi est un concentré de 15 siècles d'histoire : pittoresque, haute en couleur, parsemée de monuments anciens et d'architecture raffinée. En revanche, elle n'est pas le centre de la ville moderne qui s'est développée autour de l'Avenue Roustavéli à partir de la deuxième moitié du XIXe siècle puis pendant l'époque soviétique. La vieille ville, Kala, s'étend au pied de la colline de la forteresse Narikhala, principalement sur la rive droite de la Koura, mais s'étend aussi sur la colline de Métékhi sur la rive gauche du fleuve. Vous y trouverez d'agréables cafés avec wifi et des espaces de coworking à proximité.

Architecture typique de la ville.

© BORIS STROUJKO - ADOBE STOCK

Vieux quartier de Tbilissi.

Roustavéli et Mtsatsminda. L'avenue Roustavéli est le véritable centre du pays, théâtre des représentations politiques, des défilés, mais aussi lieu de toutes les sorties, des flâneries et de la culture, combinant à la fois le rôle qu'ont à Paris les Champs-Elysées, le boulevard Saint-Michel et la rue Oberkampf ! Le Parlement, la Chancellerie et le Musée national s'y trouvent, ainsi que l'ancien palais du vice-roi du Caucase. On y trouve le siège de nombreuses entreprises et banques, des boutiques de luxe, des bars et des restaurants, pour tous les budgets. C'est le quartier qu'il vous faut si vous voulez travailler dans l'atmosphère bouillonnante de Tbilissi et profiter des cafés avec wifi et des espaces de coworking qui s'y trouvent. A l'ouest de Roustavéli, Mtatsminda est un quartier plein de charme, empli de maisons de l'époque coloniale, verdoyant et au mode de vie typique du vieux Tbilissi.

© BOZHENA MELNYK - SHUTTERSTOCK.COM

Le khatchapouri est présent dans toute la Géorgie.

Plékhanov-Mardjanichvili. Avec un ensemble de rues XIXe où dominent l'Art Nouveau et le néo-classicisme russe, ce quartier est très authentique, arboré, avec ses façades défraîchies. L'avenue Aghmachénébéli est très commerçante, comme une bonne partie du quartier à mesure qu'on s'approche de la gare ferroviaire et de Bazroba, le bazar central. Ce quartier de Tbilissi conviendra aux travailleurs nomades qui aiment travailler dans une ambiance authentique et populaire dans les cafés de quartier.

Véra et Vaké. Véra fut au XIXe siècle le quartier des fonctionnaires impériaux. La rue Kostava est le prolongement naturel de Roustavéli, jusqu'à la Philharmonie. En contrebas de la rue Mélikichvili se trouve le petit quartier dit de Pérovskaïa, qui est le quartier des clubs et bars branchés de la ville. Cette partie de Tbilissi plaira beaucoup aux travailleurs nomades qui ont une fibre artistique et qui aiment faire la fête.

Se loger

Pour trouver un appartement à Tbilissi, les classiques plateformes Airbnb et Booking fonctionnent plutôt bien. Mais vous trouverez sans doute de meilleures affaires sur les sites de location myhome.ge ou place.ge qui proposent un large choix d'appartements dans la capitale géorgienne. Certains espaces de coworking, comme Lokal, proposent également des chambres à louer, pour environ 40/50 € la nuit mais cela peut être pesant de passer tout son temps sur son lieu de travail…

Travailler

La couverture internet étant plutôt bonne dans la capitale géorgienne, vous n'aurez pas de mal à télétravailler dans un café avec wifi ou chez vous. Si vous préférez l'ambiance plus studieuse des espaces de coworking, vous en trouverez partout en ville, notamment autour de la vieille ville.

Vie quotidienne

▶ **Courses et shopping**. Pour faire vos courses, vous trouverez beaucoup de supermarchés à Tbilissi parmi lesquels plusieurs magasins Carrefour.

Pour le shopping en général, les bazars feront le bonheur des travailleurs nomades chineurs que ce soit le Dry Bridge ou Bazroba, le marché central.

Tbilissi rassemble par ailleurs de nombreuses boutiques de produits équitables valant vraiment le détour où vous pourrez acheter des vins géorgiens, des épices, des écharpes, des nappes, des vêtements…

▶ **Laver son linge**. A Tbilissi, vous trouverez facilement des laveries automatiques et des blanchisseries. Comptez environ 3 € pour laver et sécher jusqu'à 8 kilos de linge dans une laverie et un peu plus dans une blanchisserie.

▶ **Système de santé/assurances.** La Géorgie - et Tbilissi en particulier - est réputée pour avoir un système de santé coûteux bien que les hôpitaux soient souvent sous-équipés… On vous recommande donc de prendre une bonne assurance santé avant votre voyage ce qui vous évitera d'avoir à débourser beaucoup d'argent si vous tombez malade et cela vous permettra de vous faire rapatrier en cas d'accident ou de problème de santé plus lourd.

Se restaurer

Tbilissi est considérée comme la capitale de la gastronomie de la Géorgie, mêlant gastronomie nationale et cuisine innovante. C'est le lieu de la créativité culinaire : les cuisiniers proposent une nouvelle et excellente cuisine fusion. Il y en a pour tous les goûts et budgets, dans des cadres souvent charmants, typiques avec des atmosphères vivantes. Un bon nombre de restaurants a un superbe panorama de la ville, et vous pourrez combattre un petit creux presque à toute heure entre deux séances de télétravail. Et si vous n'avez pas le temps de faire une longue pause, n'oubliez pas les fameux sakhatchapourés, petits kiosques où l'on vend les katchapouris (les pains au fromage) qui vous permettront de refaire le plein d'énergie.

S'aérer / se changer les idées

▶ **Les parcs.** Pour vous changer les idées, on vous conseille de faire une balade au jardin botanique de Tbilissi. Depuis la forteresse, la vue des jardins botaniques en contrebas est superbe. Prenez le sentier qui y conduit : la visite vaut vraiment la peine. Vous pourrez vous y promener des heures entières. Diverses sections sont consacrées à des milieux naturels très différents. On marche ainsi au cœur de végétations tropicales, de jardins japonais, de forêts de bambous. Enfin, aux beaux jours, vous pourrez vous rafraîchir au pied d'une cascade.

▶ **A voir/à faire**. Est ou Ouest ? Les deux. On ne sait si on est encore en Europe ou déjà en Asie. La nuit, lorsque la forteresse Narikala et l'église Sioni sont illuminées, le voyageur en admirant cette vue grandiose sait que cette ville est pleine de promesses. Tbilissi a mille visages, et dix milles mains, au fil de l'histoire, l'ont façonnée.

Pont de la paix.

© SAIKO3P - SHUTTERSTOCK.COM

Les Bains de Tbilissi.

A travers ses monuments, elle vous racontera son histoire, perse, ottomane, russe, arménienne. Ici, vous irez dans un hammam orné comme à Ispahan, visiterez des églises, des synagogues et des mosquées qui ont traversé le temps. Vous remonterez le temps en longeant ses palais, les façades de belles demeures qui connurent leur gloire hier, chercherez à la comprendre en visitant ses musées, puis vous vous mêlerez au quotidien d'un Géorgien d'aujourd'hui dans une taverne, avant d'admirer sa culture si riche avec un spectacle de marionnettes ou de théâtre.

Sortir. Tbilissi est en pleine renaissance et sa vie nocturne plaira beaucoup aux travailleurs nomades qui aiment les scènes alternatives, surtout s'ils travaillent dans le domaine artistique. Ces dernières années, galeries d'art, restaurants et espaces créatifs ont ouvert leurs portes. La scène de musique électronique est devenue exponentielle. Pour les travailleurs nomades oiseaux de nuit : concerts, musique live, rave party, bar à thèmes... Le Bassiani en est le symbole, avec des soirées LGBT en confrontation avec une société chrétienne orthodoxe traditionnelle.

Plusieurs rues sont à privilégier pour les sorties : la rue Irakli II, avant-gardiste, foyer de la jeunesse aisée pro-occidentale ; la rue Chardin, toujours dans la vieille ville, axée tourisme et business ; les quelques rues autour de la rue Akhvlédiani, plus connue sous le nom de Pérovskaïa, qui possèdent restaurants et bars chics. On trouve également des établissements sur Kostava, Roustavéli et aussi à Vaké, rendez-vous de la jeunesse dorée (rue Abachidzé, avenue Tchavtchavadzé).

Escapades

La Géorgie orientale. Berceau de l'Etat géorgien, de son christianisme, parsemée de sites antiques et médiévaux tous plus beaux les uns que les autres, cette région fut aussi un carrefour de civilisations, au gré des occupants et des migrants iraniens, arabes, arméniens et nord-caucasiens. Terre à la fois géorgienne et cosmopolite, influencée par le monde perse si proche, l'est géorgien est un parfait mélange d'Orient et de civilisation chrétienne. L'est géorgien abrite bien sûr Tbilissi, la capitale, ainsi que sa région historique, la Kartlie qui regorge de sites historiques (églises, monastères, forteresses), de campagnes reculées, de sites naturels privilégiés.

La Géorgie occidentale. Les Géorgiens ne cesseront de vous le rappeler : il existe une grande césure entre Géorgie orientale et Géorgie occidentale. Assurément, la contrée à l'ouest de la chaîne du Likhi est une deuxième Géorgie, plus verte, plus douce, plus humide et moins orientalisante que la Kartlie-Kakhétie. Tbilissi est très cosmopolite, arménienne et musulmane, alors que Koutaïssi a fait office de vivier d'intellectuels géorgiens à partir de la deuxième moitié du XIXe siècle. Pour le visiteur, l'hospitalité, la douceur et la beauté des paysages, sera la première impression, ainsi que de belles traces du passé et, bien entendu, l'ouverture sur la mer Noire, avec notamment la fascinante côte d'Adjarie, subtropicale et pittoresque. On visitera Koutaïssi, la deuxième ville du pays, Batoumi et son port prestigieux, les monastères d'Imérétie ou encore les reliques du passé de la riante plaine de Mingrélie.

GUEST HOUSE KETEVAN €

4 rue Kita Abachidzé
TBILISSI
✆ +995 32 295 26 48
Chambre simple 16 € (49 GEL), petit déjeuner inclus.

Dans cette catégorie, c'est une des meilleures options combinant le charme, l'authenticité et l'hospitalité. Ketevan (Ketino) tient une maison typique du vieux Tbilissi dotée de terrasses, d'une belle cour intérieure plantée de grenadiers et de petits palmiers. Kétino et son fils, francophones, constituent une mine d'informations et peuvent vous aider à organiser la suite de votre voyage. En les écoutant raconter la Géorgie, vous connaîtrez mieux ce pays magnifique. En résumé, c'est vraiment une bonne adresse pour un séjour court ou long à Tbilissi.

MARINA GUESTHOUSE €

20 rue Tchoubinashvili
TBILISSI
✆ +995 32 2952 959
Chambres doubles à partir de 18 € (56 GEL), petit déjeuner inclus.

La maison de Marina, qui donne sur une cour intérieure typique du quartier de Plékhanov, est aérée, agréable. Elle possède une superbe terrasse datée du XIVe siècle surplombant cette cour intérieure verte et très calme, et des chambres doubles agréables. Une très bonne pension familiale du quartier, avec une hospitalité assurée. Marina parle pas mal anglais.

Le décor des chambres est vraiment étudié pour qu'on s'y sente bien. L'hospitalité géorgienne ne se dément pas et Marina peut vous apporter une aide logistique dans votre voyage.

CHEZ NIKA €

38 rue Mickiewicz, Sabourtalo
TBILISSI
✆ +995 32 238 29 31
À partir de 20 € par personne, avec petit déjeuner.

Une pension très professionnelle et bien organisée, dans le quartier moderne, d'architecture typiquement soviétique, de Sabourtalo. Si l'endroit n'est pas si central (il faudra prendre le métro ou le bus pour aller dans le centre) et le quartier pas très charmant bien que fonctionnel, l'appartement est bien équipé, les chambres bien tenues et la famille de Nika fort hospitalière. C'est une bonne adresse si vous souhaitez rester longtemps à Tbilissi car la famille saura vous orienter et vous fera un prix pour un long séjour.

POLIPHONIA €€

23 Amaghleba Street
TBILISSI
✆ +995 557 637 143
Ouvert du mardi au dimanche de 11h à 23h. Compter 45 GEL (environ 15 €) pour un repas complet.

Installé dans un beau cadre, des caves de briques, le Poliphonia se réfère aux superbes chants polyphoniques géorgiens. Le Chef Zuka Shonia revisite la cuisine géorgienne et propose aussi bien des plats traditionnels à partager, qu'une cuisine Géorgienne moderne.La carte des vins est soigneusement sélectionnée : tous les vins sont biologiques (fabriqués sans utiliser d'engrais et d'autres adjuvants chimiques). Ici, l'atmosphère est cosmopolite détendue et le service sans défaut. Une cuisine riche en arômes, saveurs épices, à essayer.

REPUBLIC RESTAURANT €€

6 Rose Revolution Square
TBILISSI
✆ 995 591 08 71 72
Ouvert tous les jours de 17h à 23h. Plats principaux de 30 à 49 GEL.

C'est un endroit fabuleux, en plein cœur de Tbilissi. Vous savourerez une excellente cuisine géorgienne fusion, très raffinée et délicate. Le chef est très connu en ville. Sa réputation n'est plus à faire au sein de l'élite d'affaires. On apprécie tout particulièrement ces mets soigneusement élaborés dans leur présentation et leur saveur dans cadre très élégant. La terrasse ouvre sur une vue splendide de Tbilissi. Vous l'admirerez aussi l'hiver à travers les grandes baies vitrées. Le soir, tout devient magique, sur fond de concert de jazz. Recommandé.

CHEZ TINA €

5 rue Soulkhan-Saba (Sololaki) - **TBILISSI**
✆ +995 593 13 91 22
www.tbilisihomestay.com
Chamnbres simples à 13 € soit 40 GEL, 43 chambres doubles 25 € soit 77 GEL, avec petit déjeuner. Salle de bains commune.

La famille Mouradachvili possède trois chambres doubles sous les toits, petites mais joliment décorées, dans la charmante rue Soulkhan-Saba, on ne peut mieux placée juste derrière la place de la Liberté. Formule pension familiale en plein dans la vieille ville, avec un accès Internet, machine à laver et possibilité de se faire chercher à l'aéroport. Une des meilleures options bon marché dans Sololaki. Excellent accueil, cette guest-house a un côté très « cocon », les chambres sont propres. Une bonne base pour sillonner la ville à pied !

TEL-AVIV

Orientale et cosmopolite, laïque et respectueuse de la tradition, Tel-Aviv, la capitale d'Israël, est une ville unique en son genre. Avec 14 km de plages sur la Méditerranée, illuminées par 300 jours de soleil à l'année, Tel-Aviv est une ville où il fait bon vivre. On y flâne, on y bronze, on y fait du sport, on y boit des litres de café en terrasse et on fait la fête jusqu'au petit matin. Une forme d'insouciance dans un pays en guerre, complétée par une énergie bouillonnante de créativité qu'on retrouve dans le domaine du travail puisque la ville compte un très grand nombre d'espaces de coworking. De la vieille Jaffa au nouveau Port, de la bohème de Neve Tzedek aux aspirations artistiques de Florentine, les travailleurs nomades seront dépaysés et inspirés. Et, cerise sur la gâteau, ils pourront y travailler partout et sans difficultés car la couverture numérique y est excellente.

Formalités

Pas de visa nécessaire pour les ressortissants de l'Union européenne. Pour entrer en Israël, il vous suffit d'être en possession d'un passeport en cours de validité (valide de préférence encore 6 mois après le voyage). Votre séjour touristique ne peut excéder 3 mois et vous pouvez parfaitement télétravailler sur place pendant ces 3 mois. Cependant, si vous voulez rester plus longtemps, il faudra demander un visa de résident au Ministère de l'Intérieur. Sachez cependant que la communauté juive de la diaspora est prioritaire.

Bon à savoir

- **Langue**. A Tel-Aviv, on parle hébreu et arabe. Cependant, le français est également parlé (du fait de la communauté juive francophone à Tel-Aviv) et la plupart des habitants parlent bien l'anglais.

© SHAINA GLUCKMAN / TEL AVIV GLOBAL & TOURISM

La plage de Tel Aviv.

- **Décalage horaire**. Une heure d'avance par rapport à la France, en hiver comme en été. Quand il est 20h à Paris, il est donc 21h en Israël.
- **Monnaie**. On paie en shekels en Israël.
- **Transports publics**. On vous déconseille vraiment de louer une voiture à Tel-Aviv car les rues sont très embouteillées. Privilégiez les transports publics, d'autant plus qu'ils sont assez bien développés autour et dans Tel-Aviv. Vous pourrez facilement vous déplacer en sherut (taxi partagé) ou en bus. Toutefois, vous pouvez aussi tout faire à pied si vous êtes logé dans le centre-ville ou encore à vélo ou trottinette électrique. Il faut savoir que Tel-Aviv compte beaucoup de pistes cyclables, y compris en bord de mer, donc le vélo est le nec plus ultra pour vous déplacer.

Coût de la vie

Tel-Aviv est une des villes les plus chères du Moyen-Orient, surtout au niveau du logement. Le coût de la vie à Tel-Aviv est le même qu'à Paris.

- **Quelques idées de prix à Tel-Aviv** : un repas simple dans une cafeteria ou un snack : 8 € ; un repas dans un bon restaurant : environ 40 € ; une nuit dans un hôtel 3 à 4 étoiles : de 80 à 200 € ; loyer moyen d'un studio à Tel-Aviv : à partir de 800 € ; prix d'un forfait prépayé d'un mois avec appels illimités dans le pays et forfait 4G : à partir de 20 €, puis il faut recharger le forfait au fur et à mesure ; bureau partagé dans un espace coworking : à partir de 280 € par mois ; tarif café coworking : à partir de 40 € la journée.

Les quartiers

Il est plutôt simple de se repérer à Tel-Aviv qui a été construite selon un plan d'urbanisme moderne : un grand nombre de quartiers ont été pensés en quadrillage, à l'exception des quartiers les plus anciens. Le front de mer a servi de base pour créer des boulevards parallèles, eux-mêmes coupés par de grandes rues perpendiculaires. Donc une fois que vous aurez retenu le nom de ces axes, c'est dans la poche !

© JEKLI - SHUTTERSTOCK.COM

Vue sur Tel Aviv.

▶ **Le centre-ville**. C'est un des quartiers les plus animés et vous y trouverez tout ce dont vous avez besoin en vous déplaçant à pied. C'est aussi là que se trouve le centre financier et d'affaires de Tel-Aviv qui s'étend de l'avenue Rothschild à la rue Allenbi. Les travailleurs nomades dans le domaine du business apprécieront donc plus particulièrement le centre-ville.

▶ **Névé Tzedek**. Neve Tzedek est une banlieue bon marché et populaire avec du street art, des bars animés et des restaurants. Ses vieilles bâtisses aux couleurs variées lui confèrent une touche artistique et historique. C'est le quartier parfait si vous avez besoin de calme mais aussi d'animation pendant votre séjour de travailleur nomade.

▶ **Jaffa**. Jaffa est la partie la plus ancienne de Tel-Aviv et c'est là que la ville est née. Aujourd'hui, c'est un quartier très touristique et animé, avec des marchés aux puces, des cafés et plusieurs marchés. Les travailleurs nomades amateurs d'ambiance typique et inspirante, se plairont beaucoup à Jaffa et ils pourront facilement travailler dans les cafés sur place.

▶ **Florentine.** Situé au sud de la ville, c'est une ancienne zone industrielle, qui a été complètement réhabilitée. Florentine est devenue en quelque sorte le Soho de Tel-Aviv. C'est un quartier jeune avec une vie nocturne trépidante, beaucoup de street art et de bars. Les travailleurs nomades qui sont dans le domaine des arts ou du design adorent. Enfin, Florentine est plus abordable que Jaffa ou le centre-ville.

Se loger

Pour vous loger à Tel-Aviv, vous trouverez des appartements à louer sur les plateformes de locations habituelles (Airbnb, Booking, etc.), mais il existe aussi des plateformes israéliennes comme City Service (https://city-service.com/long-term/) ou Holy Guest (http://holyguest.com/) qui proposent des appartements à louer dans la ville.

Travailler

Tel-Aviv est la capitale de la « start-up nation ». Les grands noms de la technologie y ont installé leur activité et les tours poussent comme des champignons ! Sans surprise, il en est de même pour les espaces de coworking, il y en a partout ou presque à Tel-Aviv. Parmi les meilleurs espaces coworking de la ville, on vous recommande CityHub et Urban Place. Cependant, les tarifs sont plus élevés qu'ailleurs dans le monde. A noter : le réseau internet est très bon à Tel-Aviv et vous trouverez facilement des points d'accès wifi gratuits en ville.

Vie quotidienne

▶ **Courses et shopping**. Pour faire vos courses alimentaires, les supermarchés ne manquent pas. Les enseignes les plus connues sont les supermarchés 24h/24 et Supersol. Pour l'achat de fruits et légumes, rendez-vous au Shuk Akarmel, vous aurez l'embarras du choix et pourrez également acheter des épices et des spécialités locales. Pour l'achat de vêtements, les malls de la ville comme Ramat Aviv Mall ou TLV Fashion mall feront l'affaire.

▶ **Laver son linge**. Pour faire vos lessives, pas d'inquiétude, les laveries automatiques sont nombreuses à Tel-Aviv et les tarifs similaires à ceux pratiqués en France. Comptez 5 € pour faire une machine et sécher votre linge.

© FOTOKON - SHUTTERSTOCK.COM

Rue Shalom Shabazi, dans le quartier de Neve Tzedek.

▸ **Système de santé/assurances**. Le système de santé est bon en Israël, les soins de qualité, mais c'est très cher. Il est impératif que vous preniez une assurance santé en tant que travailleur nomade car cette négligence pourrait vous conduire tout droit à la ruine… Se soigner en Israël coûte aussi cher qu'aux Etats-Unis.

Se restaurer

En quelques années, Tel-Aviv est devenue une destination gastronomique de renommée internationale. Non seulement on y mange une cuisine locale riche, mais on y découvre une créativité qui se nourrit d'influences extérieures. Ainsi, les chefs de Tel-Aviv piochent dans tous les frigos du monde : Orient, Europe, Asie... On assiste toutefois ces derniers temps à un retour aux fondamentaux de la cuisine israélienne, notamment de la street food et les fameux falafels. Ce dynamisme culinaire va aussi de pair avec un important turnover : l'offre évolue sans cesse et de nouveaux restaurants ouvrent leurs portes tous les ans.

© KAROLIS KAVOLELIS - SHUTTERSTOCK.COM

Dégustation de falafels.

S'aérer / se changer les idées

▸ **Les plages.** Les plages de Tel-Aviv qui s'étendent du nord au sud sont un vivier d'activités. Des sports nautiques bien sûr, d'ailleurs de nombreux magasins, répartis le long des plages et dans la marina louent des équipements et proposent des cours de voile, plongée et kitesurf. A noter : les plages Gordon et Frishman, qui sont à deux pas du centre-ville, sont très fréquentés par la communauté juive française et vous pourrez y faire des connaissances sympathiques.

▸ **A voir/à faire**. Tel-Aviv n'est pas une ville-monument comme peuvent l'être Paris, Rome ou Jérusalem : c'est une cité d'à peine un peu plus de 100 ans. Mais elle reste singulière dans le contexte unique du pays. Et si Tel-Aviv vous invite surtout à vivre, à ressentir, elle a aussi beaucoup à offrir en termes de visites. C'est en effet le poumon culturel d'Israël et c'est ici que vous trouverez tout ce qui se fait de mieux dans le domaine de l'art contemporain notamment. Sans oublier l'héritage historique qui est réel, qu'il s'agisse du patrimoine Bauhaus, des quartiers de Jaffa, Neve Tzedek ou encore de la place Bialik.

La majorité des centres d'intérêt se concentrent dans le centre et l'hyper-centre de la ville. Nul besoin de joindre les quartiers résidentiels, à part pour aller voir une exposition dans le remarquable Musée de la Diaspora (Beit Hatfutsot) à Ramat Aviv.

Sortir. Si vous êtes un travailleur nomade plutôt fêtard, vous allez adorer Tel-Aviv ! Baptisée la « ville qui ne dort jamais », elle est réputée pour sa vie nocturne festive. Emblème cosmopolite du pays, Tel-Aviv répond à toutes les envies de tous les noctambules. La métropole compte en effet d'innombrables bars, cafés et discothèques, plus branchés les uns que les autres. Du club métal au théâtre d'avant-garde, en passant par les concerts de musique classique et les ballets contemporains à l'opéra... tout y est ! Et notez qu'on sort pratiquement tous les soirs à Tel-Aviv, en particulier le vendredi, car le samedi c'est chômé, shabbat oblige. Le sud de la ville est la partie la plus fêtarde, même s'il existe d'autres zones de divertissement, notamment au port (Hanamal) ou sur Dizengoff. Parmi les soirées cultes à ne pas manquer, « Arabs do it better » est le summum de la branchitude. C'est un concept de soirées offrant une nouvelle interprétation des musiques arabes, mélange de sons traditionnels et de musiques électroniques contemporaines. Elles ont lieu environ une fois par mois à Jaffa et connaissent un très grand succès auprès des jeunes. Elles sont ouvertes à tous, Juifs, Arabes, hétéros, homos et on s'y mélange sur les sons électro arabes envoûtants.

Escapades

Jérusalem. Grâce au train à grande vitesse qui relie Tel-Aviv à Jérusalem, il vous faudra à peine 50 minutes pour aller d'une ville à l'autre. Jérusalem est une ville mythique qu'il faut absolument visiter pendant votre séjour de travailleur nomade à Tel-Aviv, surtout si vous n'y êtes jamais allé. Au bout des rues d'une ville moderne, se trouvent les murailles épaisses et crénelées d'un château du Moyen Age, bâties par Soliman le Magnifique (1495-1566). Derrière ces portes se cache la vieille ville de Jérusalem où se côtoient des juifs orthodoxes qui marchent prestement vers le mur des Lamentations, prêtres grecs ou arméniens qui défilent en procession, femmes éthiopiennes drapées dans leur long shama blanc, et enfants arabes qui dévalent les rues à vélo devant des soldats de Tsahal...

On peut passer quelques jours dans la ville sainte pour les trois religions monothéistes, en allant de quartier en quartier, de musées en monuments, de synagogue en église et d'église en mosquée. Prenez le temps d'errer dans les rues, les souks, dans la ville nouvelle où se trouvent les bars branchés et dans la ville arabe animée à l'est.

Haïfa. Située à 100 km de Tel-Aviv, Haïfa est la troisième ville d'Israël, la capitale du Nord et son port le plus important. Ville industrielle moderne, Haïfa abrite aussi le centre spirituel de la religion baha'ï. Ne manquez pas de visiter ses magnifiques jardins qui s'étalent autour du sanctuaire du Bâb, sur les flancs du mont Carmel. La ville regorge par ailleurs de musées très intéressants. Il est très facile de rejoindre Haïfa depuis Tel-Aviv, vous apprécierez sa douceur de vivre et y passerez très certainement un agréable moment.

© JEKLI - SHUTTERSTOCK.COM

Le vieux port de Jaffa.

CAFE HASHMAL €€

12 HaHashmal street
TEL AVIV
✆ +972 77 350 0624
Ouvert de dimanche à jeudi de 8h à 20h. Le vendredi de 8h à 17h.

Ce café-restaurant de quartier est situé près du jardin Gan Hahashmal. La nourriture est typique et délicieuse. On apprécie aussi l'offre de salades, tartes et quiches. Il y règne une douce atmosphère et on prend également plaisir à s'y poser pour un café ou avec son ordinateur. Vous y croiserez d'ailleurs des Israéliens qui ont élu le Café Hashmal comme bureau. Une petite galerie adjacente expose les œuvres d'artistes locaux. Ne manquez pas un passage dans les toilettes dont nous ne vous révélerons pas le secret afin de ne pas gâcher la surprise.

CITYHUB TEL AVIV

28 Ahad Ha'Am Street
✆ +972 52 857 1706
cityhub.co.il
A partir de 2 100 Ns le bureau partagé.

Un espace coworking chaleureux installé dans une maison historique au cœur de Tel-Aviv. Dans une ambiance conviviale, vous pourrez travailler sur place dans un bureau individuel ou partagé, avec toutes les commodités sur place (imprimantes, ordinateurs, etc.). Egalement à disposition des travailleurs nomades : café et thé à volonté, une cuisine parfaitement équipée pour se préparer un repas, des salles de réunion isolées de l'open space, une terrasse avec vue panoramique sur Tel-Aviv, la possibilité de participer à de nombreux évènements d'entrepreneurs...

FALAFEL HAKOSEM €

1 Shlomo HaMelech Street - **TEL AVIV**
✆ +972 3 525 2033
Ouvert du dimanche au jeudi de 9h à minuit, le vendredi de 9h à 16h. Fermé le samedi. Comptez 25-30 NIS par personne.

On l'appelle le « magicien » (*The Wizard*), c'est dire les miracles que cet établissement peut faire avec des pois chiches ! Si vous passez vers midi, vous comprendrez que c'est « the place to be » du falafel : une longue queue patiente pour manger la délicieuse pita remplie de falafels : l'adresse des Tel-Aviviens. Aussi, si vous ne trouvez pas de place assise, prenez à emporter et allez donc vous asseoir sur un des bancs publics juste à côté. Les boulettes de falafel sont succulentes ! Croyez-nous, vous vous en lécherez les doigts !

HOLY GUEST €€

108 Ben Yehuda st.
TEL AVIV
✆ +972 58 628 1066
Tarifs sur demande et selon les appartements.

Cette agence et plateforme de location propose des appartements partout dans Tel-Aviv à des prix compétitifs. Mais pour décrocher la bonne affaire, on ne saurait trop vous recommander de vous y prendre tôt. En effet, les bonnes affaires s'envolent très vite sur le site, car les appartements proposés sont généralement bien situés, modernes et parfaitement équipés. Vous trouverez forcément un logement qui vous correspond à condition de vous organiser un peu à l'avance. En résumé, c'est un très bon plan logement pour tous les travailleurs nomades.

MEAT MARKET BUTCHER SHOP & M25 €

30 Simtat HaCarmel - **TEL AVIV**
✆ +972 3 5173 086
Ouvert tous les jours sauf le dimanche. Comptez 40 NIS pour les sandwiches, autour de 70 NIS pour un repas chez M25.

En bordure du marché Carmel, Yaniv-Bar-Nur, ancien avocat devenu boucher (comme son grand-père) a ouvert une boucherie devenue mythique ces dernières années. Certes, on y vient pour acheter sa viande, mais aussi de délicieux sandwichs que les Tel-Aviviens s'arrachent. Face à ce succès, le stand s'est agrandi et offre maintenant un restaurant en dur, le M25, ouvert fin 2015. Le cadre est très agréable, l'ambiance décontractée, une très bonne adresse pour les carnivores.

OVERSTAY JAFFA €

31 Sheerit Israel street - **TEL AVIV**
✆ +972 55 996 3366
overstayjaffa.com
Lit en dortoir à partir de 50 NIS. Petit déjeuner sommaire inclus.

Entre Florentine et Jaffa, l'Overstay est très certainement la solution d'hébergement la moins onéreuse de Tel-Aviv, et la plus alternative également ! Omer, le sympathique propriétaire, a construit de ses propres mains, avec l'aide d'amis, cette auberge ouverte fin 2018 et qui accueille des voyageurs du monde entier. Ambiance jeune (entre 18 et 40 ans) et décontractée. Vous pourrez en outre profiter de la cuisine commune, de la terrasse avec le bar sur le toit. L'équipe propose des animations et indique les lieux incontournables à visiter.

EN FRANCE

Pas besoin d'aller à l'autre bout du monde pour trouver les conditions idéales d'un séjour de travailleur nomade ! L'Hexagone propose de nombreuses possibilités et des destinations variées. Nous en avons listé 9 dans ce guide, du charmant lac d'Annecy et ses montagnes toutes proches aux plages idylliques de l'île de Noirmoutier, du littoral normand aux collines de la Lozère ou du Lubéron, sans oublier les centres urbains attractifs qui bougent, comme Marseille, Rennes ou Toulouse. Vous trouverez toutes les informations qu'il vous faut pour préparer et organiser votre séjour de travailleur nomade, les quartiers ou villes à privilégier, les solutions d'hébergement, les espaces coworking, etc. Pour vous détendre, vous trouverez aussi des escapades et des loisirs dans chaque dossier afin que vous puissiez vous changer les idées entre deux séances de travail.

ANNECY

Annecy, la « Perle des Alpes », est incontestablement - sans doute avec Chamonix pour la haute montagne - la capitale touristique des Alpes françaises. Entre son lac à l'eau la plus pure d'Europe, sa vieille ville parfaitement restaurée, sa qualité de vie et son environnement fleuri exceptionnel, tout concorde pour faire d'Annecy la destination rêvée des travailleurs nomades. C'est en effet la ville idéale pour travailler dans un cadre agréable et on comprend aisément qu'elle arrive régulièrement en tête du classement des villes où on vit le mieux en France ! Par ailleurs, même si Annecy est à la montagne, la connexion internet est de bon niveau et vous n'aurez aucun mal à travailler sur place. Et, bonne nouvelle, de plus en plus d'espaces coworking ouvrent à Annecy et des appart hôtels adaptés aux nomades digitaux ont également fait leur apparition.

5 bonnes raisons de télétravailler à Annecy

- **Des hébergements à tarifs corrects** pour les séjours longue durée.
- **Plusieurs espaces coworking** et des cafés agréables où travailler avec un bon wifi.
- **Le lac** à proximité du centre-ville.
- **Des escapades nature** faciles à faire depuis Annecy.

Les quartiers

Le Vieux Annecy correspond au centre-ville qui est en grande partie piétonnier et où vous n'aurez pas besoin de voiture. C'est de loin le quartier le plus agréable si vous voulez profiter pleinement d'Annecy car c'est la partie la plus charmante de la ville avec ses ruelles médiévales pittoresques, ses beaux bâtiments historiques, ses canaux, et la rivière Thiou qui coule jusqu'au Lac. A pied, vous pourrez facilement trouver un café avec terrasse pour travailler ou partir vous promener dans le Parc de l'Europe, sur le Pont des Amours, le long des canaux ou des berges du Lac. Non loin du centre-ville, le quartier des Balmettes est aussi agréable pour un travailleur nomade car il est verdoyant, tout près du lac d'Annecy, et à seulement quelques minutes de l'animation du centre-ville. Mais les quartiers les moins chers d'Annecy sont légèrement plus excentrés encore, à savoir Cran-Gevrier, où passe la rivière du Thiou et où se trouvent quelques restaurants, ou le Carillon, un quartier avant tout résidentiel. Enfin, le grand quartier d'Annecy-le-vieux au Nord-est de la ville n'est pas mal non plus avec ses logements charmants et ses bars plutôt sympathiques.

© FULLEMPTY - ISTOCKPHOTO.COM

Palais de l'île.

Se loger

Si vous souhaitez loger en appart-hôtel à Annecy, l'offre est variée avec plusieurs établissements proposant des appartements ou des studios parfaitement équipés avec kitchenette et espace bureau. La chaîne Adagio propose un appart-hôtel en centre-ville mais Annecy possède également plusieurs appart-hôtels indépendants de très bon niveau comme Côte Ouest près du lac par exemple… Le rapport qualité-prix de ces établissements est intéressant, et souvent dégressif si vous restez plusieurs semaines. Mais si vous voulez faire plus d'économies, vous pouvez toujours vous tourner vers les locations Airbnb ; l'offre est importante à Annecy donc vous aurez l'embarras du choix.

Travailler

Entre les cafés charmants avec terrasse et espaces de coworking, vous aurez plusieurs lieux à votre disposition pour travailler dans le vieux Annecy, qui est vraiment le quartier le plus attachant de la ville. Au coworking La Cor-

Pédalos sur le lac d'Annecy.

dée, près de la gare, vous pourrez venir travailler à l'heure, à la journée en payant un pass, mais vous pouvez aussi prendre une formule au mois en bureau privatif ou en open space. Si vous êtes uniquement à la recherche d'un bureau en coworking, seul ou à partager, le Transfo en propose à Cran-Gevrier dans la banlieue d'Annecy. Si vous préférez l'ambiance plus détendue des cafés pour travailler, vous trouverez aussi ce qu'il vous faut à Annecy. La plupart des établissements ont du wifi donc il ne vous restera plus qu'à choisir dans quel quartier vous avez envie de travailler. Aux beaux jours, on vous conseille vraiment les terrasses près du canal ou près du lac. C'est tellement inspirant ce bon air et cette luminosité des Alpes !

Se restaurer

Des bords du lac en passant par la ville, la gastronomie est d'un très bon niveau à Annecy avec plusieurs restaurants étoilés. Mais toutes les cuisines trouvent leur place dans cette ville alpine. Les spécialités régionales à base de fromages fondus offrent une valeur sûre. Pour le reste, vous trouverez toutes sortes de spécialités : des burgers, des sushis, de la street food, des plats végétariens et healthy… Vous aurez vraiment de quoi vous régaler à Annecy. Bonne nouvelle, la plupart des restaurants proposent un accès wifi à leurs clients donc vous pourrez facilement travailler sur place, avant ou après le repas.

S'aérer / se changer les idées

▶ **Le lac d'Annecy**. C'est le lac le plus pur d'Europe et il est seulement à 5 minutes à pied de la vieille ville donc ce sera très facile pour vous d'y aller pour vous changer les idées pendant votre séjour de travailleur nomade à Annecy. Vous pourrez vous promener au bord du lac tout au long de l'année grâce aux différentes sentiers aménagés, et, dès l'été, vous pourrez vous baigner (l'eau est à 25°C !) et profiter de différentes plages très agréables. La plage des Marquisats est l'une des plus proches et des plus accessibles depuis le centre-ville (par la piste cyclable et les transports en commun). On vous recommande aussi la plage d'Annecy qui est très vaste (12 000?m2), végétalisée et fleurie. Elle offre, avec son étendue de sable fin, ses plongeoirs et toboggan aquatique, ses terrains de sport et ses aires de jeux, un cadre harmonieux fort apprécié des baigneurs et des promeneurs. Enfin, vous pourrez pratiquer de nombreuses activités au lac d'Annecy pendant l'été : pédalo, paddle, croisières… Mais si vous avez vraiment envie de décompresser et vous recentrer sur vous-même, nous vous conseillons de faire une séance d'apnée dans le lac d'Annecy. Le club Apnea Swim en propose dès les beaux jours et ils travaillent avec des moniteurs expérimentés. L'apnée se rapproche en effet du yoga et vous aidera à contrôler vos émotions, votre souffle, vos pensées et tout cela aura pour effet d'améliorer votre bien-être. Et vous n'en serez que plus efficace quand vous travaillerez sur votre ordinateur à nouveau !

▶ **Parcs et jardins**. Annecy est une des villes les plus fleuries de France et elle a remporté de nombreux prix et distinctions récompensant ses efforts faits dans ce domaine (label Quatre fleurs, label Fleur d'Or, etc.). De plus, Annecy s'est vue décerner le label Écojardin pour trois de ses jardins : le jardin en ville Solidarité et le jardin en ville Fins, deux jardins potagers partagés, ainsi que le Jardin du Manoir de Novel.

Le vieux Annecy.

Tous les Anneciens vous le diront cette ville est loin de manquer d'espaces verts, c'est ce qui rend justement Annecy si agréable à vivre, en plus de son lac. Ce sont des lieux de quiétude fleuris à souhait et entretenus par des services municipaux qui veillent à la propreté des lieux. Le Pâquier, les Jardins de l'Europe, le parc de l'Impérial, le square Verdun, les quais du bord du lac... le choix est difficile et varié pour trouver un endroit où se poser ! En tant que travailleur nomade, vous aurez donc vraiment une multitude de possibilités pour changer d'air et vous ressourcer dans un parc. Les plus sportifs pourront aussi se défouler en faisant du footing dans ces parcs et le long du lac.

A voir/à faire. Estampillée Ville d'art et d'histoire, Annecy offre un centre médiéval pittoresque avec ses canaux et ses ponts. En vivant sur place en tant que travailleur nomade, vous allez vraiment pouvoir prendre le temps de découvrir cette très jolie ville, à votre rythme, plutôt qu'au pas de course comme le font beaucoup de vacanciers, faute de temps. Le Palais de l'Île, ancienne maison forte du XIIe siècle, apparaît comme une proue sur un îlot du Thiou, courte rivière qui arrose la ville en deux bras charmants : le Port et le canal du Vassé. D'où ce surnom de Venise des Alpes donné à Annecy. Le Palais de l'Île est l'autre emblème d'Annecy, un bâtiment qui fend de son étrave de pierre les eaux du canal du Thiou. Cet édifice, construit sur une île rocheuse naturelle, est d'abord une maison forte qui abritera un atelier monétaire et la prison. Cette maison forte deviendra officiellement le Palais de Justice de l'Île, avant d'être affectée au XVIIIe siècle à des fonctions administratives, tout en conservant son rôle principal de prison jusqu'en 1864. Sauvé de la démolition, le Palais de l'Île est classé aux Monuments historiques en 1900 et il abrite désormais le Centre d'interprétation de l'Architecture et du Patrimoine, ainsi qu'un parcours muséographique pour aller à la découverte de l'histoire de ce lieu unique. On apprécie l'allure de ce bâtiment du XIIe siècle, installé comme sur une presqu'île, avec ses épais murs de pierre qui plongent directement dans l'eau et en font une super-vedette pour d'innombrables caméras touristiques. Le Palais de l'Île abrite régulièrement des expositions.

Sur les hauteurs de la ville, symbole historique d'Annecy, le château édifié entre le XIIe et le XVIe siècle fut habité par les comtes de Genève, puis ceux de Savoie. Désormais communal, il abrite un musée et l'Observatoire Régional des Lacs Alpins. Bâtie au XXe siècle, la basilique est reconnaissable par son style inclassable et domine, elle aussi, la ville d'Annecy. Son élément le plus représentatif est la flèche du clocher-porche surélevé, atteignant 72 m.

Sortir. Pour sortir boire un verre à Annecy, l'idéal est d'aller dans le Vieux Annecy où les bars sont nombreux et l'ambiance animée tout au long de l'année. Cependant, la plupart des boîtes de nuit sont loin du centre-ville et il vous faudra y aller en voiture ou en taxi.

Escapades

Même si Annecy compte parmi les plus belles cités de France, vous apprécierez de faire des escapades dans les environs de la ville et ce sera une vraie bouffée d'air frais dans votre vie de travailleur nomade à Annecy. Tout autour de la ville, la nature est reine. Côté ouest, se dresse la montagne douce du Semnoz et le pays de l'Albanais avec Rumilly. Plus au sud, vous trouverez les sources du lac d'Annecy et le parc naturel des Bauges qui relie la région à la Savoie voisine. Si vous êtes un télétravailleur gourmand, vous apprécierez Thônes, la capitale du reblochon, et vous régalerez de fromages et produits du terroir. L'autre capitale gourmande à ne pas manquer c'est Manigod. Ce village situé dans les alpages est devenu célèbre grâce au fameux chef Marc Veyrat qui y a ouvert le restaurant la Maison des Bois. Pendant l'hiver, vous profiterez naturellement de la poudreuse et des alpages dans les deux stations-villages des Aravis : La Clusaz d'un côté, le Grand-Bornand de l'autre. Deux destinations à moins de 45 minutes d'Annecy pour pratiquer tous les sports d'hiver. A noter que ces stations proposent aussi désormais de nombreuses activités pendant l'été.

© MICHEL PERES - SHUTTERSTOCK.COM

Parc naturel des Bauges.

L'ALPIN €€€

5, rue Sainte-Claire - **ANNECY**
✆ 04 50 45 30 79
http://restaurant-alpin.fr
Ouvert tous les jours midi et soir, sauf les mardis et vendredis midi. Carte : 45 € environ. Menu enfant : 13 €.
C'est l'une des valeurs sûres au cœur de la rue touristique la plus fréquentée de la vieille ville. Un Alpin qui a tout pour plaire. Une salle «racée» entre chalet d'alpage au bois patiné et des touches de modernité, ainsi qu'une cuisine de qualité réalisée avec de bons produits. La spécialité maison, c'est la cuisson sur la braise, donnant une saveur unique aux viandes. Spécialités régionales pour ne pas déboussoler les visiteurs et des burgers appétissants. Et pour la petite histoire, le propriétaire est l'ancien footballeur Fabrice Fiorese.

APARTHOTEL ADAGIO ANNECY CENTRE €€

2, Place Marie Curie
ANNECY
✆ 04 50 05 65 00
A partir de 70 € la nuit en appartement. Wifi.
L'Aparthotel Adagio Annecy Centre est en plein centre-ville, près de la gare et à environ 10 minutes à pied du lac d'Annecy. Cette résidence, classée 4 étoiles, dispose de 104 appartements allant du studio 2 personnes au 3-pièces 6 personnes, parfaitement meublés et agencés. La résidence possède aussi une salle de fitness et un sauna, parfaits pour se détendre. C'est une bonne adresse pour se loger dans Annecy et télétravailler au calme, tout en étant au cœur de la ville.

APPART'HOTEL CÔTE OUEST ANNECY €€

75, Route d'Albertville
SÉVRIER
✆ 06 18 54 88 13
www.concept-coteouest.com
A partir de 90 € l'appartement. Wifi.
Cet appart-hôtel est installé dans un bâtiment écolo unique en son genre. Vous y trouverez sept appartements avec terrasse, parfaitement insonorisés, du studio au duplex. Deux appartements, en rez-de-jardin, sont aménagés pour les personnes à mobilité réduite. En bord de lac, avec une vue sur les montagnes, cet appart-hôtel est seulement à quelques minutes du centre d'Annecy et du lac. C'est la bonne adresse pour travailler au calme sans se couper de la ville.

LA CORDÉE - COWORKING ANNECY

4, Rue Saint-François de Sales
ANNECY
A partir de 4 € de l'heure.
Situé au niveau de la place de la gare d'Annecy, cet espace de coworking accueille une communauté de travailleurs diversifiée, internationale, dans un espace convivial lumineux, avec une cuisine, une terrasse, des grandes tables, des fauteuils... On se croirait vraiment dans une grande maison. Dans ce coworking, vous pourrez venir travailler à l'heure, à la journée en payant un pass, ou choisir de prendre une formule au mois en bureau privatif ou en open space.

LA STRADA €

24, rue de l'Euro - **ANNECY**
✆ 04 50 22 34 63
www.restaurant-strada-meythet.fr
Ouvert tous les jours à midi, du jeudi au samedi le soir. Formule midi : 17,50 €. Plat du jour : 11,90 €.
Depuis une dizaine d'années, la Strada est l'adresse gourmande de confiance pour découvrir les meilleures spécialités italiennes. Terrasse chauffée en hiver, fleurie et ombragée en été, salle ravissante et toute la bonne humeur d'une équipe emmenée par Tony avec son accent chantant et l'adorable Vanessa. Le chef réalise une délicieuse cuisine maison : carpaccios, risotto, lasagnes et aubergines à la parmigiana. Tiramisù, panna cotta et irish coffee pour se faire plaisir. La Strada : tout un art de vivre et de bien manger, un carrefour de bonne humeur !

LE TRANSFO

3, avenue des Harmonies
ANNECY
✆ 06 16 18 47 88
www.le-transfo.net
Bureau à partir de 195 € par mois.
Le Transfo est un espace de coworking avec du bon café à volonté pour tous les membres, le tout dans une ambiance conviviale et avec une bonne connexion Internet. Il se trouve dans le quartier de Cran-Gevrier, légèrement éloigné du centre. Le bâtiment a été entièrement rénové dans un style design et il est au cœur du pôle créatif d'Annecy. Parmi les installations sur place : une terrasse, une cuisine équipée, des toilettes et une douche, un garage à vélos. Le Transfo est un bon plan si vous voulez avoir un bureau à Annecy avec toutes les commodités nécessaires.

CAEN

Ville dynamique où les lieux culturels et les festivals foisonnent, ville étudiante animée, ville gastronomique aux innombrables restaurants, ville d'architecture où le Moyen Âge et la Reconstruction se côtoient, ville d'histoire qui a vécu la conquête de la Normandie et les heures noires des bombardements et de l'Occupation, Caen est décidément surprenante. Et c'est aussi une ville moderne et connectée avec de plus en plus de lieux adaptés aux travailleurs nomades. Autre avantage à Caen : la plage n'est jamais bien loin et les balades en bord de mer y sont particulièrement plaisantes et vivifiantes… Et si on ajoute à cela l'accueil chaleureux des Normands et de nouveaux lieux high tech comme le Wip ou le MoHo parfaits pour les nomades digitaux, Caen est vraiment une belle destination pour télétravailler.

5 bonnes raisons de télétravailler à Caen

- **Des hébergements pour tous les goûts** et tous les prix dont certains vraiment bon marché.
- **De nouveaux espaces high tech** adaptés aux travailleurs nomades.
- **Le patrimoine** riche.
- **La mer et les plages** à proximité du centre-ville.
- **Une ville verdoyante** aux nombreux parcs et jardins.

Les quartiers

A Caen, quel que soit votre profil de travailleur nomade, vous devriez trouver le quartier qui vous correspond, et pourquoi pas en changer selon vos humeurs ! En centre-ville, vous serez dans le cœur de l'action, entre restaurants, bars et commerces. Si vous aimez les belles pierres et le patrimoine, on vous conseille le centre ancien, et plus particulièrement le quartier des Quatrans, au pied du château, qui possède des maisons à colombages mais aussi des édifices reconstruits après-guerre. Ce quartier correspondra bien sûr à tous ceux qui ont un job dans des domaines créatifs (arts, design, architecture, etc). Non loin de l'hypercentre, la Prairie abrite des immeubles situés dans un cadre calme et verdoyant, au pied de l'hippodrome. A l'opposé, le bassin Saint-Pierre est le quartier du port de plaisance, vous y dénicherez sur les quais des appartements avec une vue bien agréable ! Dans les alentours de Caen, à Bretteville-sur-Odon et Louvigny, vous trouverez un bon compromis entre ville et campagne. Si vous aimez travailler au calme dans un jardin, loin de la ville, et que vous aimez les balades en pleine nature, privilégiez ce quartier même si la nature et la mer ne sont jamais bien loin du centre de Caen. Enfin, premier écoquartier labellisé à se construire dans l'agglomération de Caen, les Hauts de l'Orne est un nouveau quartier qui devrait être finalisé à l'horizon 2030, au cœur de 25 hectares de parcs naturels, de chemins végétalisés, et à proximité immédiate de commerces, de services, d'équipements sportifs. Il est déjà habité mais il proposera plus de logements encore dans les années à venir. Situé à 10 minutes en voiture du centre-ville de Caen, il sera desservi par le nouveau tramway sur rails et viendra créer une nouvelle « coulée verte » entre les berges de l'Orne et les espaces verts du sud-est de l'agglomération caennaise. Cette future zone très agréable à vivre plaira sans doute beaucoup aux télétravailleurs amateurs de nature et aux nomades digitaux écolos !

Se loger

A Caen, vous trouverez quelques résidences hôtelières et appart'hotels offrant des studios/appartements parfaitement équipés avec kitchenette et espace bureau. La chaîne Appart'City en propose un à Caen mais vous trouverez aussi des appart'hotels indépendants de bon niveau comme Séjours et Affaires le Clos Beaumois et Smart Appart Caen Grusse. Le rapport qualité-prix de ces établissements est intéressant, et souvent dégressif si vous restez plusieurs semaines. Mais si vous voulez faire plus d'économies, vous pouvez toujours vous tourner vers les locations Airbnb. L'offre est assez large à Caen.

Travailler

Caen est une ville moyenne de bord de mer, au cadre de vie agréable, qui offre toutes les commodités d'une grande ville et notamment une excellente couverture numérique. Elle plait donc beaucoup aux nomades digitaux car ils peuvent y allier travail et loisirs. Dès 2019, le Wip, une structure totalement dans l'esprit des travailleurs nomades a ainsi vu le jour. Géré par une coopérative d'intérêt collectif, construit dans deux anciennes halles industrielles, il se définit comme un lieu inspirant pour stimuler la créativité de tous ceux qui le fréquentent. Et les travailleurs nomades y sont les bienvenus puisque les lieux ont des espaces coworking !

L'Abbaye aux Hommes.

Plus récemment, au printemps 2021, le MoHo a vu le jour à Caen et il se trouve juste derrière la gare SNCF. C'est le premier collider en Europe ; cela consiste à faire cohabiter une diversité d'acteurs composés notamment d'étudiants, de chercheurs, d'entrepreneurs et bien sûr de travailleurs nomades avec des espaces de coworking. Enfin, vous trouverez plusieurs espaces coworking de bonne facture en ville comme Hey ! Coworking. Mais, si vous préférez l'ambiance des cafés pour travailler, vous trouverez aussi ce qu'il vous faut à Caen. La plupart a du wifi donc vous aurez vraiment l'embarras du choix.

Se restaurer

A Caen, vous pourrez vous régaler avec de la bonne cuisine normande dans de nombreux restaurants ! Petite mise en garde aux télétravailleurs un peu trop sédentaires : la cuisine normande est délicieuse mais riche alors pensez à faire du sport de temps en temps pour éviter prendre des kilos pendant votre séjour ! Mais vous pourrez aussi varier les plaisirs culinaires car les spécialités proposées sont très variées… Cuisine française ou étrangère, pour les carnivores ou les vegans, pour les gros appétits ou les fines bouches, impossible de ne pas trouver son bonheur !

S'aérer / se changer les idées

▸ **Parcs et jardins**. Vous trouverez beaucoup de parcs et jardins à Caen pour vous changer les idées et vous dégourdir les jambes entre deux séances de travail.

Les amateurs de botanique seront aux anges au jardin des Plantes. C'est un véritable havre de paix et de verdure à deux pas du centre-ville ! Au-delà de sa vocation scientifique, c'est un lieu superbe à visiter. Les allées vous font découvrir les végétaux en plates-bandes, les serres valent tous les voyages et l'institut botanique entouré de plantes médicinales est une merveille d'architecture.

La Vallée des Jardins est un autre magnifique écrin de verdure en ville. Ce sont 11 hectares de pelouse vallonnée, bordés d'aubépines, de sureaux, ainsi que toute une collection de plantes vivaces dont des pivoines à foison et leur merveilleux parfum dans la partie basse. Le haut quant à lui abrite un arboretum et ses collections de bouleaux, érables et rosiers buissonnants. L'été, on y fait des pique-niques en lézardant au soleil ou à l'ombre de ses frondaisons. Et en faisant son jogging (attention, le parcours n'est pas tout plat) tôt le matin ou dans la soirée, on y croise des lapins ! Prenez aussi le temps d'aller faire une petite visite de la Colline aux oiseaux. Au nord-ouest de Caen, tout près du Mémorial, ce parc souvent considéré comme le « jardin d'essais » de la ville compte beaucoup de plantes étiquetées. Les plus jeunes se ruent du côté des jeux en bois avant de se perdre dans le labyrinthe et d'aller caresser les petites bêtes du parc animalier normand. Les plus grands flânent dans la romantique roseraie étagée autour d'un bassin, musardent au gré des jardins à thème, et reçoivent une leçon d'architecture écologique du côté de la maison positive. Le magnifique point de vue sur Caen et ses environs rallie tous les âges. Pour poursuivre ces balades dans les jardins, vous pouvez aussi aller à Mondeville, à seulement 10 minutes de Caen. Vous y trouverez le Parc Biez. C'est un petit parc dont on ne parle pas beaucoup et qui pourtant mérite qu'on s'y aventure, qu'on y flâne, le temps d'une balade le long de la rivière par exemple.

A voir/à faire. A Caen, vous serez gâté si vous aimez les visites culturelles ! On y trouve d'abord deux somptueuses abbayes parmi les plus vastes de France. L'Abbaye aux Hommes est composée de deux parties : les bâtiments conventuels et l'église abbatiale Saint-Étienne. Elle est fondée en 1063 par Guillaume Le Conquérant, alors duc de Normandie, afin d'y installer des Bénédictins. Le site est absolument incontournable puisqu'il s'agit de l'Hôtel de Ville de Caen, qui occupe les bâtiments monacaux depuis 1965. La Salle des Gardes, la partie la plus ancienne de l'édifice, abrite le conseil municipal tandis que les mariages sont célébrés dans l'ancienne salle du chapitre.

Quant à l'Abbaye aux Dames, elle a été construite à partir de 1060 par Dom Guillaume de la Tremblaye, comme son pendant masculin l'Abbaye aux Hommes. L'ensemble est composé d'une église abbatiale, chef d'oeuvre d'art roman normand, l'église de la Trinité, terminée au XIIe siècle, et de bâtiments conventuels reconstruits au XVIIIe siècle. L'Abbaye aux Dames abrite, depuis 1983, le Conseil Régional de Basse-Normandie. Mais s'il est une chose à ne pas manquer à Caen, c'est bien le château. Difficile de le rater, il trône au milieu de la ville, témoin privilégié de plusieurs siècles d'histoire. C'est Guillaume Le Conquérant qui le fit construire au milieu du XIe siècle. Implanté sur une roche de 30 mètres à peine au-dessus du niveau de la mer, il dominait les deux vallées qui alimentaient la ville en eau en 1060. Grâce à cet escarpement à pic, le château possédait ainsi une fortification naturelle à l'Est. Aujourd'hui, une grande partie des remparts est également accessible au public, offrant une magnifique vue sur la ville. Caen c'est également son sublime Palais ducal. Il abrite l'Artothèque de Caen qui se sentait, elle, un peu à l'étroit dans le non moins charmant Hôtel d'Escoville. Ici, non seulement on voyage dans le temps en redécouvrant un chef-d'œuvre de l'architecture du XIVe siècle avec ces magnifiques charpentes et parquets d'origine, mais on découvre aussi des artistes contemporains aux multiples facettes. Caen a aussi la particularité de posséder un grand nombre d'églises ce qui lui a valu le surnom de « ville aux cent clochers » alors autant dire qu'il vous faudra un peu de temps pour visiter toutes les églises de la ville ! Parmi celles qu'il ne faut pas rater : l'église Notre-Dame-de-Froide-Rue, place Pierre-Bouchard ; l'église Notre-Dame-de-la-Gloriette, rue Saint-Laurent ; l'église Saint-Étienne-le-Vieux, rue Arcisse-de-Caumont ; ou encore l'église Saint-Jean, rue Saint-Jean. Caen possède aussi plusieurs musées intéressants au niveau régional dont le Musée de Normandie. Il offre un panorama de la vie des populations sur le territoire normand de la préhistoire au XXe siècle. L'exposition permanente se décline par thèmes au gré des salles du Logis du Gouverneur. Quant aux expositions temporaires, elles sont installées dans les salles du Rempart, qui méritent la visite, et dans la salle de l'Échiquier des Ducs de Normandie, en accès libre. L'autre musée à ne pas manquer à Caen c'est celui consacré aux Beaux-arts. Situé dans l'enceinte du château depuis 1970, le Musée des beaux-Arts de Caen propose une importante collection de peintures européennes couvrant les périodes du XVIe au XXe siècle, mise en valeur par une muséographie conçue tel un parcours, de la fin du Moyen Âge à nos jours. Depuis 2007, un parc de sculptures a par ailleurs été implanté dans l'enceinte du château, proposant aux promeneurs un ensemble de sculptures modernes et contemporaines. Plus insolite, le Plan de Rome, situé à deux pas du château à l'université de Caen, est aussi une visite à ne pas manquer. L'architecte normand Paul Bigot a eu une idée brillante quand il a décidé au début du XXe siècle de reconstituer la Rome antique sur une maquette. Le résultat est bluffant : une reconstitution au 1/400e, tout en plâtre, d'une surface de 70 m² environ, reflet de la ville au temps de l'empereur Constantin. Manipulable, elle est constituée de 110 modules emboîtables et est enrichie de modifications au fil des nouvelles découvertes et des progrès de la connaissance. Des visites virtuelles en 3D de la ville sont organisées et assorties d'explications. Un véritable voyage dans le temps ! Enfin, si vous aimez le vélo, on vous recommande d'en faire à Caen pour découvrir la ville. L'office de tourisme vous fournira les plans de plusieurs itinéraires à vélo thématiques. Si vous êtes branché histoire et architecture, optez pour « Plein la vue ! ». Pour les amoureux de nature : « Plein les poumons ! ». Les plus sportifs opteront pour le parcours (qui porte bien son nom) « Plein les jambes ! », sur 23 km de voie verte qui longe l'Orne. Enfin, « La Bataille de Caen » emmène les cyclistes jusqu'aux lieux marquants de l'été 1944 dans la cité caennaise.

Sortir. Si vous avez envie de faire la fête à Caen pour décompresser après avoir passé des journées entières devant votre ordinateur, rendez-vous dans le centre-ville pour trouver les bars et clubs les plus animés. Les oiseaux de nuit ne seront pas en reste à Caen ! Au programme : des concerts, des bars ouverts jusque tard le soir, des boîtes de nuit pour vous défouler sur le dance floor jusqu'au bout de la nuit et le plaisir de ces petits matins au bord du port de plaisance de Caen pour observer le soleil se lever...

© LEONID ANDRONOV - SHUTTERSTOCK.COM

L'église Saint-Etienne-le-Vieux.

Escapades

Le Mémorial de Caen et les plages du débarquement. Le Mémorial de Caen est un lieu incontournable du tourisme de mémoire en Normandie. Entre ses murs, on déroule un panorama de l'histoire de 1918 à nos jours pour s'inscrire dans une continuité, qui, hélas, nous mène vers la Seconde Guerre mondiale, ses origines et ses étapes : la Bataille de Normandie, l'avancée des forces alliées en France, l'histoire de la Shoah, la vie quotidienne sous l'Occupation par l'Allemagne nazie... Mais le parcours historique est également enrichi d'informations détaillées sur la Guerre froide, la chute du Mur de Berlin ainsi que d'une réflexion sur la paix et la fragilité des droits de l'homme. Lors de votre visite, ne manquez pas d'aller visiter le bunker de commandement. Situé dans un souterrain du Mémorial, l'ancien poste de commandement du Général Allemand Wilhelm Richter a joué un rôle de premier plan durant les premières semaines décisives de la Bataille de Normandie. Ce site historique stratégique a été entièrement revu pour livrer son histoire et offrir aux visiteurs de nouvelles clés de compréhension de l'Occupation allemande et de la Résistance.

Le Mémorial de Caen organise par ailleurs plusieurs circuits sur les plages du débarquement, à la journée. Tous incluent au préalable une visite libre des espaces muséographiques du Mémorial. Au choix, journée découverte ou journée Jour J sur les plages du débarquement anglo-américain, visite des plages du débarquement en autocar... Toutes ces visites sont guidées. Elles vous proposent de découvrir à bord d'un véhicule de 7 à 8 places (ou d'un autocar) le Mémorial de Caen, les différentes plages du débarquement, le port d'Arromanches ainsi que la projection du film Les 100 jours de la Bataille de Normandie au cinéma 360 de la commune, la pointe du Hoc, Omaha Beach et le cimetière américain de Colleville-sur-Mer. Une escapade à vivre absolument pendant votre séjour studieux à Caen !

© WWW.CALVADOS-TOURISME.COM

Cerf dans la forêt de Grimbosq.

La forêt de Grimbosq. Située à 15 km au sud de l'agglomération caennaise, et avec ses 482 hectares de nature, la Forêt de Grimbosq offre un site idéal pour les découvertes, les balades, la détente mais aussi les activités physiques. Un sentier botanique ainsi qu'un magnifique arboretum s'offrent à la promenade : au bout d'une allée balisée, deux choix possibles, l'un bordé de sapins d'Espagne, l'autre de sophoras du Japon et de pins de l'Himalaya. Les chemins sont recouverts d'une tendre mousse verte, comme dans un conte de fées. Puis au détour d'un sentier, on découvre le parc animalier peuplé de sangliers, cerfs, biches et daims, un étang où barbotent les canards, une ruine féodale et même une chapelle au bord de l'Orne. Des par-

© HUANG ZHENG - SHUTTERSTOCK.COM

Mémorial de Caen.

cours pédagogiques, des circuits pédestres, VTT et équestres sillonnent ce vaste espace végétal. Pour les découvrir n'hésitez pas à vous procurer le plan. Plus mélancolique, vous y trouverez aussi un cimetière de petits animaux domestiques, unique en Normandie, il accueille chiens, chats et même poissons rouges !

▶ **Les stations balnéaires de Caen la mer**. Si vous faites votre escapade à la belle saison, faites cap vers les stations balnéaires Caen la mer. Direction Ouistreham Riva-Bella, Colleville-Montgomery, Hermanville-sur-mer et Lion-sur-mer pour une sortie les pieds dans l'eau ! Au-delà des plaisirs de la baignade et du farniente, les activités ne manquent pas et vous pourrez faire le plein d'expériences inoubliables. Vous pourrez par exemple faire de la pêche à pied à marée basse quand les coquillages et les crustacés peuvent être facilement débusqués sur le sable et dans les rochers. Mais, attention, la pêche à pied c'est tout un art et il est important de la pratiquer en respectant l'environnement. Pour vous initier, on vous conseille les balades du club de voile et de loisirs d'Hermanville. Les bénévoles de l'association vous expliqueront tout pendant une sortie pêche guidée.

L'autre balade vraiment originale à faire c'est la promenade sonore à Ouistreham Riva-Bella. Muni d'une ombrelle, avec système de géolocalisation, vous serez guidé par différents témoignages de personnes ayant vécu l'Occupation et le Débarquement. Pour cette balade sonore, il faut réserver sa visite à l'office de tourisme d'Ouistreham qui vous fournira une de ces ombrelles magiques. Ne manquez pas non plus de partir à la découverte des villas de bord de mer. De Lion-sur-mer à Hemanville-sur-mer, vous pourrez admirer d'élégantes villas bâties par des familles fortunées au XIXe siècle. Ces villas ont vraiment chacune leur style est elles illustrent à elles seules un siècle d'architecture balnéaire. Pendant la balade, pensez à faire un arrêt à La Bluette, classée aux Monuments Historiques. Pour une expérience plus sportive, vous pouvez vous lancer dans la montée du phare d'Ouistreham Riva-Bella qui compte 171 marches. Haut de 38 mètres, c'est le seul phare du Calvados ouvert aux visiteurs alors ce serait dommage de s'en priver ! Certes, pendant l'ascension du phare, vous aurez sans doute l'impression que l'escalier en colimaçon est sans fin… Mais votre courage sera récompensé par une vue panoramique sur la ville, une fois arrivé au sommet. Enfin, si les marches du phare ne vous ont pas épuisé et que vous avez envie de vous défouler en bord de mer, sachez que les activités nautiques ne manquent pas sur le littoral des stations balnéaires de Caen la mer. Vous pourrez facilement vous lancer par exemple dans une initiation au char à voile ou au stand up paddle.

© LIZZY KOMEN - SHUTTERSTOCK.COM

Ouistreham.

APPART'CITY CAEN €€

1, rue Claude Bloch
CAEN
© 02 31 28 21 70

A parir de 60 € la nuit.

Situé à 10 min du centre-ville et 20 min du bord de mer en voiture, cet Appart'hôtel propose des hébergements 3 étoiles confortables avec connexion Wi-Fi gratuite. Du studio double à l'appartement supérieur 3 pièces pouvant accueillir jusqu'à 6 personnes, les hébergements sont variés et lumineux. Les travailleurs nomades y apprécieront le coin bureau et la luminosité des appartements. Parmi les services à la carte : ménage, laverie... Vraiment une bonne adresse pour télétravailler ou faire un séjour de travailleur nomade en Normandie.

L'IMPROVISTE €€

22, rue Lanfranc - CAEN
© 02 31 71 94 17
www.limproviste-caen.fr

Du lundi au samedi 9h-14h30, vendredi et samedi 18h-21h30. Formule du midi : 12,90 €. Terrasse. Vente à emporter.

Alexandre Sery et sa femme ont repris cet établissement de la rue Lanfranc, à côté du Leclerc. Simple, chaleureux, le lieu réunit une brasserie, une pizzeria et une rôtisserie, où les clients qui ne souhaitent pas s'éterniser à table débarquent sans réserver, à L'Improviste ! Egalement un snacking avec plats préparés et sandwiches à emporter. La carte joue la proximité : tripes de la Maison Sabot, merguez de Chez Marcel, légumes bio du marché, pain du Moulin des Pierres... Sans oublier les pizzas, qui ont fait le succès d'Alexandre dans son ancien restaurant.

L'AROMATE €€

9, rue Gémare - CAEN
© 02 31 85 30 30
laromate-caen.fr

Du mardi au samedi, midi et soir. Menus à partir de 29 €. Menus du midi à partir de 17 €. Terrasse.

L'Aromate fait partie de ces restaurants qui savent nous surprendre à chaque visite. Cette fois-ci c'était tout simplement parfait, de l'accueil aux plats, évidemment. Ce midi, nous nous sommes régalés avec une crème de sarrasin, œuf bio confit et chips de légumes en guise d'entrée. Suivie par un risotto de courges fumées et éclats de noisettes. Une crème de gingembre sur un sablé breton avec chantilly chocolat et gingembre frit vient achever ce repas en beauté. La note quant à elle reste tout à fait raisonnable le midi. Une adresse à ne pas manquer !

MOHO

2, rue de la Gare
CAEN

A partir de 235 € par mois le bureau partagé.

Cet espace de travail est plus qu'un simple lieu dédié au coworking. C'est le premier *collider* en Europe ; cela consiste à faire cohabiter une diversité d'acteurs composés notamment d'étudiants, de chercheurs, d'entrepreneurs et bien sûr de travailleurs nomades avec des espaces de *coworking*. Jusqu'à 1 500 personnes peuvent y profiter quotidiennement d'une expérience unique dans des espaces conçus pour s'inspirer et collaborer : salle de conférence, terrain de sport, sauna, restaurants. MoHo se développe par ailleurs dans le monde entier : Paris, San Francisco...

HEY ! COWORKING

47, quai de Juillet - CAEN © 02 31 78 08 71
www.hey-coworking.com

Lundi-vendredi : 9h-18h (7h-23h pour les résidents). Terrasse végétalisée. A partir de 4 € l'heure (hors taxes).

En voilà un endroit ultra sympa pour travailler ! Unique en son genre à Caen, venez déployer vos talents dans une ambiance conviviale et moderne. On adore d'ailleurs leur déco tendance et la surface de 130 m² savamment répartie : espace partagé ou salons privés de 2 à 8 personnes. Que vous soyez résident avec votre bureau privé, de passage ou en télétravail, vous œuvrerez dans un cadre calme et motivant et côtoierez une foule de professionnels venus de divers horizons. Wifi inclus, imprimante et scan, casier privé... Un bon plan coworking en somme !

LE WIP - COWORKING

Rue des Ateliers
CAEN
© 02 52 56 98 07
www.le-wip.com

Ouvert de 10h à 18h, fermé samedi et dimanche.

Le Wip est une structure bien adaptée aux travailleurs nomades. Géré par une coopérative d'intérêt collectif, construit dans deux anciennes halles industrielles, il se définit comme un lieu inspirant pour stimuler la créativité de tous ceux qui le fréquentent. Il compte un bon nombre d'espaces *coworking* très prisés par les travailleurs nomades. L'espace est très vivant avec des animations culturelles, des concerts, un bar-resto, 3 000 m² d'espaces et de projets, ainsi que 2 hectares de jardin pour se détendre. Un espace moderne et fun pour travailler.

ÎLE DE NOIRMOUTIER

Située sur la côte Atlantique, cette île du département de la Vendée est le lieu de séjour idéal pour les travailleurs nomades en quête de nature, d'air marin et de tranquillité. Reliée au continent par le fameux passage du Gois et, depuis 1971, aussi par un pont, elle n'est pas non plus coupée du monde… Il est donc possible de relier des grandes villes comme Nantes ou la Roche-sur-Yon en cas de besoin. Si le wifi est correct sur l'île, sachez que les espaces coworking y sont encore rares. Cependant, vous apprécierez le côté village de l'île, la convivialité des habitants, la nature omniprésente, la mer qui est si facile à rejoindre à pied, sans oublier les belles plages si agréables pour la baignade aux beaux jours. En résumé, l'île de Noirmoutier plaira aux travailleurs nomades qui ont envie de se mettre au vert devant le bleu de l'océan, pour trouver l'inspiration et profiter des atouts naturels d'une île pour vivre plus sainement.

5 bonnes raisons de télétravailler sur l'île de Noirmoutier

- **Une ambiance** de village relaxante.
- **Une gastronomie** à base de bons produits marins.
- **La mer omniprésente.**
- **Un microclimat** agréable tout au long de l'année.

Les communes de Noirmoutier

L'île de Noirmoutier est divisée en 4 communes : Noirmoutier-en-l'île (le centre névralgique de l'île), la Guérinière, l'Epine, Barbâtre.

- **Noirmoutier-en-l'île**. C'est Noirmoutier-en-l'île qui concentre l'essentiel des restaurants, hébergements et commerces. On vous conseille d'opter pour cette commune si vous voulez vous installer sur place car vous y trouverez tout ce dont vous avez besoin en tant que travailleur nomade. La commune regorge de ruelles, de bâtisses historiques et de lieux empreints d'histoire. A deux pas, du village, le joli bois de la Chaize mène aux plages et, plus loin, le port de l'Herbaudière accueille petits bateaux de pêcheurs et flottille de plaisance.
- **La Guérinière**. La commune de La Guérinière est située dans la partie la plus étroite de l'île – 800 m. Ici c'est l'ostréiculture qui domine. Rendez-vous au port du Bonhomme, typique avec ses cabanes de pêcheurs. Une anse constituée de 8 km de plage de sable fin toujours ensoleillée fait le bonheur des adeptes de la bronzette. Pour les plus courageux, le circuit pédestre des Moulins permet de découvrir 23 moulins à vent. Un record ! Départ devant le camping municipal, 12 km, balisage jaune et blanc.

EN FRANCE

© LINDA CASTAGNIE

ruelles de Noirmoutier-en-l'île.

© LINDA CASTAGNIE
Voile plage des Dames.

L'Epine. En marge de l'axe principal de l'île, L'Epine a su conserver son authenticité. Elle se trouve au centre de l'île et jouxte La Guérinière. Pour la petite histoire, elle a pris son indépendance par rapport à Noirmoutier-en-l'Île, en 1919. Commune la plus étirée de l'île, L'Épine est le fief des marais salants.

Barbâtre. Cette commune est la première que vous traverserez juste après le pont ou après avoir emprunté le légendaire passage du Gois. La commune se situe sur un long bras qui mène vers le cœur géographique de l'île. D'un côté de cette bande se rétrécissant au niveau de La Guérinière, l'océan Atlantique et de l'autre la Baie de Bourgneuf. Une forêt de pins maritimes et un cordon de dunes longent les plages de sable fin.

Se loger

Loger sur l'île de Noirmoutier n'est pas si évident… Vous ne trouverez pas d'appart-hôtels et les hôtels restent assez chers. Le plus simple c'est de vous adresser aux agences immobilières locales pour louer un appartement plusieurs mois sur place mais l'offre est réduite et on vous demandera souvent de vous engager pour une période de 6 mois minimum. Mais si vous voulez faire plus d'économies, vous pouvez toujours vous tourner vers les locations de gîtes ou de maisons indépendantes sur le site de Gîtes de France ou d'Abritel ; l'offre est importante sur l'île de Noirmoutier avec des tarifs abordables à partir de 40 € la nuit et du choix.

Travailler

La Fabrik 3.0 à Noirmoutier-en-l'île est le seul espace coworking sur l'île de Noirmoutier. On peut y rester la journée, travailler à l'heure, au mois, ou prendre un pass à l'année. Et l'avantage c'est que ce coworking est vraiment les pieds dans l'eau ! Si vous préférez l'ambiance des cafés pour travailler, vous trouverez ce qu'il vous faut à Noirmoutier-en-l'île. Certains établissements ont du wifi donc vous pourrez y travailler. Aux beaux jours, on vous conseille vraiment les terrasses en bord de mer ; c'est tellement inspirant le bon air marin…

Se restaurer

Au-delà des classiques spécialités vendéennes, vous pourrez vous régaler avec des fruits de mer et des poissons de la pêche du jour toute l'année à Noirmoutier. Parmi les produits du terroir, ne manquez pas de tester les pommes de terre de Noirmoutier, notamment les pommes de terre nouvelles au printemps, au bon goût de noisette, le sel de Noirmoutier récolté dans les marais salants, les huitres et les biscuits artisanaux de la biscuiterie les petits Cagniotes. Côté restaurants, on vous recommande la Table d'Elise, un bistrot du Port de l'Herbaudière, près de Noirmoutier-en-l'île qui jouxte La Marine, un 2 étoiles Michelin, mais c'est le même chef, Alexandre Couillon, qui officie dans les 2 établissements. Résultat : le bistrot offre une cuisine délicieuse à moindre coût.

S'aérer / se changer les idées

Plages. Au niveau de Barbâtre, une grande plage de 7 kilomètres orientée plein sud, la plage du Midi, est parfaite pour la baignade en été. Non loin de La Guérinière, la Dune de la Tresson offre au promeneur une vue magnifique sur l'océan Atlantique. Depuis la plage jusqu'aux fourrés, cette vaste étendue de sable de 90 hectares comprend un ensemble d'habitats dunaires uniques, qui s'étend sur plusieurs centaines de mètres : la dune mobile blanche à oyat et les dépressions humides (les pannes) abritent une flore et une faune exceptionnelles.

Sorties nature. Sur la commune de la Barbâtre, partez à la découverte du Gois. C'est un site naturel, protégé, unique en Europe ! Le passage du Gois fait partie des sites d'intérêt national et patrimonial reconnu par l'Unesco ! C'est une chaussée submersible pavée de plus de 4 km qui date du XVIIIe siècle et qu'il faut emprunter uniquement à marée basse. Elle relie l'île de Noirmoutier au continent par la commune de Beauvoir-sur-Mer. Retenez ceci : vous pouvez traversez à pied ou en voiture depuis 1h30 avant jusqu'à 1h30 après l'heure de basse mer, attention aux retardataires !

Pour vous aérer après une longue journée de télétravail, on vous conseille également une balade dans la pinède de Barbâtre ; c'est la plus grande forêt de l'île de Noirmoutier avec 145 ha de superficie. Elle commence sitôt le pont franchi, et fait face à l'océan. Plantée de grands pins maritimes, elle longe la plage. Par ailleurs, au niveau de la côte est de Barbâtre, vous pourrez pratiquer beaucoup d'activités en extérieur : sentiers pédestres, pistes cyclables, char à voile et sports de glisse… Cette côte est protégée par des digues abritant le Polder de Sébastopol où vous pourrez également observer les oiseaux de cette réserve naturelle. La commune de l'Epine offre de belles promenades à travers les marais (notamment près des dunes de Luzéronde) ou les bois. Le port de Morin n'a pas trop bouleversé l'harmonie du site et l'anse du Bonhomme est un délicieux petit havre de sérénité. Elle offre aussi deux petits étangs, baptisés les Perles, lieu d'apprentissage de l'école de voile, qui profite d'une exposition abritée du vent. Les deux petits étangs sont reliés par le chemin de l'ancienne Maison des douanes, propriété du Conservatoire du Littoral.

A la Guérinière, ne manquez pas d'aller faire un tour sur l'île aux Papillons. Au cœur d'une volière à 26 °C, vous vous promènerez au milieu de centaines de papillons exotiques volant en toute liberté parmi les plantes et les fleurs tropicales.

A voir/à faire. A Noirmoutier-en-l'île, vous pouvez commencer par visiter la Place d'Armes, vous observerez deux hôtels particuliers, l'hôtel Jacobsen et Lebreton des Grapillères. Ils encadrent le château et son musée. L'hôtel Jacobsen est une belle demeure à l'architecture remarquable, édifiée en 1760. Au coeur de Noirmoutier-en-l'Ile, incontournable, s'élève le château de Noirmoutier, érigé au XIe siècle, entouré de ses remparts aux douves asséchées. Non loin de là, le quartier de Banzeau est l'un des plus anciens de l'île. Occupé au XIe siècle par les gens au service de l'abbaye, il a ensuite abrité les marins au XVIIe siècle. Les ruelles bordées de roses trémières et d'adorables maisons blanches aux volets colorés donnent au quartier un caractère pittoresque. Depuis le quai du port, une promenade de 7 km, appelée jetée Jacobsen, offre de beaux points de vue. En longeant la jetée, on découvre marais salants et marais sauvages où nichent de nombreuses espèces d'oiseaux : c'est la réserve naturelle de Müllembourg. Avant d'arriver à l'adorable plage des Dames, baladez-vous dans le magnifique bois de la Chaize aux majestueuses demeures balnéaires de la fin XIXe. Y aller à la saison des mimosas est magique ! En longeant la côte, vous arriverez au charmant petit village du Vieil. Tout au bout de l'île, se trouve le port de l'Herbaudière, un joli port de pêche et de plaisance.

© LINDA CASTAGNIE

Marais Salants à l'Epine.

© THOMAS PAJOT - STOCK.ADOBE.COM

Traversée du Gois à vélo.

Sur la commune de l'Epine, vous pourrez partir à la découverte des marais salants d'où provient la fameux sel de Noirmoutier. Au marais les Angibauds, vous découvrirez le métier de saunier, apprendrez le fonctionnement hydraulique du marais salant, observerez les outils qu'utilisent les sauniers pour récolter le gros sel et la fleur de sel. Ne repartez pas sans votre sel marin ou fleur de sel, il est goûteux et accompagnera tous vos plats. Toujours à l'Epine, on vous conseille de visiter Mini Ville, c'est plutôt insolite ! C'est un village miniature qui a pour thème l'habitat régional et où des mini maisons d'hier et d'aujourd'hui sont reproduites à l'échelle 1/8e. Vous y verrez une quarantaine de maisons typiques de dix-neuf régions : Landes, Provence, Haute-Savoie, Alsace, Pays basque, Bretagne… et la Vendée bien sûr. À La Guérinière, l'Observatoire de l'Estran de l'île de Noirmoutier vous invite à venir visiter l'écluse à poisson n° 7 (dite de Bon Secours) et la Maison des écluses et pêches traditionnelles, espace muséologique aménagé dans un blockhaus de la Seconde Guerre mondiale. L'île de Noirmoutier possède de nombreux vestiges de pêcheries appelées « écluses à poissons » le long de son littoral. En visitant ce site, vous saurez tout sur l'histoire des pêcheries et sur la faune et la flore de la dune et de l'estran. Une visite enrichissante pour les travailleurs nomades amoureux de la nature ! Sur la commune de la Guérinière, vous pourrez aussi voir les 4 moulins de la Cour qui sont nommés ainsi du fait de l'installation d'un tribunal de justice au XVIIIe siècle. L'île de Noirmoutier compte en effet de nombreux moulins à vent ; une forte production céréalière et une exposition privilégiée aux vents expliquent le grand nombre de moulins à vent qui ont été bâtis sur l'île. Aujourd'hui, il en reste 23 à travers l'île.

Sortir. Pour sortir boire un verre sur l'île de Noirmoutier, il vous faudra aller à Noirmoutier-en-l'île où se concentrent tous les bars et cafés. En dehors de cette commune, le reste de l'île est peu animé…

Escapades

Les Sables d'olonne. Haut lieu de la voile et de la plaisance et point de départ tous les quatre ans du mythique Vendée Globe, Les Sables-d'Olonne est une ville réputée pour sa plage de sable fin, son quartier de pêcheurs de La Chaume, ses paysages pittoresques entre dunes, marais, et la forêt d'Olonne. Depuis 2019 : les communes de Château-d'Olonne et d'Olonne-sur-Mer ont rejoint Les Sables-d'Olonne pour faire le « grand « Les Sables-d'Olonne. À Château-d'Olonne, la côte s'étend de la petite plage de Tanchet jusqu'à la baie de Cayola, côte sauvage et escarpée. De nombreux éléments attestent qu'Olonne-sur-Mer est le berceau historique du pays des Olonnes : les menhirs, les traces des premiers marais salants, l'église millénaire d'Olonne ou encore le couvent des Cordeliers où séjourna Rabelais vers 1510. Olonne-sur-Mer est aussi le poumon vert du pays des Olonnes avec plus de 8 km de plages naturelles bordées par un cordon dunaire et une forêt domaniale. Le marais d'Olonne-sur-Mer offre une véritable réserve naturelle où cohabitent espèces protégées et marais salants.

LA FABRIK 3.0 - CORWORKING VENDÉE

31, rue de la Prée aux Ducs
NOIRMOUTIER-EN-L'ILE
✆ 02 51 93 19 10
Ouvert de 9h à 19h. Fermé samedi et dimanche. Tarifs sur demande.

La Fabrik 3.0 est le seul espace coworking de l'île de Noirmoutier. Il a pour avantage d'offrir un cadre de travail cosy très agréable et les pieds dans l'eau. C'est vraiment très inspirant pour les travailleurs nomades qui le fréquentent. Vous pouvez y passer la journée, travailler à l'heure, au mois, ou prendre un *pass* à l'année. Plutôt que de rester travailler dans votre logement à Noirmoutier ou dans un café, profitez de ce coworking pour stimuler votre créativité.

LA GRAND'VOILE €

1, rue de la Pointe
NOIRMOUTIER-EN-L'ILE
✆ 02 51 39 09 30
Fermé dim soir, lun, ven soir + les soirs d'oct. à mars. HS : ouvert du mar au dim. Menus de 12,50 € à 34 €. Terrasse

Sur le port de l'Herbaudière, impossible de manquer la façade aux baies sur 2 niveaux, devant laquelle se pose une terrasse. Diversité de menus, prix ajustés, grande capacité, en font une adresse de choix des groupes. Cuisine traditionnelle avec prédominance des produits de la mer, avec des fruits de mer et présence marquée des poissons : merlu au beurre blanc, raie au beurre de salicornes, filet de bar rôti à la fleur de sel. Côté terre : terrine de foie gras, andouillette grillée, camembert rôti. En dessert, goûtez aux spécialités vendéennes : le flan maraîchin.

LES PETITS CAGNIOTES

2, rue des Marouettes - **NOIRMOUTIER-EN-L'ILE**
✆ 02 51 35 33 39
www.lespetitscagniotes.com
Ouvert 7j/7 de 10h à 13h et de 14h à 19h30. Autre magasin 18, quai République à Saint-Gilles-Croix-de-Vie.

Biscuiterie incontournable reconnue artisan de qualité ! Pierre et Géraldine innovent toujours avec de nouvelles créations : cookies, croquants, palets, meringues, sablés aux fruits ou caramel fleur de sel, sablés apéritifs, le délicieux cœur fondant chocolat-caramel, la bonne brioche. Produit phare, le caramel à tartiner à la fleur de sel décliné façon truffe au chocolat, cacahuète et nouveau, banane flambée. Tous fabriqués maison avec des matières premières régionales d'exception (dont la fleur de sel de l'île) sans conservateur ni colorant artificiel.

RESIDENCE ODALYS LE DOMAINE DES PINS**** €€

61, avenue de la Victoire - **NOIRMOUTIER-EN-L'ILE**
✆ 02 28 17 84 42
Ouvert toute l'année. Studio/appartement de 220 € à 1 530 € la semaine. Wifi. Restauration. Hammam.

À l'entrée du Bois de la Chaize, 400 m de la plage des Dames, plusieurs types de logements (au total 87 lots) : studios de 2 personnes de 22 m^2, deux-pièces de 34 m^2 (4 personnes), duplex 3-pièces pour 6/7 personnes, et maisonnettes en duplex pour 6. Les logements disposent d'un salon avec TV, salle de bains avec WC, cuisine équipée, balcon ou terrasse. Côté loisirs, piscine intérieure avec une partie en extérieur, bain bouillonnant, salle fitness, hammam, club enfant en juillet-août.

LA TABLE D'ÉLISE €€€

5, rue Marie-Lemonier - **NOIRMOUTIER-EN-L'ILE**
✆ 02 28 10 68 35
www.alexandrecouillon.com/fr
Fermé mardi, mercredi et dimanche soir. Juillet août, uniquement le mercredi. Menu : 35 €

Une de nos tables préférées ! C'est l'annexe, version bistrot, de la Marine (2 étoiles au guide Michelin, et Grandes Tables du Monde) du talentueux chef Alexandre Couillon et sa femme Céline. Chacun pourra donc bénéficier du savoir-faire d'un grand chef à prix doux. Décor authentique marin, cuisine d'hier au goût d'aujourd'hui, sélection rigoureuse de produits locaux, légumes de son potager en culture raisonnée, et rapport qualité-prix incomparable ! Fidèle aux traditions, amoureux de son île, il nous offre une cuisine moderne, précise, gourmande, respectueuse !

LES YEUX BLEUS €€

20B, impasse des Roussières
NOIRMOUTIER-EN-L'ILE
Piscine. Chambre double dès 93 € (petit déjeuner inclus). Maison à louer en juillet/août : de 2 500 € à 3 900 €/semaine

Dans l'adorable village du Vieil, cette maison de charme est située à 100 mètres de la mer, et de la plage de Mardi Gras, qui, fut aussi le lieu de tournage du célèbre film *César et Rosalie* avec Yves Montand et Romy Schneider. Devant cette maison basse aux volets colorés et tuiles vendéennes, piscine, bordée de transats et une terrasse sur laquelle vous prendrez le petit déjeuner aux beaux jours. Trois chambres d'hôtes à la déco nature et bord de mer, dont une avec mezzanine pour 4 personnes. Possibilité de louer la maison en totalité en juillet et août.

LE HAVRE

En 2017, La Havre a célébré les 500 ans de sa fondation par François 1er. Inscrite à l'Unesco tout en étant résolument moderne, c'est une ville surprenante qui a toujours su se renouveler et vivre avec son temps. Après avoir été quasiment entièrement détruite durant la Seconde Guerre mondiale, son centre-ville est reconstruit de toutes pièces par le talentueux Auguste Perret. Dans ce même esprit de modernité, Le Havre est aujourd'hui une ville qui s'est bien adaptée au monde du télétravail avec des hébergements étudiés pour les travailleurs nomades mais aussi des espaces de coworking. Au Havre, vous pourrez par ailleurs profiter de la douceur de vivre d'une ville de bord de mer, non loin d'Etretat, la pépite de la Côte d'Albâtre réputée pour ses magnifiques falaises blanches. Pour quelques semaines ou plusieurs mois, Le Havre peut être une destination de choix pour les télétravailleurs.

5 bonnes raisons de télétravailler au Havre

- **Une ville bon marché** avec des hébergements aux tarifs compétitifs.
- **Plusieurs espaces coworking** et des cafés agréables où travailler avec un bon wifi.
- **L'accueil chaleureux des Havrais** avec les nouveaux venus.
- **Une ville au dynamisme culturel important** tout au long de l'année (évènements, festivals, spectacles...).
- **Des plages en centre-ville** et les falaises d'Etretat à proximité.

Les quartiers

La ville du Havre se divise en une ville haute et une ville basse, les deux parties étant reliées par des escaliers et différents passages pittoresques. La ville haute est plutôt cossue et résidentielle. Pour être au cœur du Havre, non loin des cafés, des espaces coworking, des commerces et sites à visiter, nous vous recommandons plutôt de vous installer dans la partie basse de la ville. C'est dans la ville basse que se trouve le centre-ville du Havre, et le centre historique inscrit au Patrimoine mondial de l'Unesco en raison de son architecture exceptionnelle. Reconstruit par Auguste Perret après 1945, essentiellement à base de béton armé, il se caractérise par des grandes avenues rectilignes. C'est un quartier qui plaira beaucoup aux télétravailleurs des secteurs créatifs et aux amateurs d'histoire, d'architecture moderne et d'art. Et pour ceux que le côté un peu vieillot et gris pourrait décourager, nous recommandons d'opter pour les quartiers du centre qui n'ont pas été détruits par les bombardements de la Seconde Guerre mondiale et qui sont tout aussi vivants que le centre historique, à savoir les quartiers Saint-Vincent, Graville, Massillon ou encore le quartier Saint-François qui compte beaucoup de restaurants et le marché aux poissons. Autre avantage de la ville basse : vous êtes tout près du bord de mer et des plages. Le Havre possède en effet 2 km de plages accessibles directement pied depuis le centre-ville. C'est l'idéal pour profiter de la mer tout au long de l'année !

Eglise Saint-Joseph, Le Havre.

Se loger

Si vous souhaitez loger en appart-hôtel, l'offre est assez variée au Havre avec plusieurs établissements qui proposent des appartements ou des studios parfaitement équipés avec kitchenette et espace bureau : l'Aparthôtel Adagio Access le Havre Les Docks, le Zénitude hôtel Résidences, la Frégate résidence hôtelière... Le rapport qualité-prix de ces établissements est intéressant mais si vous voulez faire plus d'économies, vous pourrez toujours opter pour une location Airbnb ; l'offre est importante au Havre donc vous aurez l'embarras du choix. La ville compte aussi plusieurs hôtels low cost ou d'entrée de gamme qui peuvent faire l'affaire une semaine ou deux, sans trop empiéter sur votre budget. Notre préférence va au Nomad Hôtel, qui comme l'indique son nom est particulièrement bien adapté aux nomades digitaux.

Travailler

Entre les cafés cosy et les espaces de coworking, vous aurez plusieurs lieux à votre disposition pour travailler. Au Wojo Corner, situé à quelques minutes de la gare au Novotel Le Havre Centre gare, et à La Hune Coworking, en centre-ville, vous pourrez aussi bien travailler sur place une journée ou tout un mois. Les formules sont très souples. Si vous préférez l'ambiance moins studieuse des cafés pour travailler, vous trouverez aussi ce qu'il vous faut au Havre. On vous recommande les Cafés Columbus ; cette chaîne de cafés aux prix abordables et au bon wifi, possède deux adresses au Havre. Aux beaux jours, l'Orangeraie, le salon de thé des Jardins suspendus est une bonne option car vous pourrez travailler en terrasse dans un agréable jardin.

© FRIEDBERG - STOCK.ADOBE.COM

Architecture Perret au Havre.

Se restaurer

Du bord de mer au centre-ville, une large gamme de restaurants vous attend au Havre. De la brasserie simple à petits prix aux étoilés Michelin, vous trouverez forcément un restaurant à votre goût dans la ville portuaire. Prenez le temps de goûter aux spécialités maritimes du Grignot dans le centre-ville, c'est une valeur sûre. Pour vos envies de plats exotiques, des restaurants japonais, italiens, chinois ou encore libanais vous attendent. Pour une vue sur la mer, nous vous avons également sélectionné les meilleurs restaurants des plages du Havre dans notre carnet d'adresses. La plupart des restaurants proposent un accès wifi à leurs clients donc vous pourrez facilement travailler sur place, avant ou après le repas.

S'aérer / se changer les idées

▸ **Parcs et jardins**. Contrairement aux a priori, et au-delà de son bord de mer, Le Havre ce n'est pas une ville industrielle bétonnée sans espaces verts, loin de là ! Entre deux téléconférences, vous pourrez donc facilement vous poser quelques instants dans les différents parcs et jardins que compte Le Havre.

EN FRANCE

© FRIEDBERG - STOCK.ADOBE.COM

L'église Saint-Joseph et les immeubles d'Auguste Perret.

La plage du Havre et ses cabines colorées.

Le square Saint-Roch, à mi-chemin entre la plage et le centre-ville, vous offrira une pause agréable dans un cadre romantique. Les Jardins Suspendus s'inscrivent également dans le paysage havrais comme un lieu emblématique offrant un univers de découverte à travers la végétation des cinq continents. Ce jardin botanique, d'une surface de 17 ha, surplombe la baie de Seine et offre des points de vue admirables sur la mer, le port et la ville.

A voir/à faire. Le Havre et son territoire bénéficient de la labellisation Pays d'Art et d'Histoire. Rien d'étonnant lorsqu'on s'intéresse à l'histoire d'une ville au destin si particulier, située au coeur d'une Normandie qui ne cesse de révéler ses trésors, entre nature verdoyante et paysages marins. Au cours d'une escapade à la découverte de l'architecture, on ne peut manquer de s'intéresser à l'ensemble des monuments qui sont nés du chantier de reconstruction confié à Auguste Perret. Spécialiste du béton armé, l'architecte conçoit alors des bâtisses capables de loger rapidement des milliers de personnes. Le résultat est fascinant, étonnant et les différents immeubles, véritables structures témoins de l'architecture moderne, reflètent l'obsession de Perret pour le détail, le jeu des lumières et les nuances des teintes. Hormis les immeubles d'habitation, il faut bien sûr, lors d'une promenade, aller voir l'Hôtel de Ville et l'incroyable église Saint-Joseph. Cette église est un des monuments phare du Havre et un des chefs-d'œuvre d'Auguste Perret. Moderne et majestueuse, avec une base carrée, elle présente un clocher monumental de 107 m de hauteur que l'on peut voir à 60 km au large.

L'abbaye de Graville est un autre monument religieux à découvrir. Elle domine Le Havre et l'estuaire de la Seine. Lieu de culte reconnu depuis le Moyen Âge, le site de Graville abrite une somptueuse église abbatiale romane bâtie au XIe siècle. Construite en mémoire de sainte Honorine dont le corps fut repêché par des marins à ce même endroit, elle propose un véritable voyage à travers les époques puisque son architecture évolua au fil des siècles. Mais ce qui fascine sans doute le plus les visiteurs au Havre c'est ce centre-ville du Havre incroyablement bien reconstruit après-guerre avec un minimalisme avant-gardiste. Et pour mieux comprendre à quoi ressemblaient les logements après la reconstruction de la ville, une visite de l'appartement témoin Perret s'impose. Cet appartement, aujourd'hui labellisé Patrimoine mondial de l'Unesco, est un condensé de l'urbanisme moderne et plein d'ambition du XXe siècle conçu par l'architecte Auguste Perret. Fonctionnalité, ensoleillement optimal, cuisine avec appareils ménagers, cloisons amovibles, le lieu propose une immersion pleine de charme grâce aux objets du quotidien des Trente Glorieuses : auto-cuiseur, aspirateur, tourne-disque, machine à écrire.... Le Havre possède par ailleurs une offre culturelle particulièrement riche. En journée, on parcourt les allées du MUMA, le Musée d'Art moderne André Malraux, où l'art classique côtoie l'art contemporain. Le lieu héberge notamment la seconde collection impressionniste la plus importante de France, après celle du Musée d'Orsay à Paris. Des oeuvres de grands maîtres comme Renoir, Monet et Sisley y sont exposées. Enfin, l'été est la saison idéale pour découvrir la ville et participer à l'incontournable événement « Un Été Au Havre «. Créé en 2017 à l'occasion de la célébration des 500 ans de la cité, l'évènement transforme la ville en musée à ciel ouvert avec un décor d'oeuvres contemporaines qui chaque année s'agrandit. Entre oeuvres pérennes et éphémères, ces créations originales et monumentales portent la création d'artistes internationaux.

Sortir. En soirée, on rejoint volontiers le Volcan - Scène Nationale du Havre, à la formidable acoustique et conçu par l'architecte et designer brésilien Oscar Niemeyer, très connu pour avoir conçu ex nihilo, la capitale brésilienne Brasilia qui fut inaugurée en 1960. Le Volcan, que les Havrais surnomment affectueusement « le pot de yaourt » en raison de sa forme et de sa couleur blanche, est un monument contemporain qui abrite une salle de spectacles à la programmation éclectique.

Pour aller boire un verre dans une ambiance conviviale après une longue journée de travail devant l'ordinateur, le centre-ville est tout indiqué. L'activité nocturne se concentre autour du Volcan. Vous trouverez là une multitude de pubs et bars animés, avec des prix très corrects. La clientèle est assez jeune avec beaucoup d'étudiants. Aux beaux jours, d'avril à septembre, on vous conseille plutôt d'aller en bord de mer où plusieurs bars sont ouverts seulement pendant la belle saison, en direction de Sainte-Adresse, le long de la plage.

Escapade à Etretat

En seulement une trentaine de minutes de route on peut relier Le Havre à Etretat, et on prend plaisir à sortir du centre de la ville pour aller explorer les splendeurs de la côte d'Albâtre. C'est donc l'escapade idéale pour une journée ou un week-end depuis Le Havre. Une bonne façon de vous aérer après avoir travaillé plusieurs jours sur votre ordinateur ! Véritable carte postale de la Normandie, les falaises d'Etretat sont tout simplement fascinantes. Comment ne pas être ébloui par ces immenses portes naturelles creusées dans ces falaises vertigineuses ? Ce sont en effet de véritables oeuvres d'art naturelles que les flots ont sculptées dans la craie du plateau du Pays de Caux. Les ouvertures qui sillonnent la côte d'Albâtre à partir de la mer s'appellent ici des valleuses, et les plus célèbres d'entre elles sont ici, à Etretat. La plus connue de ces falaises d'Etretat c'est incontestablement la falaise d'Aval. Mais il faut attendre la marée basse pour qu'elle nous livre ses secrets. On commence la promenade par les parcs à huîtres : ces bassins avaient été creusés à la fin du XVIIIe siècle à la demande de la reine Marie-Antoinette. Passés ces parcs à huîtres, la falaise découvre le Trou à l'Homme, puis on grimpe vers la baie du petit port, d'où on a une belle vue sur la porte d'Aval et l'Aiguille creuse, haute de 70 m. Presque en enfilade, la deuxième porte, appelée aussi Manneporte, et que Maupassant évoquait en parlant de ce « portail gothique pouvant laisser passer un navire toutes voiles dehors », atteint, elle, 90 m. On peut continuer la promenade jusqu'à la pointe de la Courtine, puis la valleuse d'Antifer, où nichent de nombreux oiseaux, jusqu'à la plage du Tilleul. En remontant sur la falaise, on peut ensuite regagner Etretat par le GR21 et profiter ainsi de quelques beaux points de vue sur la ville.

Les falaises d'Etretat.

L'AMARINO €

Boulevard Albert Ier - **LE HAVRE**
✆ 02 77 00 07 32
la-marino.fr/
Ouvert tous les jours. Comptez environ 20 € le repas.
Ce restaurant-brasserie de bord de mer vous propose de déguster une bonne cuisine italienne authentique à prix doux. Vous pourrez y manger des plats de pâtes variés (Carbonara, lasagnes maison, pâtes aux truffes, Salmone...), des bruschettas ; on vous recommande notamment la bruschetta suédoise – crème, mozzarella, saumon fumé (passé au four), crevettes fraîches, citron, ciboulette – et la bianca – crème, mozzarella, gorgonzola, copeaux de parmesan. L'Amarino propose aussi de bonnes spécialités de pizzas aux recettes variées. Un bon restaurant de plage au Havre.

LE GRIGNOT €€

53, rue Racine
LE HAVRE
✆ 02 35 43 62 07
www.legrignot.fr
Ouvert de 12h à 14h et de 19h à 23h. Carte : 35 € environ.
Situé en plein centre-ville, c'est sans doute une des meilleures tables du Havre. Fidèle à la tradition culinaire normande tout en y apportant une touche de renouveau, ce restaurant tenu par Arnaud et Ludo est vraiment une belle adresse. La carte est alléchante, la décoration chic et subtile, avec une jolie devanture toute refaite. Vous apprécierez également la superbe et élégante terrasse face au Volcan. L'ambiance est conviviale et le restaurant n'est pas seulement fréquenté par des touristes, mais aussi par des Havrais qui y ont leurs habitudes.

APARTHÔTEL ADAGIO ACCESS LE HAVRE LES DOCKS €€

66, rue De L'Aviateur Guérin
LE HAVRE
✆ 02 32 92 97 00
A partir de 100 € la nuit. Wifi gratuit.
L'Aparthôtel Adagio access Le Havre Les Docks se trouve sur les quais du port du Havre dans un quartier moderne et convivial. En logeant dans ces appartements, vous accéderez facilement aux musées, ainsi qu'au port et à la gare SNCF, situés à moins de 10 minutes de la résidence. Les appartements, modernes et spacieux, sont équipés d'une cuisine. Parmi les services à votre disposition : un parking, une laverie... Une bonne adresse pour les longs séjours au Havre.

LA HUNE COWORKING

154, rue Victor Hugo
LE HAVRE
✆ 02 35 19 00 00
www.lahune-coworking.fr
A partir de 15 € par mois et 49 € l'heure.
Bien plus qu'un espace de location de bureaux sans engagement, la Hune Coworking est une espace de travail au cadre cosy et chaleureux où vous pourrez facilement échanger avec la communauté de coworkers qui seront très inspirants pour la plupart de vos projets. Idéale pour les jeunes entrepreneurs, les télétravailleurs, les freelances ou les profils artistiques, La Hune coworking vous propose un ensemble de bureaux parfaitement équipés au sein de cet écosystème collaboratif. Un vrai bon plan pour tous ceux qui ont envie de stimulation intellectuelle !

COLUMBUS CAFÉ & CO

54-56, avenue René Coty
LE HAVRE
✆ 09 80 54 16 86
www.colombuscafe.com
Ouvert de 9h à 19h. Wifi gratuit.
Quelques chaises à l'extérieur et à l'intérieur, toutes donnant sur la rue, une vitrine à faire pâlir les plus grandes boulangeries : les connaisseurs de la marque trouveront ici, et c'est sûr, leur bonheur le plus complet ! Cafés déclinés sous toutes les... moutures, gourmandises, encas et sandwiches américains sont aussi en vente ! Et, en prime, le café est très agréable pour travailler et beaucoup de travailleurs nomades le fréquentent. Un café à prix doux si vous avez envie de travailler pendant votre séjour au Havre.

WOJO CORNER - LE HAVRE

20, Cours Lafayette
LE HAVRE
✆ 01 87 40 53 18
A partir de 22 € la journée.
Situé à 2 minutes à pied de la gare SNCF et à 5 minutes du centre-ville, cet espace de travail se trouve au sein du Novotel Le Havre Centre Gare. Il possède un espace de coworking calme ouvert 24h/24 7j/7. Propose des boissons chaudes à volonté, des services hôteliers (restaurant, bar, salles de réunion...). Le petit plus du Wojo coworking Le Havre : accès gratuit à l'espace bien-être de l'hôtel, comprenant sauna, hammam, bain à remous et salle de fitness pour les abonnés mi-temps & mensuels de l'espace. Un bon plan coworking au Havre.

LOZÈRE

La Lozère est un département du sud de la France doté d'un fort ensoleillement et c'est une première bonne raison de s'y installer quand on est travailleur nomade ! La Lozère plaît aussi particulièrement à ceux qui souhaitent travailler dans un environnement calme, ressourçant au cœur des grands espaces et d'une nature préservée. Depuis septembre 2021, Lozère Tourisme propose d'ailleurs sur son site internet une sélection d'hébergements pratiques pour le télétravail et situés dans un cadre naturel superbe. Pour s'aérer et se changer les idées, les travailleurs nomades pourront aussi profiter de la grande diversité de paysages de la Lozère dont des sites splendides comme la Margeride, l'Aubrac, les Cévennes et le Mont Lozère, les Gorges du Tarn et de la Jonte... Autant de terrains de jeux pour pratiquer une large gamme d'activités de pleine nature ou tout simplement se ressourcer.

5 bonnes raisons de télétravailler en Lozère

- **Un département bon marché** avec des hébergements aux tarifs compétitifs.
- **Plusieurs espaces coworking** et des cafés agréables où travailler avec un bon wifi.
- **Les grands espaces** et une nature omniprésente.
- **Un fort ensoleillement** tout au long de l'année.
- **Des activités** de pleine nature variées.

Les différentes régions de Lozère

Située en Occitanie, la Lozère est le département à la plus faible densité de France, donc vous y trouverez principalement des villages disséminés à travers tout un territoire composé essentiellement de nature dont le Parc national des Cévennes et le Parc régional de l'Aubrac. On distingue 5 grandes régions en Lozère : la Margeride, au nord, une région granitique fortement boisée avec d'immenses pâturages ; l'Aubrac, au nord-ouest, un plateau basaltique couvert de rivières et lacs ; les Cévennes, à l'ouest, une chaîne de montagnes granitiques entre le Mont Aigoual et le mont Lozère, avec beaucoup de cours d'eau ; les Causses, au sud-ouest, constitués de plateaux arides et des Gorges du Tarn ; la Vallée du Lot, une vallée paisible mais aussi la région la plus peuplée avec Mende, la ville préfecture.

Se loger

Si vous avez vraiment envie d'être basé dans une ville pour télétravailler, vous n'aurez pas beaucoup de choix en Lozère… Il y a en réalité une seule ville, c'est Mende, la préfecture du département. Pour le reste, il s'agit essentiellement de villages. Mende est une cité essentiellement administrative avec de nombreux commerces où vous trouverez de tout. Elle reste cependant une ville plutôt calme, principalement animée l'été qui est la saison touristique. Son cœur de ville est délimité par un boulevard circulaire aménagé à l'emplacement des anciens remparts. Elle possède cependant un joli patrimoine : l'imposante cathédrale et la place Urbain V, avec sa statue du pape, l'hôtel Plagnes, l'ancien palais épiscopal, des maisons de caractère, des hôtels particuliers du XVIIIe siècle… Vous pouvez aussi choisir de résider dans un village de Lozère pour plus de tranquillité encore mais nous vous conseillons d'opter pour les villages les plus importants pour trouver un minimum de petits commerces de proximité sur place. Les « gros villages » que nous vous recommandons sont : Marjvols, Saint-Chely-d'Apcher, Langogne, Peyre en Aubrac ou La Canourgue. Côté hébergements en Lozère, vous trouverez des hôtels essentiellement à Mende. Dans le reste du département, les chambres d'hôtes et les gîtes constituent l'essentiel de l'offre d'hébergement. Il faut compter 80 € la nuit dans un hôtel et autour de 50 € la nuit dans une chambre d'hôte ou un gîte. Pour les longs séjours en chambre d'hôte ou en gîte, les tarifs sont dégressifs et vous pouvez toujours essayer de négocier les tarifs à la baisse si vous pensez rester un mois ou plus. Assurez-vous cependant d'avoir une bonne connexion wifi dans les petites structures qui sont vraiment en rase campagne avant de réserver ; cela vous permettra d'éviter les mauvaises surprises à l'arrivée. Enfin, l'offre de locations Airbnb est assez importante dans le département mais elle se concentre surtout à Mende, la ville principale de Lozère.

Travailler

Bien que la Lozère soit avant tout un département rural, la couverture internet y est plutôt bonne dans l'ensemble du département. La plupart des hébergements, restaurants, et cafés ont donc un accès wifi et vous pourrez y travailler sans difficultés. La Lozère possède aussi des espaces de coworking, principalement à Mende, dans la vallée du Lot et dans quelques villages. Nous vous avons sélectionné les meilleurs lieux dans la partie carnet d'adresses.

Se restaurer

La Lozère est un territoire principalement rural qui propose une excellente gastronomie du terroir et si vous êtes un télétravailleur gourmand, vous avez choisi la bonne région ! Parmi les spécialités à tester sur place, l'aligot est un incontournable. C'est une purée de pommes de terre à la tomme fraîche de vache fondue et à l'ail… Ce plat de l'Aubrac, inventé par les moines au Moyen-Âge, constituait une préparation roborative pour les pèlerins sur le chemin de Saint-Jacques-de-Compostelle. Le bœuf de l'Aubrac est par ailleurs une des meilleures viandes bovines de la région. L'élevage est extensif, en pâturage, et dure de 2 à 4 ans, donnant une viande d'un rouge franc, particulièrement savoureuse. Quant à la production laitière de cette race, elle sert à la fabrication des fromages cantal et laguiole. Aujourd'hui, le troupeau compte près de 70 000 têtes, essentiellement sur la Lozère et quelques cantons voisins. La viande est vendue principalement dans les boucheries traditionnelles sous la marque collective Fleur d'Aubrac. Selon l'endroit où vous vous trouvez, tous les restaurants ne proposent pas un accès wifi à leurs clients, donc renseignez-vous à l'avance si vous voulez travailler sur place autour d'un bon plat.

S'aérer / se changer les idées

La Margeride. En partie rendue célèbre par la légende de la bête du Gévaudan, La Margeride est une terre de plaines et de forêts où coulent les rivières et scintillent les lacs. Profitez de la station de pleine nature des Bouviers pour pratiquer une multitude d'activités de pleine nature dès votre journée de télétravail terminée. A vélo, raquettes ou ski de fond, le lac de Charpal est également un formidable terrain de jeu. Les amateurs de découvertes animalières et historiques ne seront pas déçus, les parcs animaliers des Bisons d'Europe et des Loups du Gévaudan proposent un dépaysement garanti sans partir à l'autre bout du monde. Enfin, les sites médiévaux d'Apcher, du Malzieu et de Langogne sont des perles historiques.

L'Aubrac. Au nord du département, les hauts plateaux granitiques et les lacs de l'Aubrac invitent les voyageurs à la contemplation et au ressourcement. Voici Une terre de traditions où les vaches Aubrac montent en estive chaque printemps, lorsque les pâturages s'habillent de blancs narcisses. En hiver, lorsque les paysage se recouvrent de neige et de froid, les hommes ont appris à vivre en symbiose avec la nature, pour cela ils ont construit des burons pour affiner la célèbre tomme d'aligot. Pour régaler vos papilles, faites une pause dans un buron aménagé en restaurant afin de déguster une pièce de bœuf accompagnée d'un aligot. Partez ensuite en direction de la station thermale de la Chaldette pour une remise en forme. Un espace naturel unique pour combiner émerveillement, détente et travail nomade au cœur d'un parc naturel régional !

Les Cévennes. Protégées par un parc national, les Cévennes Lozériennes sont célèbres pour leurs vallées escarpées et leurs forêts de hêtres et de châtaigniers. C'est un territoire insolite pour les travailleurs nomades qui souhaitent être en symbiose avec la nature dans un cadre isolé. Sur les traces de Robert Louis Stevenson partez à la découverte des chemins et villages qui composent les Cévennes, à l'image de Florac, siège du Parc national des Cévennes. En été profitez de superbes spots de baignade pour vous rafraîchir. L'automne venu, peut-être aurez-vous la chance d'entendre le brâme du cerf.

Les gorges de la Jonte.

© INTO THE WILD - STOCK.ADOBE.COM

Kayak dans les Gorges du Tarn.

Le Parc National des Cévennes est aussi réputé pour son ciel étoilé exceptionnel, qui lui a valu d'obtenir, en 2018, le label RICE (Réserve internationale de ciel étoilé) décerné par l'International Dark-Sky Association. C'est la plus vaste Réserve de ciel étoilé d'Europe et la seconde de France.

Le Mont Lozère. Le Mont Lozère est le point culminant du département, les paysages sont magnifiques. Par beau temps, depuis le sommet du Finiels on peut voir les Alpes et la Méditerranée. Mais le Mont Lozère est surtout un terrain de jeu à ciel ouvert pour les amateurs de sports de pleine nature. La station du Mont Lozère, le Mas de la Barque et le lac de Villefort permettent la pratique d'activités nature quelle que soit la saison : randonnée, pédestre, VTT, ski, luge, équitation, trail, via ferrata, canyoning …

Les Gorges du Tarn. Les Gorges du Tarn sont un énorme canyon creusé par la rivière entre deux plateaux calcaires. Elles sont réputées pour leurs descentes en canoë-kayak, paddle ou rafting qui permettent de découvrir une nature luxuriante et des villages féériques à l'image de Saint-Chély-du-Tarn et de Sainte-Enimie, ce dernier étant classé parmi les Plus Beaux Villages de France ! Les Gorges du Tarn sont très touristiques durant l'été, mais offrent de belles journées en arrière-saison, et c'est l'idéal pour des travailleurs nomades qui souhaitent profiter du charme et du calme de ce site naturel exceptionnel.

Les Gorges de la Jonte. Plus courtes que leurs voisines des Gorges du Tarn, les Gorges de la Jonte n'en sont pas moins impressionnantes ! Paradis pour les vautours, seigneurs des airs que vous pourrez découvrir à la Maison des Vautours, les Gorges de la Jonte sont également un spot incontournable d'escalade et de slackline ; des grimpeurs du monde entier viennent escalader cette mosaïque de voies pour en découvrir les mystères parmi lesquels le vase de Chine et de Sèvres ! Enfin, pour les plus courageux, la randonnée des Corniches du Méjean est l'une des plus vertigineuses et impressionnantes du département.

Activités de pleine nature. Les caractéristiques naturelles exceptionnelles du département de la Lozère offrent un terrain de jeu idéal pour la pratique des activités de pleine nature ! Au coeur de grands sites naturels tels que les Gorges du Tarn et de la Jonte, le Parc National des Cévennes sans oublier le Parc Naturel Régional de l'Aubrac et la Margeride vous pourrez pratiquer de nombreuses activités en extérieur : cyclo, VTT, VAE, golf, escalade, via ferrata, spéléologie, canoë-kayak … Les stations de pleine nature offrent également été comme hiver des activités de ski ou de balades à caractère familial : les Bouviers, Charpal-Laubert, le Mas de la Barque, le Bleymard-Mont-Lozère, Nasbinals, Bonnecombe. De manière générale, la Lozère est le département idéal pour les amateurs de randonnée avec 4 300 km de sentiers balisés dont un tronçon du Chemin de Saint-Jacques-Compostelle, inscrit à l'Unesco, et le chemin de Stevenson (GR70) qu'emprunta le célèbre écrivain écossais, Robert Stevenson avec son ânesse Modestine. Enfin, depuis 2020, la Lozère a été labellisée « Territoire Vélo » grâce à sa cinquantaine d'itinéraires cyclables téléchargeables et l'aménagement de 15 cols balisés.

Sortir. Pour boire un verre ou faire la fête en Lozère, c'est un peu limité… Tout simplement car vous êtes dans un territoire rural et que dans les campagnes, c'est bien souvent très calme le soir… C'est donc à Mende, la seule véritable ville du département, que toutes les sorties nocturnes se concentrent grâce aux quelques bars. Enfin, c'est à Mende qu'ont lieu les festivals de musique et de théâtre du département.

AUBERGE DES LAUBIES €

SAINT-ETIENNE-DU-VALDONNEZ

✆ 04 66 48 01 25

www.auberge-des-laubies.fr

Fermé de mi-novembre jusqu'à Pâques. Menus de 29 € à 22 €. Possibilité de commander des colis de viande.

De la générosité et de la simplicité, c'est ce que la famille Romain-Salles a souhaité pour son gîte et son auberge rurale. Sur cette exploitation agricole, où l'on élève porcs et veaux et fait pousser légumes et pommes de terre, on reçoit dans un gîte de 70 m², dont le seul panorama sur le Causse et l'Aigoual, donne déjà l'impression de prendre un grand bol d'air. Au restaurant, la cuisine de terroir est reine. L'Auberge des Laubiès compte de nombreuses spécialités dont les fameuses cuisses de grenouilles et pommes de terre cuites dans le saindoux.

COWORKING BY LES 2 RIVES

1, La Mothe

BANASSAC-CANILHAC

✆ 04 66 32 99 97

Ouvert du lundi après-midi au vendredi après-midi. 10 € par personne.

Situé au cœur de l'hôtel les 2 rives, à 5 minutes de La Canourgue, dans le hameau de Banassac-Canilhac, cet espace coworking est vraiment un bon plan. Pour une somme modique, vous avez accès à un bureau, des boissons chaudes et de l'eau minérale à volonté, ainsi qu'à des gourmandises. Le wifi est illimité et des prises électriques, imprimantes sont à disposition... Le tout dans un cadre calme et une ambiance conviviale. Et si nous avez besoin de vous dégourdir les jambes, vous pourrez aller faire une petite balade autour du coworking qui est en pleine nature.

ESPACE FRANCE SERVICES LE PONT DE MONTVERT

PONT DE MONTVERT - SUD MONT LOZÈRE

✆ +33 4 34 09 06 14

Tarifs sur demande.

Si pendant votre séjour en Lozère, vous cherchez un endroit agréable où télétravailler dans une ambiance conviviale, vous êtes à une bonne adresse. Au cœur du village de Montvert, au sud du Mont Lozère, cet espace coworking possède une bonne connexion internet et vous pourrez y travailler en open space avec téléphone à disposition. Pour vous changer les idées, allez faire une petite balade dans le village charmant de Montvert et promenez-vous au bord de la rivière du Rieumalet.

GÎTES DU CHASTEL €

Quartier de la Moline

PONT DE MONTVERT - SUD MONT LOZÈRE

✆ 06 80 21 14 10

www.cevennes-gites.com

De 320 € à 580 € la semaine selon saison. Nuitée à partir de 24 € par personne.

Randonnée à pied, avec ou sans âne ; escalade en salle ou en pleine nature ; tennis, sports d'eau ou pétanque... L'environnement des gîtes du Chastel est riche de beaux paysages et d'activités. Outre ce décor exceptionnel, les huit gîtes du village sont équipés de manière remarquable : cheminée, télé, DVD, lave-linge, lave-vaisselle, réfrigérateur et congélateur. La décoration est plutôt rustique, dans la lignée des belles maisons lozériennes traditionnelles : poutre en chêne et châtaignier, meubles en bois blond, carrelages et crédences artisanaux...

LOU RASTEL €€

BADAROUX

✆ 06 80 56 90 57

Gîtes de France. Ouvert toute l'année. Chambre double de 47 € à 60 €. Petit déjeuner inclus.

Ces 2 chambres d'hôtes se nichent dans une coquette maison sur les hauteurs de Badaroux. Une chambre peut accueillir deux personnes, l'autre peut en accueillir 4. Chacune dispose de douche et toilettes privatives et a sa propre télévision. Un beau jardin entretenu à la perfection permet de se détendre, mais les chemins de randonnée ne sont pas loin avec un joli circuit à faire sur Badaroux même, et toutes les activités de loisirs et visites sont rendues proches grâce à la RN 88 qui longe le village. Le petit déjeuner est irréprochable, c'est une adresse à retenir.

VILLAGE DE GÎTES €

CHÂTEAUNEUF-DE-RANDON

✆ 04 66 48 48 48

www.lozere-resa.com

Ouvert toute l'année. Tarifs en fonction des saisons. Lave-linge, lave-vaisselle.

A tout petit prix, mais de bonne qualité, le village de gîtes regroupe des maisons de 2 à 4 personnes, pimpantes et confortables. Un petit terrain de jeu pour enfants, sur place est complété d'un espace plus grand en contrebas. Bien équipés, les gîtes ont été dotés de la télévision, disposent de tout l'électroménager et d'une cheminée. Leur position dominante permet de profiter d'un superbe panorama sur les environs. Bon à savoir : la réservation via Lozère Résa permet de bénéficier de confortables rabais si on s'y prend assez tôt !

LUBERON

A cheval sur deux départements (Alpes-de-Haute-Provence et Vaucluse), le Luberon est un petit bijou. Ce tout petit bout de terre respire l'exception. Entre vignes, champs de lavande, cerisiers et villages perchés, vous en prendrez plein les yeux. Si vous avez envie de fuir les villes pendant votre séjour nomade, le Luberon est la destination qu'il vous faut. Point de grande ville dans cette région à la nature préservée ! Mais vous pourrez vous installer dans les jolis villages d'Apt, Lourmarin, Manosque, Cavaillon ou encore Roussillon... La couverture numérique est correcte, en dehors des petits villages et des zones reculées, contrairement à ce qu'on peut imaginer. Le Luberon est aussi une destination gourmande grâce aux bons produits du terroir et à la gastronomie provençale parfumée ! En résumé, si vous êtes un télétravailleur épicurien et amateur de nature, le Luberon vous enchantera.

5 bonnes raisons de télétravailler dans le Luberon

- **Des hébergements** au cœur de villages charmants.
- **Une couverture numérique** correcte dans les villages de taille importante.
- **Des paysages superbes** parfaits pour se changer les idées.
- **La météo** ensoleillée !

Les villages du Luberon

Si vous avez envie de vous installer dans le Luberon pour télétravailler, ce n'est pas forcément simple de déterminer où exactement, et surtout dans quel village. Evitez les villages plus petits (donc en dehors de notre sélection) car, même s'ils sont charmants, la qualité de la connexion internet peut être moyenne voire mauvaise dans certains cas.... Nous avons donc ciblé les villages les plus importants et les plus fréquentés pour vous éviter toute déconvenue numérique.

- **Apt**. C'est un joli village aux maisons de couleurs vives autour des placettes pleines de charme. C'est un bon compromis si vous voulez avoir un minimum de vie dans le village où vous vous installerez car Apt compte plus de 10 000 habitants, des commerces divers et variés, des musées, des restaurants et quelques bars. Aucun risque de vous sentir coupé du monde donc ! Côté patrimoine, Apt est une ville intéressante, très marquée par son importante vie religieuse passée puisqu'elle a compté jusqu'à quinze ordres religieux ! Et on peut toujours voir dans la vieille ville de nombreuses chapelles et hôtels particuliers. Aujourd'hui, Apt est aussi reconnue « Capitale Mondiale du Fruit Confit », est labellisée Site Remarquable du Goût et son grand marché provençal est classé « Marché d'exception ». Si vous aimez les douceurs sucrées et les bons produits du terroir vous aurez pas mal de remontants pour vos longues séances de télétravail !

© BERTL123 - ISTOCKPHOTO

Village de Gordes.

© MAMMUTH - ISTOCKPHOTO.COM

Dans les ruelles d'Apt.

Cavaillon. C'est la porte du Parc naturel régional du Luberon ; c'est donc vraiment le village qu'il vous faut si vous aimez la nature. La ville roucoule au pied d'une falaise mais elle est surtout entourée d'une plaine agricole où pousse notamment le fameux melon, qui a fait sa réputation et dont Cavaillon est la capitale. Les rues et cours de la ville possèdent de jolies maisons à arcades pleines de charme.

Gordes. Gordes, classé parmi les Plus Beaux villages de France, est sans doute une des perles du Luberon. Dès votre arrivée, vous êtes happés par une carte postale ravissante : des maisons en pierre sèche, disposées en restanque, dominées par un imposant château Renaissance. A l'intérieur du village, des ruelles caladées, qui se faufilent à travers les demeures où l'on découvre des voûtes, des caves, des portes anciennes et des jardins. Difficile de résister à tant de beauté ! Vous aurez sûrement envie de vous y installer… Mais sachez que le village compte à peine 2000 habitants donc vous ne trouverez pas beaucoup d'animation et de commerces sur place.

Ménerbes. C'est un village encore plus petit que Gordes mais il est très plaisant. Dressé sur une étroite arête rocheuse, il est classé parmi les Plus Beaux Villages de France. Son panorama et sa lumière exceptionnels ont de tous temps attiré des artistes, comme Picasso et Dora Maar, et des écrivains. Vous apprécierez vraiment ces lieux inspirants si vous êtes un travailleur nomade créatif, dans le design ou le graphisme par exemple. Le plus ancien signe de vie à Ménerbes est le dolmen de la Pichouno de l'époque néolithique. Le village possède aussi quelques vestiges du Moyen âge comme les deux portes d'entrée (Saint-Sauveur et Notre-Dame), une imposante citadelle et de nombreux souterrains.

Se loger

Pour vous loger dans le Luberon, sachez que les appart'hôtels sont peu répandus et rapidement pris d'assaut. Vous en trouverez quelques-uns dans les villages les plus importants du Luberon mais tous n'en sont pas pourvus. Autre possibilité : vous pouvez négocier des tarifs dégressifs pour un long séjour dans une maison d'hôtes. Mais ce n'est pas forcément gagné d'avance car les propriétaires ne manquent pas de sollicitations, le Luberon étant touristique tout au long de l'année grâce à des hivers doux. En réalité, la solution la plus simple c'est de louer un gite ou un appartement sur Airbnb. L'offre est assez importante à travers tout le Luberon. Mais essayez de rester discret car les villageois se plaignent souvent du bruit causé par les locataires Airbnb et ce serait dommage de vous créer des ennemis dans le voisinage d'autant plus que tout le monde se connaît… Sachez cependant qu'en été, les prix flambent alors préférez le reste de l'année pour un séjour nomade dans le Luberon.

Travailler

Les espaces coworking ne sont pas nombreux dans la région… Nous avons référencé les rares établissements dans notre carnet d'adresses : l'Oustaou du Luberon à Villelaure, l'Etable Cowork et Cap Luberon à Apt, Wojo au Mercure de Cavaillon. Pour travailler, l'idéal c'est finalement de le faire depuis votre hébergement ou d'un café dans le village où vous résidez, à condition qu'il y ait un bon wifi dans le café bien sûr.

Se restaurer

La cuisine du Luberon est avant tout provençale et riche en bons produits du terroir. Il suffit de se balader dans l'un des marchés de la région pour s'en rendre compte comme par exemple à Gordes, Cavaillon, Lourmarin… A vrai dire, presque chaque village a son propre marché ! Pendant votre séjour de travailleur nomade, vous pourrez vous y procurer des vins AOP Luberon, des légumes gorgés de soleil, de l'huile d'olive extra vierge, du fromage bio, du melon de Cavaillon etc. Vous aurez vraiment de quoi vous régaler ! Dans les différents villages, il y a des restaurants qui ne payent pas de mine mais ce sont de très bonnes tables familiales où les plats sont à base de bons produits. Des valeurs sûres en général.

S'aérer / se changer les idées

Parc Naturel Régional du Luberon. Le Luberon, montagne majestueuse, monde millénaire de vie humaine et d'histoire est resté pratiquement intact. Le massif s'étire doucement sur 60 km d'est en ouest. La combe de Lourmarin, seul passage naturel qui traverse le massif, le divise en deux parties. A l'ouest, le Petit Luberon creusé de ravins et de gorges ne dépasse pas 700 m. Le Grand Luberon, quant à lui, s'étend à l'est et déroule ses pentes massives et plus douces qui culminent au Mourre Nègre à 1 125 m et comprend un large replat : le plateau des Claparèdes. Créé en 1977, le parc naturel régional du Luberon s'étire de Villeneuve à Cavaillon et de la vallée du Coulon à celle de la Durance, protégeant ainsi 72 communes. Terre âpre et battue par les vents, le Luberon a le pouvoir étrange d'inquiéter quand arrive la tombée du jour, comme de séduire lorsque le soleil brille haut. C'est tout cet ensemble d'histoire mêlée de fortunes et d'infortunes que le Parc protège depuis 30 ans. Tous ces paysages d'ocre, de vergers à perte de vue, de collines verdoyantes, de petits villages de pierre perchés en font un lieu propice à la rêverie.

A voir/à faire. Le Luberon n'est pas très grand donc vous pourrez facilement rayonner dans la région et faire de belles découvertes à condition d'avoir une voiture bien sûr. Nous vous avons fait une sélection des plus beaux sites à voir et à visiter dans la région.

A Cavaillon, vous pourrez découvrir la Colline Saint-Jacques. Elle fait partie de la ville depuis le XVe siècle et les habitants ont taillé un escalier dans la roche, qui se trouve derrière l'office de tourisme. Chaque palier donne une vision différente de la ville. La promenade « Vallons et Pinèdes » a été aménagée au cœur même de la colline ; elle parcourt sur 3,6 km un paysage méditerranéen diversifié. Au cœur du centre ancien, ne manquez pas d'aller visiter la synagogue du XVIIIe siècle, un chef-d'œuvre baroque aux superbes dorures. Enfin, vous pourrez aussi voir l'Arc romain, l'un des plus anciens monuments de la ville. Seul vestige hérité de la conquête romaine, cet arc antique est appelé affectueusement « Arc Marius » par les Cavaillonnais Dans le village d'Apt, si vous cherchez le dépaysement, rendez-vous à la Fondation Blachère. Créée à l'initiative de Jean-Paul Blachère, président fondateur de la société aptésienne Blachère Illumination et passionné d'Afrique, cette fondation est dédiée aux artistes contemporains du continent africain. Ce centre d'art propose plusieurs espaces : un centre d'art qui présente des expositions thématiques ou monographiques, et dans son prolongement le centre de documentation pour les amateurs qui souhaitent approfondir le sujet.

© LEGEDO - STOCK.ADOBE.COM

Le parc naturel du Luberon.

Le village de Ménerbes.

Vous pourrez aussi aller voir la Maison du Parc naturel régional du Luberon. Située au cœur du centre ancien d'Apt, dans un hôtel particulier du XVIIIe siècle, cette instance veille à la préservation de l'environnement et gère l'aménagement et la valorisation du Luberon. Sa mission est également d'informer et d'éduquer le grand public. Sur place, des expositions permanentes sur la faune, la flore et l'habitat, et des animations ponctuelles vous feront découvrir cet espace protégé et privilégié du parc naturel régional du Luberon. Pour une expérience plus locale à Apt, allez voir le musée de l'aventure industrielle, il est installé dans l'ancienne usine de fruits confits Marliagues, très importante au XIXe siècle ; le musée raconte l'histoire de l'ocre, de la faïence et du fruit confit. Les collections de faïence fines d'Apt sont magnifiques et un atelier de potier-faïencier est reconstitué et montre le précieux savoir-faire des artisans. Le village de Gordes recèle de nombreuses merveilles. En arrivant à Gordes, à votre droite votre regard s'arrête sur le château imposant style Renaissance, très bien conservé. Dominant le village, il protégeait les habitants. Le château reconstruit en 1525 existait déjà en 1031. Puissamment défendu par de grosses tours rondes dont la couronne de mâchicoulis supporte une terrasse pour l'artillerie, les hauts murs sont percés de trois étages de fenêtres Renaissance. Le musée du verre et du vitrail est une des visites à ne pas manquer ; vous entrez chez l'artiste – Mlle Duran – qui a créé le musée il y a 40 ans maintenant. Et elle a tout imaginé et réalisé depuis le bâtiment jusqu'aux œuvres, parfois monumentales, qui sont plantées dans le jardin. Enfin, en contrebas du village, la magnifique abbaye cistercienne de Sénanque et ses champs de lavande est une véritable carte postale de la région. A Ménerbes, ne manquez pas de visiter la Maison de la Truffe et du Vin. La grande maison du XVIIe siècle est en quelque sorte le cœur du village. C'est à la fois un espace informatif et un lieu de formation. Les caves sont dédiées au vin, avec salon de dégustation et vente de crus régionaux aux mêmes tarifs qu'à la cave. Les formations sont dispensées au premier étage. Vinicole, trufficole et culinaire, elles rassemblent les professionnels comme le simple quidam autour d'un bel espace de dégustation. Le rez-de-chaussée est en grande partie consacré à la truffe. Dès la belle saison, un bar à vin/restaurant vous accueille de 12h à 18h dans le jardin à la française. La truffe est reine avec des menus dégustation.

Le village de Lourmarin.

Sortir. Pour faire la fiesta dans le Luberon, accrochez-vous… Ce n'est vraiment pas chose aisée, soyons clairs. A moins de vous faire des amis dans le village où vous vous trouvez et d'aller à une fête privée, vous risquez d'être bien esseulé. Cependant, durant l'été, grâce à quelques festivals et à la fréquentation touristique, le Luberon s'anime un peu plus le soir…

Escapades

Lourmarin. Lourmarin est l'un des villages les plus visités du sud Luberon. On flâne dans ses ruelles étroites, bordées de belles maisons anciennes et d'hôtels particuliers ; on se pose sur une placette ombragée… C'est la douceur de vivre à la provençale ! Les amateurs d'art seront servis, les galeries et les ateliers sont nombreux dans le centre. Le vendredi, c'est jour de marché, un bonheur pour remplir son panier de bons produits, d'artisanat et même pour s'habiller à prix mini ; les bonnes affaires pullulent dans les stands le long du pré vous séparant du château. Dans le centre, faites votre shopping ; les petites boutiques où vous trouverez de quoi vous vêtir et vous chausser sans compter quelques enseignes de créateurs !

Goult. Passages voûtés, arcades, rues pittoresques, grandes places ombragées de micocouliers centenaires. Goult est une jolie pause hors des sentiers battus. Il tient son nom de la famille d'Agoult, dont la légende dit que l'un des membres a été élevé par des loups. Il a un petit air médiéval avec son château du XIIIe siècle maintes fois remanié et aujourd'hui privé. On grimpe la côte pour voir le moulin à vent et l'église du XIIe siècle qui ne conserve que son abside, dans le style roman originel, ainsi que sa chapelle gothique attenante. Deux points de vue superbes : depuis la place de la Madeleine (vue sur le mont Ventoux) et depuis le moulin à vent (vue sur Oppède).

Ansouis. Village cramponné à un promontoire rocheux au-dessus de la plaine de la Durance, classé parmi les Plus Beaux villages de France, distingué par la couleur chaude de ses pierres, son château Renaissance classé Monuments historiques est bâti sur les fondements d'une forteresse du Moyen Âge. Jusqu'à il y a peu, le château appartenait encore à la famille de Sabran-Pontévès. Les ruelles du village sont pleines de charme, plusieurs belles maisons datent des XVIe et XVIIe siècles ; poussez jusqu'à l'église paroissiale Saint-Martin (inscrite à l'inventaire des Monuments historiques en 1925). C'est dans l'église que fut tournée la scène du mariage de Manon des Sources !

Vaugines. Le village est à l'abri de contreforts. Dans la rue des Amazones, on découvre la commanderie, ancien hôtel seigneurial des XVIe et XVIIe siècles. Tout près de l'ancienne maison commune se trouve la capitainerie datant de la même époque et comportant de belles fenêtres à meneaux. Quant à la chapelle Saint-Joseph, elle a été transformée en salle d'exposition et en bibliothèque. Ne manquez pas la charmante place principale de Vaugines, sur laquelle on trouve l'hôtel de ville édifié en 1845 et une imposante fontaine. Sur la route de Cucuron se dresse aussi l'église Saint-Barthélemy qui est à voir.

Saignon. Le village, installé sur un éperon rocheux à 500 m d'altitude, a des allures de nid d'aigle au-dessus de la ville d'Apt. Dès l'Antiquité, le rocher de Saignon fut utilisé en tant qu'observatoire et devait certainement servir à l'émission de signaux : de signum a découlé le nom de Sagnio puis Saignon. Embrassez du regard vallée du Rhône, Alpilles et Cévennes ! Le village est couronné de trois châteaux : le rocher Majeur, le château Méjean et le château de Grigière.

Le village de Goult.

LE 5 €€

5, place Albert-Roure
MÉNERBES
✆ 04 90 72 31 84
www.bistrotle5.com
Fermé de novembre à mars. Ouvert tous les jours.

La terrasse du 5 est dans le top 5 des plus belles terrasses du Luberon. La vue est bluffante, le mobilier design et l'ambiance décontractée un brin bobo. Par contre, oubliez la salle qui est minuscule et sans grand intérêt. Pensez à réserver car même si la terrasse est très grande, sachez que l'on y vient à toute heure de la journée pour se désaltérer, se restaurer ou assister à un concert avec le coucher de soleil en perspective. Dans l'assiette : de la fraîcheur, des produits locaux et de qualité, un zeste de tradition et beaucoup de gourmandise.

L'ARTEGAL €€

Place Genty-Pantaly
GORDES
✆ 04 90 72 02 54
Fermé du 15 novembre au 15 mars. Ouvert du jeudi au lundi le midi et le soir. Menu unique à 28 € (soir 38 €). Terrasse.

L'Artegal est tenu par un jeune couple, Sophie et Daniel depuis 13 ans déjà. Lorsqu'on est en terrasse, la vue est imprenable sur le château de Gordes ! En plus situé à côté d'une boutique qui vend de la lavande, ça sent bon ! L'endroit parait de prime abord assez simple, cela fait bistrot. Mais faut pas s'y méprendre, car l'assiette élaborée avec des produits frais et locaux est en fait plutôt bistronomique. L'assiette est très bien présentée et confectionnée par les 2 Nicolas. Une belle découverte, une adresse qui vaut le détour.

LE CARNOT SET €€

35, place Carnot
APT
✆ 04 90 76 15 01
Ouvert toute l'année. Du jeudi au dimanche le midi et le soir. Compter 25 €.

Voilà un petit resto comme on les aime où les touristes se mélangent aux habitués, où les générations se croisent et surtout où la convivialité n'est pas qu'une histoire de communication mais bien une histoire de famille ! Et comme dans l'assiette, c'est aussi agréable, on en profite pour passer un bon moment. Pas de chichis, juste une cuisine qui varie au gré des humeurs du chef ou de madame qui a elle aussi ses spécialités. Alors le couscous de Coco est plébiscité ! Vraiment une bonne adresse pour reprendre des forces après une longue journée de travail.

COWORKING - WOJO SPOT

601, Av. Boscodomini
CAVAILLON
✆ 01 87 40 53 18

Cet espace coworking se trouve au sein de l'hôtel Mercure de Cavaillon Les Portes du Luberon, un 4 étoiles, entièrement rénové récemment et situé dans le parc naturel régional du Luberon. Il est entouré d'un magnifique jardin avec piscine et tennis. Le coworker bénéficie en prime d'un restaurant proposant une cuisine régionale, une terrasse proche de la piscine et un parking clos et gratuit.

Situé à 5 minutes de l'autoroute A7 sortie 25, 30 minutes de la Gare TGV Avignon, ce coworking est à seulement 2 km du centre de Cavaillon.

L'ETABLE COWORK

472, Trav. de Roumanille
APT
✆ 07 85 06 97 66
Tarifs sur demande.

Cet espace de coworking a été inauguré dans les locaux de Cap Lubéron en mai 2020.

Avec 900 m² répartis en bureaux de une à plusieurs personnes, des salles de réunion de 20 et 80 places, 13 bureaux privatifs dans une ambiance dédiée à l'entreprenariat, le cowork de Apt est un bel espace pour travailler. Et entre deux séances de télétravail, ou de conférences zoom, libre à vous d'aller vous balader dans le beau massif du Luberon. Vous allez apprécier cette superbe nature qui ne manquera pas de vous inspirer. Un bon plan coworking en résumé !

L'OUSTAOU DU LUBERON - VILLAGE DE VACANCES €

La Tuilière - Route d'Ansouis - **VILLELAURE**
✆ 04 90 09 84 95
www.oustaouduluberon.com
Ouvert toute l'année. Gîte loft avec hammam, bain bouillonnant. Label Tourisme & Handicap. Stage de méditation, yoga.

Sur un domaine de 20 ha, le chemin qui y grimpe raconte bien le bonheur d'y passer quelques jours. Les 11 gîtes mitoyens avec entrée indépendante, ont été aménagés au sein d'une immense bâtisse rénovée du XVIe. Chacun possède sa terrasse privée, une cuisine entièrement équipée. L'un des gîtes dispose d'un hammam et d'un bain bouillonnant. Un espace coworking convivial a par ailleurs été aménagé ce qui permet de travailler dans ce cadre rural agréable.

MARSEILLE

Marseille est une ville fascinante et attachante. Ensoleillée et pleine de vie, avec tous les avantages d'une grande ville sans trop d'inconvénients, la ville attire de plus en plus de travailleurs nomades désireux d'améliorer leur qualité de vie. Avec des hébergements moins chers que dans la plupart des grandes agglomérations françaises, un bord de mer et une gastronomie provençale riche, on comprend que Marseille attire autant. De l'Estaque aux Goudes en passant par le Panier et le Vieux Port, chaque quartier de la cité phocéenne a son charme et un travailleur nomade n'aura aucun mal à en trouver un à son goût. Bien qu'elle soit la plus vieille ville de France avec 26 siècles d'histoire, Marseille a su évoluer avec son temps en réhabilitant son port et les quartiers du centre. Dans le même esprit de modernité, elle possède de plus en plus d'espaces coworking et d'établissements connectés que recherchent les travailleurs nomades.

5 bonnes raisons de télétravailler à Marseille

- **Des hébergements pour tous les goûts** et tous les prix dont certains vraiment bon marché.
- **Plusieurs espaces coworking** et des cafés agréables où travailler avec un bon wifi.
- **Le soleil** toute l'année.
- **La mer en centre-ville** et les plages à proximité.
- **Des escapades nature** faciles à faire depuis Marseille, comme les fameuses calanques de Cassis.

Les quartiers

La ville de Marseille possède en tout 111 quartiers qui se répartissent dans 16 arrondissements. Particulièrement étendue, la ville a cependant la particularité de ne pas avoir de banlieue à proprement parler. En tant que travailleur nomade, seuls certains quartiers vous intéresseront. Nous avons donc choisi de vous proposer essentiellement le cœur de ville et le bord de mer.

- **Le Vieux-Port/la Canebière**. Le Vieux-Port de Marseille est incontestablement le centre de la ville et sa plus belle carte postale à la fois. Il est aussi très couru des Marseillais et des touristes qui aiment s'y promener ou profiter des multiples attractions qu'il offre : marché aux poissons (à voir absolument !), spectacles de danse sur le quai des Belges... Les points d'intérêt culturels ne manquent pas non plus aux alentours.

On compte notamment le théâtre de la Criée, le fort Saint-Jean, l'hôtel de ville, le musée d'Histoire de Marseille, le musée Cantini et l'Opéra. Mais le Vieux-Port, c'est aussi et surtout un lieu de vie. Les cafés, les pubs et les restaurants en tout genre y sont nombreux. La Canebière qui va du Vieux-Port à l'église des Réformés, est la plus connue de toutes les artères marseillaises. Longue de 1 000 mètres, cette avenue commerçante et populaire est l'un des lieux emblématiques de la ville. Cette partie de Marseille plaira beaucoup aux travailleurs nomades qui ont besoin d'être dans le cœur de l'action et de sentir l'énergie bouillonnante d'une ville pour être productif.

- **Le cours Julien**. Autre quartier très vivant : le cours Julien ! Sa grande place autrefois portée par la dynamique du marché central n'a rien perdu de son énergie. Aujourd'hui, les étals se partagent la place avec de nombreux cafés et terrasses. On y trouve des salles de spectacles réputées comme l'Espace Julien, des cafés branchés tels que Oogie, des bars à vin atypiques à l'image de l'E-Wine Bar qui mêle grands crus et cultures électro mais aussi de nombreux restaurants et des clubs particulièrement en vogue.

C'est un des lieux les plus bobos de la cité phocéenne où artistes, créateurs, militants écolo et saltimbanques se croisent chaque jour et où le street art est omniprésent. C'est le quartier parfait pour les nomades créatifs qui sont dans le domaine des arts ou de l'architecture par exemple.

- **Le Panier et la Joliette**. Le Panier est le cœur historique de la ville. Il est situé derrière l'Hôtel de Ville, au nord du Vieux-Port. Pendant longtemps, ce quartier populaire, fait de ruelles et de maisons pittoresques, fut le premier lieu d'implantation des immigrés. Après avoir été une zone de trafic contrôlé par la pègre après la Seconde Guerre mondiale, il a été réhabilité et c'est un des quartiers les plus visités de la cité phocéenne qui forme un ensemble urbain à la fois désordonné et chaleureux. Abandonné depuis le déclin de l'industrie, le quartier de la Joliette a retrouvé toute son attractivité.

Vue sur le Vieux-Port et la Basilique Notre-Dame-de-la-Garde.

La construction du Mucem, la création d'une salle de spectacles dans l'ancien Silo de la ville, la réhabilitation de la Belle de Mai ont permis à la Joliette d'être aujourd'hui l'un des centres attractifs de la ville. Ces quartiers plairont aux télétravailleurs qui aiment les quartiers historiques authentiques et veulent vivre à la locale dans une ambiance populaire.

Les Goudes. Les Goudes, un petit village de pêcheurs, est le quartier le plus à l'est de la ville et le plus éloigné du Vieux-Port. Sur place, on retrouve de très bons restaurants de poissons qui proposent une pêche locale, un pub très branché et le Cap Croisette, le bout du bout de Marseille. Ici, on se sent d'ailleurs comme au bout du monde. Vous adorerez ce quartier si vous avez envie de prendre le temps de vivre, loin de la folie urbaine marseillaise.

L'Estaque. Avec les Goudes, l'Estaque est l'autre quartier où il fait bon vivre à Marseille. Situé dans le seizième arrondissement de Marseille, à l'extrémité nord-ouest de la ville et à environ 10 kilomètres du Vieux-Port, il garde le charme de son petit port de pêche d'antan spécialisé dans la sardine. Ses ruelles sont les mêmes qu'au début du siècle et de belles maisons, de style Belle Epoque bordent la promenade de la plage. On comprend que l'Estaque ait inspiré les Impressionnistes et Cézanne, les fauves et les cubistes ! Les télétravailleurs épicuriens qui n'ont pas peur d'être un peu loin de la ville pour télétravailler apprécieront vraiment l'Estaque.

Se loger

Si vous souhaitez loger en appart-hôtel à Marseille, l'offre est variée avec plusieurs établissements offrant des appartements ou des studios parfaitement équipés avec kitchenette et espace bureau. La chaîne Appart'City propose plusieurs appart-hôtels en ville tandis que Resid'hôtel en propose un sur le Vieux-Port à partir de 50 € la nuit… Le rapport qualité-prix de ces établissements est intéressant, et souvent dégressif si vous restez plusieurs semaines. Mais si vous voulez faire plus d'économies, vous pouvez toujours vous tourner vers les locations Airbnb ; l'offre est importante à Marseille donc vous aurez l'embarras du choix. Cependant, regardez bien les annonces et les photos, car il y a le pire comme le meilleur… La ville compte aussi plusieurs hôtels d'entrée de gamme qui peuvent faire l'affaire une semaine ou deux, sans trop grignoter votre budget comme le Massilia Hôtel dans le quartier de la gare Saint-Charles par exemple.

Travailler

Entre les cafés charmants avec terrasse et espaces de coworking, vous aurez plusieurs lieux à votre disposition pour travailler dans Marseille. Au coworking The Babel Community, situé en centre-ville à la Joliette, vous pourrez venir travailler à la journée en payant un pass, mais vous pouvez aussi prendre une formule au mois en bureau privatif ou en open space. Si vous êtes uniquement à la recherche d'un bureau en coworking, seul ou à partager, Hiptown en propose du côté du Vieux Port et Oui Coworking offre des services similaires à La Penne sur Huveaune. Si vous préférez l'ambiance plus détendue des cafés pour travailler, vous trouverez aussi ce qu'il vous faut à Marseille. La plupart ont du wifi donc vous aurez vraiment l'embarras du choix.

Vieux Port de Marseille.

© BALKANSCAT - SHUTTERSTOCK.COM

Parc Borély.

Se restaurer

Du bord de mer au centre-ville, une large gamme de restaurants vous attend à Marseille. De la brasserie simple aux petits prix aux étoilés Michelin, vous trouverez forcément un restaurant à votre goût à Marseille. En plein boom gastronomique depuis des années, la cité phocéenne ne décevra ni les gourmands ni les gourmets. Avec une cuisine de terroir, résolument provençale, une cuisine innovante s'appuyant sur des produits locaux gorgés de soleil, et des cuisines d'ailleurs avec des adresses toujours plus étonnantes, Marseille se place plus que jamais sur la carte de France des villes où l'on mange bien, sans se ruiner. Bonne nouvelle, la plupart des restaurants proposent un accès wifi à leurs clients donc vous pourrez facilement travailler sur place, avant ou après le repas.

S'aérer / se changer les idées

Plages. Dès que les beaux jours arrivent, quel bonheur de faire une pause à la plage entre deux séances de travail ! Il y a les grandes plages comme celles du Prado ou de la Pointe Rouge et les plus petites qui ont parfois des allures de criques comme le Bain des Dames, l'anse de la Bonne Brise ou encore l'anse des Phocéens. L'accès à ces dernières se fait parfois par des escaliers escarpés bien cachés entre deux maisons. Autant dire qu'il faut être connaisseur pour savoir comment y aller ! Contrairement à ces petites plages, les grandes ont l'avantage d'être surveillées et bon nombre de services y sont proposés. En effet, vous pourrez y boire un verre, vous y restaurer, louer un transat, participer à une activité nautique comme le paddle board ou la planche à voile... Pendant la journée, le moindre mètre carré est occupé par une serviette et le soir, pelles et seaux cèdent leurs places aux salades composées et aux barbecues entre amis.

Parcs et jardins. Si vous avez envie de décrocher un peu de votre ordinateur, vous trouverez plusieurs très beaux espaces verts à Marseille à commencer par le Parc Borély. Situé au bout de la deuxième partie de l'avenue du Prado à proximité de la mer, ce parc de 17 ha est un vrai havre de paix. Marcel Pagnol, enfant, y allait et des générations de petits marseillais l'ont suivi. Dominé par une bastide du XVIIIe siècle (qui abrite le musée Borély) et ses jardins à la française ornés de bassins rectangulaires, le parc paysager du XIXe siècle est complété par un jardin botanique de 11 000 m2, un petit lac, ouvert aux promenades en barque et agrémenté d'une buvette ombragée. A la sortie du parc, un petit pont de bois qui suit la berge de l'Huveaune marque le début de la promenade du même nom qui mène au Stade Vélodrome.

Non loin de la Gare Saint-Charles, le parc Longchamp est ce que l'on peut considérer comme le poumon vert du centre de Marseille. Baladez-vous dans les allées et appréciez les espaces ombragés. Les jardins sont superbes et le kiosque à musique accueille des concerts en plein air pendant l'été. Le Pavillon de la Girafe, avec son aspect orientalisant, vous emmène le temps de quelques secondes de l'autre côté de la Méditerranée.

A voir/à faire. Marseille est une ville qu'on n'a jamais fini de découvrir ! Et pendant votre séjour de travailleur nomade, vous ferez de nombreuses découvertes. Cependant la ville compte quelques incontournables à côté desquels vous ne pouvez pas passer et c'est ce que nous avons choisi de vous proposer ici.

Culminant à 154 m sur la colline de La Garde, la basilique Notre Dame de la Garde, surnommée « La Bonne Mère », porte ce joli surnom parce qu'elle veille sur les marins, pêcheurs et tous les habitants de la cité phocéenne. Elle domine Marseille où que vous soyez et vous la verrez dès que vous lèverez la tête de votre écran, si vous travaillez en terrasse. Si vous souhaitez la visiter, sachez qu'une fois là-haut, vous aurez droit à un magnifique panorama sur tout Marseille. Projet porté par le ministère de la Culture et de la Communication et ouvert à l'occasion de Marseille Provence 2013, le Mucem est un autre incontournable de Marseille. C'est le premier grand musée national des Civilisations d'Europe et de Méditerranée pour le XXIe siècle, et il est devenu incontournable pour toute personne flânant sur le Vieux-Port de Marseille. Pépite architecturale en bord de mer et constitué de deux ensembles, le nouveau bâtiment, signé Rudy Ricciotti, et le fort militaire Saint-Jean, interdit au public jusqu'à cette rénovation, sont à la fois un lieu de promenade gratuit offrant une vue spectaculaire sur la cité phocéenne et la mer, et un lieu d'exposition très aéré. Avec comme réconfort sa petite terrasse au sommet, ombragée par la structure même du bâtiment où il fait bon prendre un petit verre. Vous pouvez ensuite poursuivre la promenade sur la passerelle haute reliant le musée au fort Saint-Jean et au jardin méditerranéen, les pieds dans le vide. Enfin, que vous vous intéressiez au foot ou pas, impossible de ne pas visiter au moins une fois le stade vélodrome. Ou tout du moins faire un selfie à l'entrée ! Le stade est bâti dans le 8e arrondissement en 1937 pour accueillir les courses cyclistes, avec ses 35 000 places d'origine. Très vite, il se métamorphose en prévision du championnat d'Europe de football en 1984, jusqu'en 1998 pour la coupe du monde de football, et plusieurs extensions plus tard, l'enceinte est passée à 60 000 places pour accueillir les rencontres de l'Olympique de Marseille, mais également les grands matchs de rugby ou les concerts. Nouvel épisode dans cette saga avec le championnat d'Europe de football 2016, résultat : une extension et la couverture d'une partie du toit (pour atténuer les effets du mistral) avec une capacité encore augmentée de 7 000 places supplémentaires transformant le lieu en véritable arène au pied des montagnes.

OUI COWORKING

Allée de la Colombe
LA PENNE-SUR-HUVEAUNE
www.ouicoworking.fr
Accès abonnés tous les jours 7h30-20h30, autrement l au v 8h-18h. Offre hébergement/session coworking avec La Girafe.

Structure flambant neuve qui propose sur deux niveaux des espaces de travail partagés, nomades et privatifs, Oui coworking est né d'une demande croissante de la clientèle d'affaires. Salle de conférence pour 15 personnes, 3 bureaux privatifs de 2 à 4 pers, tables de 4 à 8 pers et des postes nomades dans l'espace partagé, et des balcons aménagés. Parking gratuit et terrasse pour se relaxer. Elsa la fondatrice est créatrice de mode, un espace boutique intégré fait la part belle à sa collection « *1er Septembre* » et aux produits dans l'esprit luxe vintage.

© OUI COWORKING

© OUI COWORKING

Belle réussite architecturale, le Vélodrome arrive à la 14e place mondiale au classement des 100 plus beaux stades de la planète et caracole à la première position des plus beaux stades de football français devant le Stade de France... Un podium établi par le magazine anglais Four Four Two selon plusieurs critères tels que l'histoire, l'atmosphère, la capacité, l'architecture, l'environnement et l'attrait de l'enceinte.

Sortir. Marseille est une ville méditerranéenne festive dans toute sa splendeur, donc si vous êtes un travailleur nomade tendance fêtard, Marseille est faite pour vous ! Les bars et les clubs ne manquent pas à Marseille… Mais pour schématiser disons que la nuit branchée se passe du côté du Cours Julien tandis que les soirées plus populaires, avec un bon pastaga en terrasse, se trouvent du côté du Vieux Port.

Escapades

Les îles du Frioul. Envie d'échapper au tumulte de la cité phocéenne et de penser à autre chose qu'à vos calls Zoom ? Rien de plus simple, prenez un ferry direction les îles du Frioul, au large de Marseille ! L'archipel se décline en quatre îles : Pomègues et Ratonneau, If et Tiboulen avec leur lot de plages que vous trouverez principalement sur l'île Ratonneau. On étale sa serviette sur la plage de sable de la Maison des Pilotes, sur la plage de galets et rochers du havre de Morgeret, dans la calanque de Saint-Estève sans oublier celle du Débarcadère. Sur l'île de Pomègues, cela dit, on trouve de plus jolies petites criques aux eaux transparentes et plus chaudes qu'ailleurs. Mais les îles du Frioul ne se résument pas au farniente... Le château d'If, site exceptionnel de la Méditerranée construit sur un îlot de l'archipel, a été classé monument historique en 1926 et c'est l'une des fiertés du patrimoine marseillais. François Ier le fait construire en 1524 face à la cité phocéenne. Mais le château est devenu légendaire avec ses prisonniers célèbres parmi lesquels Mirabeau, sans oublier Edmond Dantès, personnage du roman Le Comte de Monte Cristo d'Alexandre Dumas.

Le Parc national des Calanques en bateau. Le Parc national des Calanques dévoile des anses et des criques de toute beauté de Marseille à Cassis. Et quel véritable dépaysement par rapport à votre fond d'écran d'ordinateur ! Les calanques fascinent par la couleur de leurs eaux, mais aussi par les autres éléments naturels qui constituent le paysage, fait de roches calcaires et de végétation méditerranéenne. Pour profiter de ces lieux qui invitent à la contemplation et, bien entendu, à la baignade, rien de tel qu'une excursion en bateau. Vous découvrirez au plus près les incontournables du Parc national. Citons la Calanque de Sormiou et sa grande plage de sable blanc ; c'est l'une des plus connues ; elle séduit tout particulièrement les amateurs de plongée pour ses eaux translucides, ses fonds marins et ses grottes sous-marines. La Calanque d'En Vau est, elle, impressionnante par ses falaises vertigineuses. Elle bénéficie d'une petite plage, mais le sentiment de dépaysement est total. En se rapprochant de Cassis, la visite des calanques en bateau permet également de faire escale à la superbe Calanque de Port-Pin. On y découvre une plage de sable et de galets blancs, et une eau cristalline où se reflètent le bleu du ciel, la roche blanche ombragée par les pins et le vert de la forêt. Splendide !

Les calanques de Marseille.

L'EAU A LA BOUCHE €

120, corniche Kennedy - **MARSEILLE** (7e)
✆ 04 91 52 16 16
www.pizzerialeaualabouche.fr
Du mer au dim le midi et le soir. Carte 14,50 € environ. 2 à 3 € de moins à emporter ! Terrasse. Vente à emporter.

Une des meilleures pizzas de la ville. On peut déguster « la pizze » sur place, dans la petite salle à l'étage, sur la petite terrasse à deux pas de l'entrée de Malmousque, ou rapporter la belle italienne à la maison ou même à la plage. L'eau à la bouche… Donc vous comprendrez que si vous patientez un peu, parfois beaucoup, pour déguster votre plat c'est certainement parce qu'ici il y a souvent du monde, mais c'est aussi parce que Emmanuel Salze et son équipe soignent chaque commande. Pizza végétarienne, aux fruits de mer, antillaise, arménienne…

RESIDHOTEL MARSEILLE GRAND PRADO €

7, Square des Frères Ambrogiani
✆ 04 91 17 70 50
A partir de 44 € la nuit.

Pour un séjour d'une nuit à plusieurs semaines, cette résidence hôtelière vous propose le confort de 133 studios et appartements parfaitement équipés avec cuisine, micro-ondes, machine à café, frigo… La connexion wifi est de qualité et la réception est ouverte 24h/24 et 7 jours sur 7. Située près du Stade Vélodrome, du parc Chanot, cette résidence est par ailleurs au cŒur du quartier d'affaires du Prado, ce qui correspond parfaitement à ce que les travailleurs nomades recherchent.

HIPTOWN - ESPACE DE COWORKING - VIEUX PORT

26, rue de la République
MARSEILLE (1er)
✆ 04 84 89 51 61
A partir de 150 € par mois le bureau partagé.

Hiptown Vieux-Port c'est un espace coworking de 800 m^2 composé de bureaux lumineux dans un bel immeuble de type Haussmannien entièrement refait près du vieux port de Marseille. Sur place, vous trouverez : des espaces bureaux, wifi, salle de réunion, accueil, etc. Les lieux de vie et de travail Hiptown ont été conçus en se basant sur de nombreuses études sur le bien-être des travailleurs nomades. Ce sont de véritables lieux de vie pour les actifs avec en prime des immeubles orientés Sud.

RESTAURANT PIZZERIA LA PLAGE €€

74, plage de l'Estaque
MARSEILLE (16e)
✆ 04 91 46 08 61
Ouvert tous les jours de 7h30 à 22h. Menu à partir de 15 € en semaine le midi. Pizzas (sur place, à emporter). Terrasse.

Ce café restaurant situé sur le port de l'Estaque est notre adresse préférée pour un déjeuner sans chichi dans le coin. L'accueil est adorable, les prix plus que doux et la cuisine servie réussie. Pas étonnant que la clientèle soit principalement des gens du quartier et cela se ressent dans l'ambiance. Menu varié, du poisson frais, des pâtes, des plats mijotés qui sentent bon la Provence ainsi que de belles pièces de viande grillées. Beau choix de desserts.

STEPS FOOD SALADERIE & CAFÉ

12, rue Corneille
✆ 04 91 52 01 68
stepsfood@gmail.com
Ouvert du lundi au samedi de 8h à 18h. Formules de 11,50 à 15,90 €. Petit-déjeuner 8,50 €. A emporter.

Healthy ! D'abord installé dans le Panier, ce bar à salades et créateurs de wraps inspirés a désormais pris ses quartiers à l'ombre de l'opéra, à deux pas du Vieux-Port, dans un quartier vivant. Chez Steps, on apprécie en premier lieu le superbe espace intérieur, lumineux et agrémenté de verdure, de quoi passer un moment zen et délicieux, ainsi que sa petite terrasse. Pour satisfaire votre appétit, l'équipe élabore quoditiennement des tartines copieuses sur une belle tranche de pain bio, salades et wraps. Se faire plaisir sainement, avec un service et une équipe au top.

THE BABEL COMMUNITY - MARSEILLE RÉPUBLIQUE

70, rue de la République
MARSEILLE (2e)
✆ 07 70 24 26 92
A partir de 20 € le pass journée.

À deux pas du Vieux-Port et de la Joliette, en plein cœur de Marseille et dans un bel immeuble haussmannien rénové, ce grand espace de coworking s'adapte à tous les besoins : pass nomades, postes de travail en open-space, bureau fermé individuel… Tout a été pensé pour que les travailleurs nomades puissent travailler en toute sérénité et de façon flexible. Et en tant que membre Babel, vous pourrez aussi profiter de tous les services et événements organisés pour la communauté.

RENNES

Aux portes de la Bretagne, sur les bords de la Vilaine, Rennes caracole depuis plusieurs années en tête des palmarès des villes de France les plus agréables à vivre et les plus dynamiques. Il faut dire qu'avec un tiers de sa population composée d'étudiants, la ville n'a cessé de rajeunir, embellissant son image, mettant en valeur son patrimoine et travaillant sans relâche son statut de ville culturelle. Cette ville très dynamique a tout naturellement pris très tôt le virage digital avec une bonne couverture numérique et l'installation de structures de *coworking*. Si on ajoute à cela ses jolies ruelles médiévales, ses prestigieux bâtiments comme le théâtre ou le Parlement de Bretagne, le parc du Thabor ou le marché des Lices, il devient dès lors difficile de résister au charme de la capitale de Rennes. Voilà autant de bonnes raisons de s'installer à Rennes si vous êtes travailleur nomade !

5 bonnes raisons de télétravailler à Rennes

Des hébergements à tarifs corrects pour les longs séjours.

- **Plusieurs espaces coworking** et des cafés cosy où travailler avec un bon wifi.
- **Une ville étudiante,** jeune et dynamique.
- **La campagne** à proximité et la mer à moins d'une heure de route.

Les quartiers

- **Le centre-ville**. Rennes est une ville jeune et étudiante dont toute l'animation se concentre dans le centre-ville. A partir du mercredi soir, de la rue Saint Michel à la Place des Lices, les rues sont très animées et les bars sont pleins. Si vous êtes un travailleur nomade qui aime faire la fête une fois l'ordinateur refermé, vous serez comme un poisson dans l'eau dans le centre-ville. En revanche, si vous choisissez d'y loger, vous avez plutôt intérêt à avoir le sommeil lourd ou à trouver un logement dans l'une des rares rues calmes du centre mais les tarifs des hébergements sont plus élevés.
- **Le quartier Thabor Saint-Hélier**. Le quartier Thabor Saint-Hélier est un peu plus éloigné du Centre, mais c'est un bon compromis car vous n'êtes pas loin du très beau jardin du Thabor et vous serez au calme pour travailler, le quartier étant avant tout résidentiel et familial. Au moins, si vous choisissez d'y résider, vous ne risquez pas d'être réveillé en pleine nuit par des fêtards en goguette.
- **Le quartier Nord Saint-Martin**. Si vous souhaitez trouver un quartier où résider avec de la vie mais pas trop de bruit, Saint-Martin est aussi recommandable que Thabor Saint-Hélier. Ce quartier n'est pas loin de l'hyper-centre et on y trouve toutes les commodités dont de nombreux commerces.
- **Le Blosne**. Si vous aimez travailler dans un cadre verdoyant, on vous recommandera le quartier Le Blosne, qui concentre le plus grand nombre d'espaces verts à Rennes. Ce quartier plaira beaucoup aux télétravailleurs amateurs de calme.

Maison à colombages, place des Lices.

Se loger

Si vous souhaitez loger en appart'hôtel à Rennes, vous trouverez quelques établissements indépendants offrant des appartements ou des studios parfaitement équipés avec kitchenette et espace bureau. Mais on vous recommande plutôt de réserver un appart'hôtel dans les chaînes Appart'city et Odalys qui proposent des appartements très confortables en centre-ville ; ce sont des valeurs sûres... Le rapport qualité-prix de ces établissements est intéressant, et souvent dégressif si vous restez plusieurs semaines. Mais si vous voulez faire

© EGROY - SHUTTERSTOCK.COM

Dans les rues de Rennes.

plus d'économies, vous pouvez toujours vous tourner vers les locations Airbnb ; l'offre est importante à Rennes et les tarifs sont abordables car adaptés à l'importante population étudiante de la ville.

Travailler

Entre les cafés charmants avec terrasse et les espaces de coworking, vous aurez plusieurs lieux à votre disposition pour travailler à Rennes. Au coworking La Cordée, situé dans le charmant quartier de la poterie, vous pourrez venir travailler à l'heure, à la journée en payant un pass, mais vous pouvez aussi prendre une formule au mois en bureau privatif ou en open space. Si vous préférez l'ambiance plus détendue des cafés pour travailler, vous trouverez aussi ce qu'il vous faut dans le centre-ville de Rennes. La plupart des établissements ont du wifi donc il ne vous restera plus qu'à choisir dans quel quartier vous avez envie de travailler.

Se restaurer

Rennes est riche en bons produits régionaux et vous allez vraiment vous régaler pendant votre séjour de travailleur nomade rennais. La poule coucou, dont les standards ont été fixés en 1914, séduit éleveurs et chefs cuisiniers. Le poulet de Janzé, élevé en plein air, est également réputé dans la région. Côté mer, n'oublions pas le homard bleu breton et les ormeaux. La production de produits laitiers est aussi importante en Ille-et-Vilaine, alors ne passons pas à côté du fameux beurre de la maison Bordier, réputé jusqu'à Paris et qui approvisionne des restaurants de renom au-delà même de nos frontières. Le far breton, dans sa version sucrée avec de la farine de froment, est bien sûr une référence, tout comme les incontournables galettes au blé noir et les crêpes au froment. Vous trouverez évidemment à Rennes de très nombreuses crêperies rivalisant de recettes traditionnelles ou plus originales. Au rayon gâteaux et confiseries, succombez au craquelin, petit pain sec qui trouve son origine au Moyen Âge où il constituait une gourmandise. Immanquable aussi : le kouign-amann évidemment !

© BERNARD BAILLY - STOCK.ADOBE.COM

Kouign-amann.

S'aérer / se changer les idées

Parcs et jardins. Aux beaux jours, on vous recommande d'aller aux étangs d'Epigné, à 5 minutes du centre. C'est à la fois un espace vert et une plage. Avec un plan d'eau de 30 hectares, cet espace naturel très bien aménagé est un lieu de balade et de loisirs très populaire, qui illustre bien la ritournelle qui veut que Rennes soit une grande ville à la campagne. On peut y faire le tour des étangs à son rythme, à pied ou en courant. Une petite zone sablée offre un accès à la baignade (se renseigner, car régulièrement, la baignade est interdite au public à cause de la présence d'algues nocives). La plage est surveillée en période estivale. Le site de la base de loisirs de la Prévalaye offre près de 200 ha pour vous adonner aux joies des activités de plein air, du jardinage avec 226 parcelles de jardins familiaux, etc. Pour ceux qui veulent profiter de la nature sans être assommés par la chaleur, de vastes zones boisées permettent de se détendre à l'ombre. L'endroit est parfait pour les pique-niques, et pour ceux qui arriveraient la musette vide, un stand de rafraîchissements est installé près de la plage, et un bar-restaurant de l'autre côté : Les Terrasses d'Apigné.
Autre possibilité pour vous détendre dès qu'il fait beau à Rennes : la base de loisirs au Parc des Gayeulles. Ce sont 100 hectares de verdure au nord-est de la ville et cinq plans d'eau, dont un équipé de bateaux à pédales, un camping, des aires de jeux, un minigolf, un parcours accrobranche, des parcours pour le footing : voilà l'endroit de détente qui vante au mieux les avantages de la ceinture verte qui borde la cité rennaise.

A voir/à faire. A Rennes, le centre-ville est la partie la plus agréable de la ville. Il se visite très facilement à pied et vous allez adorer vous y promener pendant votre séjour de nomade digital à Rennes. Commencez par la place des Lices pour découvrir les nombreuses façades médiévales qui la bordent et depuis les fenêtres desquelles on pouvait assister, jadis, aux joutes qui se tenaient parfois en contrebas. C'est au cours d'un de ces tournois que, en 1337, un jeune aventurier du nom de Bertrand du Guesclin inscrivit son nom dans la légende en battant tous les grands champions réunis sur la place. Chaque samedi, se tient sous les halles du XIXe siècle, un marché hebdomadaire qui figure parmi les plus grands de France. C'est l'occasion de prendre un petit déjeuner local en profitant des innombrables étals de produits frais : far breton, crêpes ou, pourquoi pas, huîtres et vin blanc... Prenez ensuite la rue Saint-Michel où les porches des vieilles maisons de bois s'ouvrent parfois sur de petites venelles où vous pourrez à loisir vous attarder pour découvrir de jolies cours intérieures avant de rejoindre la place Sainte-Anne, autour de laquelle le style néogothique de l'église Saint-Aubin, vient faire contraste avec les façades à colombages des maisons médiévales pour lui conférer un cachet tout particulier. Cette partie de Rennes mérite deux passages, puisque le visage en est tout différent selon que l'on y vient le jour ou la nuit. Empruntez ensuite la rue Pont-aux-Foulons, où les façades des maisons rivalisent de beauté avec celles de la place des Lices pour rejoindre la rue du Bastard et descendre vers le centre de Rennes.

Sortir. Pour sortir boire un verre, on vous recommande le centre-ville où les bars sont nombreux et l'ambiance animée tout au long de l'année. Rennes est une ville étudiante donc attendez-vous à y trouver une sacrée ambiance ! C'est une ville moyenne mais on y fait la fête comme dans une grande ville. Et les Bretons

© KIEV.VICTOR - SHUTTERSTOCK.COM

Parc du Thabor.

© ALUXUM - ISTOCKPHOTO.COM

Saint-Malo.

sont très chaleureux avec les nouveaux venus donc vous vous ferez facilement des amis au comptoir. Le QG festif du centre de Rennes est la rue Saint-Michel, souvent rebaptisée « rue de la soif « en raison de la grande densité de bistrots que l'on y croise. C'est ici que se trouve le coeur battant de la Rennes étudiante. Les petits cafés ouverts en matinée se transforment la nuit venue en autant de repaires pour jeunes universitaires en quête d'animation. Voilà de quoi vous changer les idées après une longue journée de travail devant votre ordinateur.

Escapades

▶ **Cancale**. A seulement 1h de route de Rennes, vous allez être sacrément dépaysé à Cancale ! Respirer le bon air iodé de ce village vous fera un bien fou et vous n'en serez que plus créatif en rentrant de cette petite escapade ! Un charme fou se dégage du joli port de pêche réputé depuis longtemps pour ses huîtres plates ou creuses. Du haut du bourg, ou par la petite route en corniche, la descente vers le port de la Houle est un véritable enchantement. D'un seul regard, la vue panoramique embrasse le cap Fréhel jusqu'à Granville en passant par le Mont Saint-Michel. Très joli à marée haute, le port l'est tout autant quand la marée basse découvre ses parcs à huîtres et laisse échouer les bateaux. S'ajoutent à la poésie du lieu, sa jetée de bois, ses producteurs qui vendent leurs huîtres en direct au bout du port et une vie de village à découvrir en y passant du temps.

▶ **Saint-Malo**. Pour une escapade culturelle et balnéaire, rendez-vous sur la côte d'Émeraude à Saint-Malo. Juchée sur un rocher granitique, la ville enserrée dans ses remparts dresse fièrement sa haute silhouette de granit et d'ardoise. Après avoir fait un tour des remparts, ne manquez pas de vous promener sur la plage du Sillon ou dans les petites rues pavées de la ville. Pensez aussi à visiter le château, la cathédrale Saint-Vincent et le musée Jacques Cartier pour découvrir le joli patrimoine de Saint-Malo. Le Fort national est vraiment à voir. Situé sur la plage de l'Eventail, face au château de Saint-Malo, c'est un ancien fort royal érigé d'après des plans de Vauban, accessible à marée basse depuis la cale au pied du château de Saint-Malo. Ne manquez pas non plus d'aller vous promener à Grand Bé, une île inhabitée à l'embouchure de la Rance; à marée basse, elle devient une presqu'île visitable et c'est là que repose Chateaubriand. A proximité, le fort du Petit Bé a été construit pour défendre la cité Corsaire. Aux beaux jours, vous pourrez profiter de la plage de Bon Secours à la belle piscine d'eau de mer et à la vue magnifique sur Dinard. La plage du Môle est une autre jolie plage de Saint Malo, très agréable pour la baignade et populaire en été.

▶ **Dinan**. A 40 minutes de Rennes, Dinan est une belle escapade à faire si vous avez envie de découvrir une des plus jolies cités du patrimoine breton. Campée sur les bords de la Rance, c'est une magnifique cité médiévale classée Ville d'Art et d'Histoire, édifiée au XIe siècle. De nombreuses rues piétonnières permettent d'admirer le charme médiéval des demeures aux façades ouvragées, des maisons à pans de bois dominant le pavé. Dinan est encore aujourd'hui entourée de ses remparts, les plus importants et les plus anciens de Bretagne. Cette impressionnante ceinture de 3 km, composée d'un donjon, de plus de dix tours et de portes monumentales, surprend par les multiples trésors qu'elle a su protéger tout au long des siècles.

APPART'CITY RENNES OUEST €

7, Rue Pierre Joseph Colin - **RENNES**
www.appartcity.com/fr
A partir de 50 € la nuit.

Cet Appart'City est situé à 5 minutes en voiture du centre-ville de Rennes, dans le quartier Atalante-Champeaux. Il propose des appartements 2 étoiles confortables avec parking privé et connexion Wi-Fi gratuite. Les appartements sont entièrement meublés et équipés d'une cuisine avec micro-ondes, cafetière ou bouilloire, réfrigérateur, plaques de cuisson et vaisselle. Pour travailler, vous aurez à votre disposition un coin bureau équipé d'une connexion internet câblée et TV écran plat. Parmi les services sur place : une laverie et une bagagerie sont à disposition.

LA CORDÉE - COWORKING RENNES

1, Carrefour Jouaust
RENNES
✆ 02 30 83 62 96
A partir de 4 € l'heure et 35 € par mois.

Un espace coworking installé dans une jolie maison décorée de photos où vous pourrez manger de bonnes crêpes et boire du thé à volonté. Plusieurs formules sont proposées aux travailleurs nomades selon leurs besoins balade, rando et trail. Situé sur la place des Lices, ce coworking a en outre pour avantage d'occuper une position centrale à Rennes. En résumé, c'est une très bonne adresse de coworking pour travailler dans une ambiance détendue et conviviale.

CRÊPERIE LA ROZELL €€

14, rue de Penhoët - **RENNES** ✆ 02 99 78 20 01
www.larozell.fr
Ouvert tous les de 12h à 22h, jusqu'à 23h vendredi, samedi et dimanche. Carte : 15 € environ. Terrasse.

Institution du paysage rennais, la Rozell s'offre une cure de jouvence avec la prise en main récente de Yves-Mathieu et Fanch, deux Bretons qui bouleversent l'univers de la crêperie rennaise. Un cadre alliant le charme de l'ancien et le confort du moderne, avec une pépite : sa terrasse à l'abri des regards ! On découvre ici une crêpe à base de sarrasin complet, moulu sur pierre, une véritable rareté ! Les recettes s'appuient sur des produits du terroir, tels que le chou de Lorient, l'oignon de Roscoff ou le haddock ! Le tout associé à une ambiance de bien-vivre.

LA FONTAINE AUX PERLES €€€

96, rue de la Poterie - **RENNES** ✆ 02 99 53 90 90
www.lafontaineauxperles.com
Du mardi au samedi : 12h-14h et 19h30-21h.
Menus : 51 €/89 € ; enfant : 20 €. Formule midi : 34 €

Dans ce quartier sud de Rennes, le restaurant détonne. Le jardin boisé et ses sculptures contemporaines offrent une vraie parenthèse dans la ville. Le manoir de la Poterie avec ses baies inondées de lumière véhicule tout un art de vivre et de recevoir. Le chef Aurélien Digne et sa brigade rivalisent de créativité pour produire des plats d'exception tout en cultivant un profond respect pour la nature. Au fil des saisons, on découvre des associations divinement travaillées mises en valeur par la sélection d'un sommelier talentueux. Une expérience de haut vol !

WHOORKS NANTES

17, Bd de Berlin
NANTES
✆ 09 72 53 22 63
www.whoorks.com/implantations/nantes/
Tarifs sur demande via le site Internet.

À proximité de la nouvelle gare TGV, le *Whoorks* révolutionne le coworking en proposant des bureaux meublés et des espaces flexibles bien équipés. Atelier, réunion, soirée networking, séminaire... Le *Whoorks* met à disposition ses salles de réunion ainsi qu'une agora pour organiser des conférences ou toutes autres manifestations. L'offre *Whoorks* décline deux formules de location d'espaces pour les travailleurs nomades comme pour les entreprises. Avec son décor moderne, son coffee corner et ses nombreux services, l'endroit est propice à l'inspiration.

WHOORKS RENNES GARE

28, boulevard du Colombier
RENNES
www.whoorks.com/implantations/rennes/
Tarifs sur demande via le site internet.

A deux pas de la gare de Rennes, le *Whoorks* révolutionne le coworking en proposant des bureaux meublés et des espaces flexibles bien équipés. Atelier, réunion, soirée networking, séminaire... Le *Whoorks* met à disposition ses salles de réunion ainsi qu'une agora pour organiser des conférences ou toutes autres manifestations. L'offre *Whoorks* décline deux formules de location d'espaces pour les travailleurs nomades comme pour les entreprises. Avec son décor moderne, son coffee corner, sa cuisine et ses nombreux services, l'endroit est propice à l'inspiration.

TOULOUSE

La ville rose est chaleureuse, attachante, et ensoleillée tout au long de l'année. En tant que travailleur nomade, vous apprécierez cette ville du Midi qui a tout d'une grande, puisqu'elle offre toutes les commodités d'une grande ville, tout en restant à taille humaine comme une sorte de grand village. Entre deux séances de travail, vous allez adorer flâner dans les méandres de ses rues, en suivant la Garonne et le canal du Midi, admirer ses hôtels particuliers, son légendaire Capitole, visiter ses musées, vous poser sur ses terrasses ensoleillées, vous balader dans ses parcs verdoyants. Toulouse offre une belle qualité de vie tout en étant à la pointe de la modernité avec une très bonne couverture numérique et des espaces de coworking de plus en plus nombreux. Autant de raisons qui en font une des grandes villes françaises les plus agréables pour les travailleurs nomades !

5 bonnes raisons de télétravailler à Toulouse

- **Des appart'hotels** de bon rapport qualité-prix.
- **La météo** ensoleillée.
- **Le patrimoine** riche.
- **Le Canal du Midi** et son ambiance bucolique.
- **Les espaces de coworking** et les cafés agréables où travailler.

Les quartiers

Toulouse, c'est une multitude de quartiers à l'identité bien marquée. Nous avons sélectionné les plus agréables. En tant que travailleur nomade vivant à Toulouse, vous en trouverez forcément un (ou plusieurs !) qui correspond à vos centres d'intérêt ou à votre humeur du moment.

- **Le quartier des Carmes**. Vous êtes ici au cœur de la vieille ville et c'est un des quartiers favoris des Toulousains. C'est là que se trouve le fameux marché couvert des Carmes, un lieu que les télétravailleurs gourmets vont vite apprécier. Les façades colorées des édifices, les ruelles animées et les belles placettes donnent beaucoup de charme au quartier des Carmes. Pour sortir le soir, vous trouverez également plusieurs bars à vin.
- **Le quartier Saint-Cyprien**. C'est un quartier cosmopolite et animé. C'est là que se trouvent plusieurs lieux culturels importants : le Château d'eau, le musée photographique, les Abattoirs (musée dédié à l'art moderne et contemporain). Côté gastronomie, vous pourrez vous régaler dans de nombreux bars à tapas. Rendez-vous sur le port de viguerie pour admirer des bâtiments incontournables de la rive opposée... Ils sont vraiment colorés et vous comprendrez pourquoi on surnomme Toulouse « la ville rose » !
- **Le quartier des Chalets**. Ce village dans la ville se situe entre l'hyper-centre et la gare. Si vous êtes un travailleur nomade qui aime travailler au calme, loin de l'agitation urbaine, ça deviendra vite votre quartier préféré à Toulouse. Ne manquez pas d'aller travailler au Café Concorde, l'un des plus anciens de la ville. Les rues comptent plusieurs maisons basses typiques de la région et quelques demeures bourgeoises, le quartier étant avant tout résidentiel et cossu.
- **Le quartier Arnaud Bernard**. C'est un quartier en pleine mutation au cœur de la ville. Fort de son esprit village, il connaît depuis peu un renouveau grâce aux commerçants. C'est un quartier vivant et cosmopolite avec beaucoup de restaurants de cuisine du monde. C'est aussi ici que se tient un marché aux livres tous les jeudis, un marché de producteurs fermiers chaque samedi et un marché aux herbes aromatiques le dimanche. Le quartier Arnaud Bernard plaira beaucoup aux travailleurs nomades curieux et avides de découvertes.

© DAVID EVISON - SHUTTERSTOCK.COM

Basilique Saint-Sernin, Toulouse.

EN FRANCE

© YVON52

Place de la Trinité.

Se loger

A Toulouse, vous trouverez quelques résidences hôtelières et appart'hotels offrant des studios/appartements parfaitement équipés avec kitchenette et espace bureau. Les chaînes Appart'City et Adagio en proposent plusieurs mais vous trouverez aussi des appart'hotels indépendants de bon niveau comme Lagrange Appart'hôtel Toulouse Saint-Michel. Le rapport qualité-prix de ces établissements est intéressant, et souvent dégressif si vous restez plusieurs semaines. Mais si vous voulez faire plus d'économies, vous pouvez toujours vous tourner vers les locations Airbnb. L'offre est importante et variée à Toulouse.

Travailler

Toulouse offre à la fois le cadre de vie agréable d'un grand village et une excellente couverture numérique. On comprend facilement que cette belle ville du Sud-Ouest séduise de plus en plus de nomades digitaux car ils peuvent y combiner travail et loisirs. Au-delà des cafés cosy avec wifi comme Ras la Tasse, en plein centre de Toulouse, où vous pourrez notamment travailler dans une atmosphère conviviale, vous trouverez plusieurs espaces de coworking en ville qui proposent des formules adaptées à vos besoins (bureau partagé, pass à la journée ou à l'heure…) parmi lesquels Etincelle Coworking ou HarryCow Coworking.

Se restaurer

En digne représentante du Sud-Ouest, Toulouse ne vous laissera jamais... sur votre faim ! En revanche, vous pourrez rencontrer des difficultés quand arrivera l'heure de faire un choix. Petit budget ou repas de fête, Toulouse offre des possibilités, allant de la gastronomie vietnamienne au bar à cassoulet, sans oublier quelques établissements incontournables dont certains sont étoilés. Alors, grillades ou fruits de mer ? Spécialités de canard ou veggie à tout prix ? Un détour par Dakar ou plutôt par Saint-Petersbourg ? Vue panoramique ou chaleureuse table d'hôte ? Chaque palais, chaque envie trouvera satisfaction pour profiter de la convivialité à la toulousaine. En résumé, vous trouverez largement de quoi reprendre des forces après avoir travaillé de longues heures devant votre ordinateur.

S'aérer / se changer les idées

▶ **Parcs et jardins**. Vous trouverez beaucoup de parcs et jardins à Toulouse pour vous aérer l'esprit et vous dégourdir les jambes entre deux séances de travail.

Le Jardin des Plantes est l'un des principaux parcs de Toulouse. Il est très apprécié des Toulousains qui s'y rendent le week-end, afin de prendre un bon bol d'air sans pour autant quitter la ville ! Il faut dire qu'il est particulièrement vaste avec ses sept hectares et bien formé, à partir de l'ancien jardin botanique de la ville. Un premier jardin des plantes a en effet été créé en 1730 non loin de la basilique Saint-Sernin, mais la terre n'est alors pas jugée propice aux plantations. C'est donc à la fin du XVIIIe siècle que le jardin botanique a été déplacé à cet endroit, sur l'emplacement d'un ancien couvent. Il conserve aujourd'hui une belle diversité botanique, accueille des plans d'eau et des animaux (canards, paons, cygnes, oies...), des jeux, buvettes et manèges, ainsi que des statues. Un lieu très agréable pour se promener, non loin du métro et du centre-ville. Plus original et plus dépaysant encore pour le travailleur nomade que vous êtes : le jardin japonais à Toulouse ! Au sein du parc Compans-Caffarelli, avec son pont rouge, son plan d'eau et ses lanternes, il offre un voyage paysager exotique. Dans le style des jardins de Kyoto c'est une composition harmonieuse et savante entre monde minéral, monde végétal et monde aquatique. Attention, ce n'est un lieu ni de pique-nique ni de bronzette sur la pelouse (ce que vous pourrez faire dans le reste du parc), mais une invitation au calme et à la contemplation. Féerique au printemps, durant la floraison des cerisiers ! Pour une belle balade, on vous conseille aussi la prairie des Filtres. C'est une vaste zone verte qui doit son nom aux galeries filtrantes qui étaient utilisées pour purifier l'eau boueuse pompée dans la Garonne. À la grande époque, la prairie accueillait de nombreuses manifestations populaires : atterrissage des premiers avions survolant Toulouse, exploits de l'équipe de rugby, stands de la Foire Agricole... Jardin public depuis 1976, la prairie des Filtres est aujourd'hui l'un des espaces verts les plus agréables de Toulouse, conjuguant son charme végétal à proximité du fleuve et la vue sur les quais.

A voir/à faire. Toulouse est une ville au patrimoine impressionnant que vous prendrez plaisir à découvrir pendant votre séjour de travailleur nomade. Parmi les monuments phare de la ville rose, le Capitole est immanquable ! Ce grand bâtiment du XVIIIe siècle à la façade colorée de pierre et de brique abrite aujourd'hui l'hôtel de ville ainsi que l'opéra. Il tire son nom des Capitouls, ces édiles qui géraient la politique locale du XIIe au XVIIIe siècle. La façade s'en inspire également puisque les huit colonnes de marbre qui agrémentent le centre du Capitole, de part et d'autre de l'horloge, se chargent de les représenter. Ne manquez pas de pénétrer dans la cour et d'aller dans la salle des Illustres, accessible depuis la cour par un grand escalier du XVIIe siècle. Enfin, en sortant, profitez des beautés de la place du Capitole en vous baladant près de la croix occitane sur le pavé, agrémentée des douze signes du zodiaque ou en prenant un café sous les arcades et les toiles de Raymond Moretti !

Inscrite au Patrimoine mondial de l'Unesco, la basilique Saint-Sernin est un autre bijou de Toulouse. Sa construction a été décidée à la fin du XIe siècle, alors que la basilique primitive était trop petite pour accueillir les chrétiens qui venaient en pèlerinage. Cette église primitive se visite encore, puisqu'elle fait office de crypte, en accueillant des reliques sacrées. Les grandes orgues de la basilique Saint-Sernin sont réputées dans le monde entier, achevées en 1889 par la maison Cavaillé-Coll. Rénovée, entièrement éclairée, la basilique Saint-Sernin est l'un des plus impressionnants monuments toulousains. Autour du Capitole, vous pourrez partir à la découverte des hôtels particuliers du XVIe siècle qui ont également fait la renommée de la ville rose. L'hôtel d'Assézat, par exemple, est l'un des hôtels particuliers les plus représentatifs de l'âge d'or de Toulouse et propose les collections de la fondation Georges Bemberg (Tintoret, Véronèse, Clouet, Cranach, etc...). Au musée Saint-Raymond, qui a trouvé refuge dans un ancien collège du XVIe siècle, on découvre Toulouse à l'époque de l'Empire romain. Dans l'ancien couvent des Augustins, le musée des Augustins rassemble une collection de peintures et de sculptures d'art religieux. Après avoir jeté un oeil au musée Georges-Labit, qui offre un panorama complet de l'art de l'Extrême-Orient, place aux anciens abattoirs où se tient un vaste centre d'art moderne et contemporain aux fonctions muséographique, documentaire, éducative et culturelle.

Place du Capitole.

Les quais de la Daurade.

Ne manquez pas de vous balader dans le beau jardin de deux hectares en bord de Garonne et de prendre un café ou découvrir la formule Brunch le dimanche, à L'Hémicycle... Enfin, dans un autre genre, il faudra s'offrir une sortie familiale à la célèbre Cité de l'Espace, LE parc européen de l'aventure spatiale ! Avec ses expositions permanentes, la Cité propose un parcours de visite très scénarisé qui offre la possibilité de découvrir l'espace sous divers points de vue : le centre de lancement (fusées, satellites), le vaisseau Terre (mieux comprendre la Terre), le pôle Météo (pour découvrir les arcanes de la météorologie actuelle), le quai du système solaire (pour explorer les astres), le hall d'entraînement (pour découvrir les sensations ressenties dans l'espace), l'observatoire (pour parcourir l'univers comme un astronome). Voilà une ambiance bien différente de celle des salles de coworking ou des réunions Zoom ! Et puis avoir la tête dans les étoiles, c'est toujours bien pour stimuler l'inspiration !

Canal du Midi près du boulevard Monplaisir et du pont des Demoiselles.

Sortir. Entre sorties culturelles et vie nocturne animée, il est possible que vous finissiez par manquer de sommeil à Toulouse ! Alors, essayez de rester raisonnable et ne rentrez pas tard tous les soirs car il ne s'agit pas de transformer votre séjour de travailleur nomade en séjour de fêtard nomade… Pendant vos sorties toulousaines, vous croiserez, entre autres, des étudiants en quête de décompression, des salariés pour lesquels l'afterwork est sacré, des fans de rugby adeptes de la troisième mi-temps et qui n'envisagent pas de regarder le match du Stade Toulousain seuls dans leur salon, des inconditionnels du cinéma indépendant... Vous l'aurez compris : à Toulouse, on passe plus de temps dehors que chez soi ! Laissez-vous porter et n'hésitez pas à sortir seul car les Toulousains sont très chaleureux et vous vous ferez facilement de nouveaux amis. Entrez dans ces bars qui offrent des tapas pour prolonger les soirées. Savourez les programmations travaillées des salles de concert, des théâtres et des centres culturels. Envie d'apprendre ? C'est également ici : chorale, arts du cirque, cours de cuisine, de botanique, d'astronomie...

Escapades

Les alentours de Toulouse ne manquent pas d'intérêt et sont riches en villes charmantes au patrimoine exceptionnel. Les villages sont particulièrement pittoresques. Voici une petite sélection d'escapades que vous pourrez visiter pour changer d'ambiance pendant votre séjour de travailleur nomade à Toulouse.

Carcassonne. La belle ville médiévale fortifiée de Carcassonne est à seulement 1h de route de Toulouse. Cet éperon rocheux est occupé depuis le VIe siècle av. J.-C., d'abord par les Gaulois, puis par les Romains qui dotent la ville de remparts dès les IIIe-IVe siècles apr. J.-C. Sur la face ouest de cette fortification prend appui le château construit au XIIe siècle par les vicomtes Trencavel. Carcassonne est aujourd'hui inscrite sur la liste du patrimoine de l'humanité de l'Unesco. À voir en priorité : le château comtal (cité médiévale) et la basilique Saint-Nazaire (Bastide Saint-Louis).

Castelnaudary. Capitale mondiale du cassoulet et capitale du Lauragais, cette petite ville de 12 000 habitants oscille intelligemment entre modernité et tradition. Située à 1h de Toulouse environ, Castelnaudary est connue dans le monde entier pour sa célèbre spécialité gastronomique et a acquis également, au fil des ans, une certaine notoriété pour le point d'intérêt qu'elle représente au niveau du tourisme fluvial. Avec le plus grand bassin de rétention d'eau du Canal du Midi et ses quatre écluses, elle est aujourd'hui une escale renommée et incontournable d'une balade sur les eaux calmes et bucoliques de ce chef-d'œuvre d'ingénierie. Le paysage est très fortement marqué par l'épopée cathare et les grands producteurs céréaliers. Des collines à perte de vue, une palette de couleurs qu'on ne saurait inventer, des vestiges de châteaux et d'anciens moulins à pastel et à farine, tel est le paysage de Castelnaudary. « La vieille ville » au cachet si méridional recèle en chacun de ses recoins des empreintes d'un riche passé. Sachez aussi que vous êtes en terre de rugby et vous verrez qu'ici, le ballon ovale supplante le ballon rond et fédère toute une population. Le marché du lundi matin est une institution, tout comme ceux de l'été, à Castelnaudary ; une centaine d'exposants de produits du terroir et d'artisanat d'art vous y attendent.

Saint-Bertrand-de-Comminges. A 1h30 de route environ de Toulouse, Saint-Bertrand-de-Comminges est un des plus beaux villages du département de Haute-Garonne. Surnommée le balcon des Pyrénées, la jolie cité de Saint-Bertrand-de-Comminges est un lieu de visite incontournable, labellisé parmi les Plus beaux villages de France. Si la ville fortifiée témoigne de ses heures de gloire à l'époque médiévale, le lieu n'oublie pas qu'il a aussi abrité une colonie romaine. De nombreux trésors architecturaux vous attendent. Prenez le temps de flâner pour découvrir commerçants et ateliers, de belles rencontres vous attendent. Les amateurs de marche apprécieront cette région aux paysages de collines et de pâturages, offrant des panoramas verdoyants traversés par la cinquième voie vers Compostelle (GR 78).

Foix. A 1h de route de Toulouse, Foix est une autre cité à découvrir mais en Ariège cette fois-ci. Les premières traces de présence humaine dans cette ville remonteraient à la Préhistoire, et plus particulièrement dans les grottes du roc de Foix. Parmi les incontournables : le château de Foix où un grand musée interactif vous attend. Vous ferez une immersion totale dans le temps et l'histoire en associant patrimoine et nouvelles technologies. Ce château semble plus accroché aux nuages que posé sur la terre ferme, au confluent de l'Arget et de l'Ariège. Cette situation lui a valu bien des jalousies et surtout des sièges redoutables. Les trois tours appartiennent à des époques différentes. Ce château constitue un symbole de l'ancienne puissance des comtes de Foix et un monument qui défie les siècles.

La cité médiévale de Carcassonne vue du ciel.

APPART'CITY TOULOUSE L'HERS €

38, avenue de l'Hers
TOULOUSE
✆ 05 61 12 21 20
www.appartcity.com/fr
A partir de 58 € la nuit.

Cet Appart'City, situé à seulement 3 km de la gare de Toulouse-Matabiau, propose des appartements 3 étoiles confortables entièrement équipés avec parking privé et connexion Wi-Fi gratuite. Les 71 appartements sont tous meublés et dotés d'un écran LCD, d'un espace bureau, et d'une cuisine équipée de réfrigérateur, micro-ondes, cafetière et kit vaisselle. Des services hôteliers à la carte comme le ménage quotidien ou la laverie sont inclus dans le prix.

LAGRANGE APART'HÔTEL TOULOUSE SAINT-MICHEL €€

36, Grand Rue Saint-Michel
TOULOUSE
✆ 05 34 31 09 09
A partir de 72 € la nuit. Parking à 11 € la nuit, 60 € la semaine.

L'apart'hôtel Lagrange Toulouse Saint-Michel se trouve en plein cœur du quartier Saint-Michel tout près du métro St-Michel. Il est composé de 116 logements avec ascenseur et parfaitement équipés avec télé, un coin kitchenette et une salle de fitness à disposition. Le wifi est de qualité et un parking payant est disponible si vous êtes véhiculé. Les draps et linges de toilette sont fournis. Le ménage est fait au départ. Un bon plan pour les travailleurs nomades en somme !

BODEGA DON PANCHO €€

41, avenue Honoré-Serres
TOULOUSE
✆ 05 61 21 48 16
Du lundi au vendredi le midi et le soir. Réservation recommandée. Menus de 21,50 € à 35 €.

Rénovée fin 2019, cette bodega anime Toulouse depuis 1982 ! Référence pour les aficionados de cuisine espagnole authentique, elle est dirigée par *el señor Ramon*, natif des Asturies, et par son fils Boris. Leur cuisine ibérique jongle entre mer et montagne. On apprécie les copieuses *parilladas* de poissons à la plancha. Autour de la grande cheminée, les vrais amateurs peuvent choisir dans une vitrine la pièce de viande qu'ils veulent se faire servir griller. Pour compléter la carte, le chef élabore des suggestions de saison. Une bonne adresse !

LES P'TITS FAYOTS €€€

8, rue de l'Esquile - **TOULOUSE**
✆ 05 61 23 20 71
www.lesptitsfayots.com
Du lundi au vendredi soir. Formule du soir : portions de 8 à 14 €. Réservation conseillée.

Les P'tits Fayots ? Une table toulousaine devenue une référence pour les gastronomes ! Entre le Capitole et la basilique Saint-Sernin, le chef Aziz Molkhtari vous attend pour une escale gustative inoubliable. Le décor épuré invite à se concentrer sur l'essentiel : la satisfaction de vos papilles ! Si l'inspiration du chef lui est soufflée par des vents venus du monde entier, les produits bruts sont locaux. Les mariages de saveurs sont raffinés et s'accompagnent de vins produits en biodynamie, pour un plaisir intact. Une très bonne adresse !

ETINCELLE COWORKING - WILSON

2, Rue d'Austerlitz
TOULOUSE
✆ 05 64 88 01 30
24 € pour le pass à la journée, 90 € le mois.

Etincelle Coworking est équipé de la fibre, d'un accès à l'imprimante/scanner illimité. Le café et le thé sont offerts à volonté aux abonnés à l'espace coworking. Vous pourrez venir travailler dans cet espace pendant une journée, une semaine ou plus. A vous de choisir la formule que vous préférez. Etincelle Coworking organise aussi régulièrement des ateliers et évènements qui vous permettront de bien sociabiliser avec les autres habitués du coworking.

RAS LA TASSE

3, rue du Puits-Vert
TOULOUSE
✆ 05 61 38 12 65
Ouvert toute l'année. Du lundi au samedi de 9h à 19h ; le dimanche à partir de 12h. Wifi gratuit. Terrasse.

Voici un café parfait pour travailler et où vous pourrez vous requinquer ! Tout a été pensé pour que vous puissiez vous détendre, ou travailler sans être stressé, ou étudier seul ou à plusieurs assis sur la mezzanine d'autant plus que le Wifi est gratuit. Et les prises électriques, elles sont partout. Si vous n'êtes pas très café, la carte propose aussi des jus, des thés, des chocolats chauds ou des milkshakes ainsi qu'un large choix de sandwichs ou de salades, de viennoiseries, de gâteaux maison... Vous serez gonflé à bloc pour travailler !

L'ASSURANCE VOYAGE, LE MEILLEUR MOYEN POUR PROTÉGER SA SANTÉ À L'ÉTRANGER

avec le DR MICHEL NAHON, directeur médical d'Allianz Travel

En cas de souci de santé sur place, que faut-il faire ?

Si l'on se trouve dans une situation urgente (accident grave, morsure d'animaux…), il est conseillé d'appeler les numéros d'urgence locaux. Une fois à l'hôpital, appeler son assisteur pour déclencher les procédures de prise en charge.

Est-il possible d'entrer en contact avec un professionnel de santé en cas de besoin ?

Allianz Travel dispose d'un service de téléconsultation médicale accessible en visio qui permet de s'entretenir avec un médecin français 24h/24, 7 jours sur 7. La consultation se fait en français et des conseils sont donnés sur les démarches à effectuer. Une ordonnance peut également être délivrée.

S'agissant des frais médicaux, est-on forcément couvert par son assurance maladie et sa mutuelle à l'étranger ?

La sécurité sociale et la mutuelle fonctionnent en France et dans les pays de la Communauté économique européenne, à condition d'avoir fait une demande d'extension de garantie avec la carte européenne d'assurance maladie (CEAM). Il est malgré tout conseillé de souscrire une assurance voyage, car la prise en charge des frais ne sera pas la même qu'en France.

Quel est le meilleur moyen de voir ses frais médicaux pris en charge ?

Dans les pays hors Europe, il est recommandé de souscrire à un contrat d'assistance avec un bon niveau de couverture des frais médicaux. Il est également important de choisir un acteur solide, qui dispose d'un important réseau international dans le domaine médical.

L'assurance voyage prévoit-elle le rapatriement ?

Le rapatriement n'est pas systématique. Il faut un réel intérêt médical. Si le patient peut être traité sur place, l'assisteur oriente vers un médecin ou une structure médicale adaptée localement. De même qu'en cas d'accident dans une zone désertique, le patient sera d'abord orienté vers l'hôpital le plus proche pour stabiliser la situation, avant d'envisager le rapatriement.

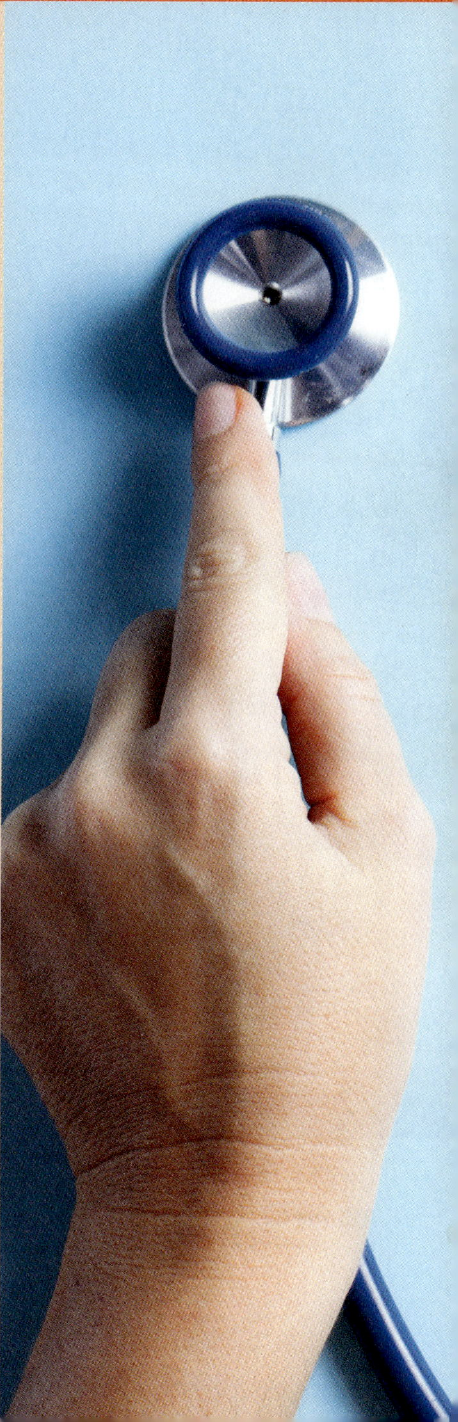

© NEIRFY

INDEX

EDITION

Directeurs de collection et auteurs : Dominique AUZIAS et Jean-Paul LABOURDETTE
Auteurs : Saliha HADJ-DJILANI, Jean-Paul LABOURDETTE, Dominique AUZIAS et alter
Directeur Editorial : Stéphan SZEREMETA
Rédaction Monde : Laure CHATAIGNON, Morgane VESLIN, Pierre-Yves SOUCHET, Natalia COLLIER
Rédaction France : Briséis CREAC'H-MENUT, Tony DE SOUSA, Mélanie COTTARD, Audrey VEDOVOTTO

FABRICATION

Maquette et Montage : Romain AUDREN, Julie BORDES, Delphine PAGANO
Iconographie et Cartographie : Anne DIOT, Julien DOUCET

WEB ET NUMERIQUE

Directeur Web : Louis GENEAU de LAMARLIERE
Développeurs : Guillaume BARBET, Adeline CAUX et Roland SPOUTIL
Intégrateur Web : Mickael LATTES, Antoine DION
Webdesigner : Caroline LAFFAITEUR
Community Traffic Manager : Alice BARBIER, Mariana BURLAMAQUI et Noémie LE SAUX

DIRECTION COMMERCIALE

Directeur commercial : Guillaume VORBURGER
Coordinatrice des Régies commerciales : Manon GUERIN
Account Manager Marketplace : Leila ROUGEOT assistée de Lola FAVRE-MOT
Responsable Régies locales : Michel GRANSEIGNE
Responsables Développement régie inter : Jean-Marc FARAGUET et Guillaume LABOUREUR
Chefs de Publicité Régie internationale : Camille ESMIEU
Chefs de Publicité Régie nationale : Caroline AUBRY, François BRIANCON-MARJOLLET, Perrine DE CARNE MARCEIN, Yannick LE MARRE,

DIFFUSION ET PROMOTION

Directrice des Ventes : Bénédicte MOULET assistée d'Aissatou DIOP
Responsable des ventes : Jean-Pierre GHEZ assisté de Nelly BRION
Relations Presse-Partenariats : Jean-Mary MARCHAL

ADMINISTRATION

Président : Jean-Paul LABOURDETTE
Directrice des Ressources Humaines : Dina BOURDEAU assistée de Sandra DOS REIS et Eva BAELEN
Directrice Administrative et Financière : Valérie DECOTTIGNIES
Comptabilité : Guillaume PETIT, Aminata BAGAYOKO, Jeannine DEMIRDJIAN
Recouvrement : Fabien BONNAN assisté de Sandra BRIJLALL
Responsable informatique : Elie NZUZI-LEBA

PETIT FUTÉ GUIDE DU TRAVAILLEUR NOMADE

LES NOUVELLES EDITIONS DE L'UNIVERSITE
18, rue des Volontaires - 75015 Paris.
✆ 01 53 69 70 00 - Fax 01 42 73 15 24
Internet : www.petitfute.com
SAS au capital de 1 000 000 € - RC PARIS B 309 769 966
Couverture : © humanmade
Impression : CORLET IMPRIMEUR - 14110 Condé-en-Normandie
Achevé d'imprimer : novembre 2021
Dépôt légal : 20/12/2021
ISBN : 9782305061733

Pour nous contacter par email, indiquez le nom de famille en minuscule suivi de @petitfute.com
Pour le courrier des lecteurs : info@petitfute.com

IMPRIMÉ EN FRANCE